国家社会科学基金一般项目（BIA130072）资助出版

# 利益相关者协同参与下的专业学位研究生培养模式改革研究

邓光平 著

武汉大学出版社

图书在版编目(CIP)数据

利益相关者协同参与下的专业学位研究生培养模式改革研究/邓光平著.—武汉:武汉大学出版社,2020.1
ISBN 978-7-307-21306-7

Ⅰ.利… Ⅱ.邓… Ⅲ.研究生教育—培养模式—教育改革—中国 Ⅳ.G643

中国版本图书馆 CIP 数据核字(2019)第 269652 号

责任编辑:韩秋婷　　责任校对:李孟潇　　整体设计:马　佳

出版发行:**武汉大学出版社**　　(430072　武昌　珞珈山)
(电子邮箱:cbs22@whu.edu.cn　网址:www.wdp.com.cn)
印刷:北京虎彩文化传播有限公司
开本:720×1000　1/16　印张:19　字数:273 千字　插页:1
版次:2020 年 1 月第 1 版　　2020 年 1 月第 1 次印刷
ISBN 978-7-307-21306-7　　定价:58.00 元

版权所有,不得翻印;凡购我社的图书,如有质量问题,请与当地图书销售部门联系调换。

# 前　　言

本书是在参照《教育部关于做好全日制硕士专业学位研究生培养工作的若干意见》和《教育部关于开展研究生专业学位教育综合改革试点工作的通知》基础上综合设计的，旨在为实现《硕士、博士专业学位研究生教育发展总体方案》确定的"积极引导、鼓励行业、企业及社会力量支持、参与专业学位教育"重大举措提供政策建议。通过本书研究力图达成以下目标：①探寻影响和制约当前专业学位研究生培养模式改革进程和成效的利益相关者及其利益诉求状况；②把握专业学位研究生教育利益相关者的利益冲突状况及其根源与危害；③获取国外发达国家专业学位研究生培养模式改革的经验与启示；④探究专业学位研究生培养模式改革中利益协调的有效路径与策略。

本书除第一章绪论之外还有五章，具体包括以下主要内容：

第二章，我国专业学位研究生培养模式改革的探索与反思。以往我国专业学位研究生培养模式改革选择的路径主要是自上而下的强制性制度变迁，它经历了套用学术型人才培养模式、初步形成人才培养特色和构建应用导向的多元主体参与培养模式三个发展阶段，每个阶段虽然彰显出不同的时代特质，但也反映出人才培养模式演变的总体趋势。探寻专业学位研究生培养模式改革历程，总结人才培养模式改革的经验和教训，把握人才培养模式改革的规律，能为本书研究提供理论和现实空间。

第三章，我国专业学位研究生培养模式改革中的利益相关者分类与利益诉求。专业学位研究生教育的利益相关者，是指对专业学位研究生教育进行了经济或非经济投入，力图获取相应回报，并能直接或间接影响专业学位研究生教育发展或者被专业学位研究生教育影响的群体或个人。本书采用米切尔的分类法，通过实证研究厘清直接影响和制约专业学位研究生培养模式改革的利益相关者有哪些，其影响程度如何，以及利益诉求又是什么，从而为人才培养模式改革决策提供理论依据。

第四章，我国专业学位研究生培养模式改革中的利益冲突。我国专业学位研究生教育利益相关者之间主要存在自治与管制、劳动力供给与社会需求、人才培养规格与需求标准、教育服务供给与个体发展需求等方面的利益矛盾与冲突。利益需求冲突的存在可能会抑制多方参与的积极性，增加改革成本，消解合作基础，甚至引发专业学位研究生教育的合法性危机等负面影响。利益冲突的根源在于不同利益相关者价值取向的差异、权力博弈失衡和利益表达不均衡。

第五章，国外专业学位研究生培养模式改革的经验与启示。新英格兰大学与行业机构、专业组织通过构建务实与高效的合作机制，在专业博士生教育的入学资格审查、课程设计与教学活动、科学研究与档案袋创作指导以及质量评价等方面开展深度合作；在英国，专业博士生教育被视为满足行业或雇主对高级技能型人才需求的重要途径，大学设置专业博士学位的重要动机就是为了实现与特定行业雇主或当地雇主更密切合作的战略意愿，以便拓展研究活动范围，并获得社会的资金支持；在美国，专业学位研究生教育改革中特别重视行业组织对人才培养全程的参与，用行业的标准和执业能力标准来规范专业学位研究生教育过程，增强了专业学位研究生培养的行业需求导向。

第六章，我国专业学位研究生培养模式改革中利益协调的对策与建议。在多元利益主体协同参与专业学位研究生模式改革中，协调与整合利益需求矛盾，并尽可能满足各方利益需求，是当下专业学位研究生培养模式改革能否顺利实施和达成预期目标的关键问题。利益需求协调机制是保障各方合法、正当的利益诉求得以实现的有效路径；权力制衡机制是协调各方利益需求、实现互利共赢的制度基础；多元共治机制则是实现各方权力分享和利益共享的重要载体。

本书研究获得以下几点结论：

第一，我国专业学位研究生培养模式改革的总体发展趋势，是从学术浓郁、产学研分离、培养主体单一、相对封闭的人才培养模式逐渐向应用性鲜明、政校企协作、培养主体多元、愈益开放的人才培养模式转变。这一演变趋势突出反映了专业学位人才培养的特殊规律，是当下我国专业学位人才培养模式改革决策者和实践者应着力把握的重要方向。在以往那种封闭、孤独式的人才培养模式之下，培养院校对企事业单位究竟需要何种规格与标准的专业学位研究生根本不闻不问，对学生和家长等利益相关者的合理诉求也根本不理不睬，致使高校根本无法培养出符合企事业单位与行业组织真正需要的应用型人才。因此，作为人才培养机构，大学应破除单打独斗、闭门造车的传统观念，确立开放与合作育人的观念就成为当下我国专业学位研究生培养模式改革的必然选择。

第二，专业学位研究生培养模式改革的初衷是以利益相关者的利益需求满足为基本出发点和最终归宿。专业学位研究生教育很大程度上是市场与职业专业化发展的产物，它本身涉及高校、政府、企事业、行业组织和学生等多元利益相关者之间相互影响和相互制约的复杂利益关系。再加上专业学位研究生培养模式改革实践有赖于利益相关者的积极参与和支持。因此，只有建立在充分尊重多方正当利益诉求，不断平衡与协调多方利益冲突，并尽可能满足各方利益需求基础之上的专业学位研究生培养模式改革，才可能更好地立足于现实的基础和条件，形成广泛认可的改革措施，从而达成预期的改革目标。

第三，专业学位研究生培养模式改革过程的实质就是利益相关者之间在教育利益需求上的冲突与整合过程。在专业学位研究生培养模式改革实践中，由于政府、高校、企事业等利益相关者分属于不同性质的组织，在利益需求性质上，存在公益性与营利性、长远性与短期性、整体性与局部性等方面的多重矛盾；在利益需求种类上，又存在不同价值取向上的显著差异性，比如有的看重经济效益，有的看重学位含金量和社会认可度，有的则看重人才培养质量和规格，等等。利益相关者在教育利益需求上存在的诸多矛盾与巨大差异性，容易引发利益冲突行为不断产生。在专业学位研究生培养模式改革进程中，对教育资源分配格局和关系上的任何调整和变化，也都可能引发利益相关者在教育利益上的矛盾和冲突。如何在多元利益主体之间合理协调与整合利益需求矛盾与冲突，将是专业学位研究生培养模式改革能否顺利实施和达成预期目标的关键问题。因此，可以说专业学位研究生培养模式正是在利益相关者之间的利益需求冲突与整合过程中实现了变革和创新。

第四，专业学位研究生培养模式改革中存在不同类型的利益相关者。采用米切尔的分类法，通过实证调查研究表明，政府、教师、学校管理者、学生和教育指导委员会作为专业研究生教育活动的直接参与者，他们是确定性利益相关者；用人单位和行业组织是预期型利益相关者；学生家长、校友是潜在型利益相关者。由于确定性和预期性利益相关者是专业学位研究生教育的核心和重要利益相关者，专业学位研究生培养模式改革应充分重视和尽量满足这两类利益相关者的利益诉求。

第五，每类利益相关者不仅对专业学位研究生教育有多种利益需求，而且这些利益需求之间存在重视程度上的较大差异。实证研究表明，每类利益相关者的利益需求不仅多样，而且重要性存在较明显的差异。如，学生的主要利益需求及其重视程度顺序是：①学位含金量和社会认可度高；②学位与任职资格衔接；③获得实用的专业知识和技能；④找到满意的工作；⑤收费合理；⑥师资力量雄厚；⑦良好的实践基地与实践机会；⑧良好的学习与生活环境。作为专业学位研究生教育培养机构，大学应针对不同利益相关者采取不同的管理策略，同时还应采取适当的方式尽量满足每类利益相关者排序在前列的利益需求。

第六，专业学位研究生培养模式改革过程中存在较明显的利益矛盾与冲突。由于专业学位研究生教育各利益主体之间利益的较大差异性以及教育资源供给的有限性，这就决定了利益主体的利益需求满足程度的相对性，从而造成不同利益主体之间利益矛盾的普遍性和不可避免性。当下，我国专业学位研究生教育利益相关者之间主要存在自治与管制、劳动力供给与需求、人才培养规格与行业需求标准、教育服务供给与个体发展需求等方面的利益矛盾与冲突。如果任由利益需求冲突的繁衍、蔓延甚至泛滥，可能会抑制多方参与的积极性，增加改革成本，消解合作基础，甚至引发专业学位研究生教育的合法性危机等负面影响。从客观因素上看，利益冲突的根源在于利益主体间的关系特点和利益制衡机制的缺失；从主观因素上看，利益冲突的根源在于各方利益主体间的利益表达不均衡和权力博弈失衡。

第七，美国、英国和澳大利亚专业学位研究生培养模式改革都较注重加强大学与实务部门、行业组织的联系，以职业领域的需求为导向，实现了专业学位研究生教育与职业需求的良性互动。比如，新英格兰大学专业博士培养活动不再囿于原有大学封闭的办学体系框架，实现了从学科规范下的封闭人才培养系统转变为与社会环境良性互动的开放体系。专业博士教育过程只有置身于动态互动的开放体系之中，主动走出校门，加强与社会的务实合作和互动，才能培养出完全适应日益专业化和复杂的职业环境所需要的高层次应用型专业人才。

专业学位研究生模式改革问题不仅涉及的利益相关者众多，利益关系十分复杂，而且是实践性和操作性极强的课题。由于笔者的理论水平局限、实践经验欠缺和研究条件限制等因素影响，本书研究还存在一些不成熟、不完善的地方，特恳请各位专家及同行予以批评指正。本书还有待进一步改进与完善之处如下：

其一，专业学位研究生教育利益相关者的识别及其利益需求现状的调查对象为专业学位研究生教育的教师和行政管理者，尚需对企事业单位、行业组织和学生等更广泛的利益主体的调查，以使研究结论和观点的获得更具有普遍的说服力。

其二，对多元利益主体协调参与专业学位研究生培养模式改革所提出的利益协调对策与建议，更多是从思辨的角度进行分析，对其实际成效和可操作性缺乏实践的检验。

其三，按照米切尔的观点，专业学位研究生教育利益相关者本身及其利益需求是动态变化的，还需进一步通过长期的实证分析，才可能较准确地把握影响专业学位研究生培养模式改革的内外部因素。

其四，在国外专业学位研究生培养模式改革研究方面，由于所掌握资料的局限，以及缺乏实证研究，本书所提出的观点难免存在一定的片面性。

# 目 录

## 第一章　绪论 …………………………………………………… 1
### 第一节　研究意义与文献综述 ……………………………… 1
一、选题缘由 ………………………………………………… 1
二、研究意义 ………………………………………………… 5
三、文献综述 ………………………………………………… 7
### 第二节　研究设计 …………………………………………… 10
一、研究思路 ………………………………………………… 10
二、研究方法 ………………………………………………… 10
三、技术路线 ………………………………………………… 12
### 第三节　核心概念的界定 …………………………………… 13
一、专业学位 ………………………………………………… 13
二、人才培养模式 …………………………………………… 19

## 第二章　我国专业学位研究生培养模式改革的探索与反思 …… 21
### 第一节　专业学位研究生培养模式改革的历史分析 ……… 21
一、专业学位研究生培养模式改革的历程 ………………… 22
二、专业学位研究生培养模式改革的历史反思 …………… 31
### 第二节　专业学位研究生培养模式改革的现实审视 ……… 33
一、专业学位研究生培养模式改革取得的成就 …………… 33
二、专业学位研究生培养模式改革面临的主要问题 ……… 37

三、专业学位研究生培养模式改革创新的思考 …………… 42

**第三章 我国专业学位研究生培养模式改革中的利益相关者分类与利益诉求** …………… 48

第一节 利益相关者的界定与分类 …………… 49
 一、利益相关者的界定 …………… 49
 二、利益相关者的分类 …………… 50

第二节 专业学位研究生教育利益相关者的界定与分类 …… 53
 一、专业学位研究生教育利益相关者的界定 …………… 53
 二、专业学位研究生教育利益相关者的实证分类研究 …… 55
 三、研究结论 …………… 67

第三节 专业学位研究生教育利益相关者的利益需求 …… 68
 一、利益相关者的利益需求根源 …………… 68
 二、对利益相关者的利益需求的实证研究 …………… 69
 三、研究结论 …………… 82

**第四章 我国专业学位研究生培养模式改革中的利益冲突** …… 85

第一节 专业学位研究生培养模式改革中利益冲突的表现 …… 85
 一、大学与政府部门：自治与管制之间的利益冲突 …… 86
 二、大学与产业：劳动力供给与需求之间的利益冲突 …… 88
 三、大学与行业：人才培养规格与需求标准之间的利益冲突 … 93
 四、大学与学生：教育服务供给与个体发展需求之间的利益冲突 …………… 96

第二节 专业学位研究生培养模式改革中利益冲突的双重功能 …………… 106
 一、专业学位研究生培养模式改革中利益冲突的正功能 … 106
 二、专业学位研究生培养模式改革中利益冲突的负功能 … 112

第三节 专业学位研究生培养模式改革中利益冲突的根源 …… 126

一、利益相关者价值取向的不同和利益需求的差异性……… 127
二、利益相关者之间的权力博弈失衡……………………… 128
三、利益相关者之间的利益表达不均衡…………………… 134

**第五章 国外专业学位研究生培养模式改革的经验与启示**……… 142
第一节 澳大利亚专业学位研究生培养模式改革的经验
与启示………………………………………………… 142
一、澳大利亚专业博士生教育发展历程…………………… 142
二、澳大利亚专业博士生培养模式的演变及启示………… 145
三、澳大利亚深度合作培养专业博士生的创新探索……… 155
第二节 英国专业学位研究生培养模式改革的经验与启示……… 164
一、英国专业博士学位的内涵与特征……………………… 165
二、英国专业博士学位的发展历程与动因………………… 166
三、英国专业博士学位的分布特征………………………… 172
四、英国专业博士生培养模式的特征……………………… 174
五、对我国专业博士生培养模式改革的启示……………… 180
第三节 美国专业学位研究生培养模式改革的经验与启示……… 182
一、美国专业学位研究生教育发展的历史与原因………… 182
二、美国专业学位研究生教育发展特征…………………… 188
三、美国行业组织参与专业学位研究生培养过程………… 190
四、对我国专业学位研究生培养模式改革创新的启示…… 198
第四节 国外专业学位研究生培养模式改革的共同趋势………… 202
一、创设良好的制度环境，引导大学与专业界、工作场所的深
度合作…………………………………………………… 202
二、搭建全方位沟通平台，实现人才培养规格与行业用人标准
的一致…………………………………………………… 203
三、整合职业性与研究性，彰显专业学位研究生教育的优势与
特色……………………………………………………… 203

**第六章 我国专业学位研究生培养模式改革中利益协调的对策与建议** ………… 205
 第一节 利益相关者协同参与下的利益协调 ………… 206
  一、利益协调的必要性和基本原则 ………… 207
  二、利益协调的机制 ………… 212
 第二节 利益相关者协同参与下的权力制衡 ………… 220
  一、合理定位强势利益主体的权力边界，抑制越权与侵权行为 ………… 222
  二、努力提升弱势利益主体的权力，形成对强势利益主体的制衡力量 ………… 226
  三、建立健全问责制，促成多元利益相关者之间权力的均衡 ………… 232
 第三节 利益相关者协同参与下的多元共治 ………… 237
  一、构建多元共治的内驱力：利益共享 ………… 238
  二、创建多元共治的保障：责任共担 ………… 245
  三、创设多元共治的方式：多方联动 ………… 251

**参考文献** ………… 258

**附录一 调查问卷** ………… 268

**附录二 专业学位研究生培养模式改革的重要政策文件** ………… 273

# 第一章 绪　　论

## 第一节　研究意义与文献综述

### 一、选题缘由

深化专业学位研究生培养模式改革既是全面提升专业学位研究生教育质量的核心与关键，也是形成专业学位研究生教育特色的重要保障。回顾我国专业学位研究生教育发展近30年历史，其培养模式正从学术浓郁、产学研分离、培养主体单一、相对封闭的人才培养模式逐渐向应用性鲜明、政校企协作、培养主体多元、愈益开放的人才培养模式转变。然而，由于我国专业学位研究生教育起步较晚，至今仍未充分把握专业学位研究生教育的发展规律，人才培养面临经济社会和职业专业化发展的诸多挑战。因此，新一轮的专业学位研究生培养模式改革就成为当前专业学位研究生教育发展的时代呼唤，是人才培养质量提升的必然选择。

（一）专业学位研究生教育发展进入新常态，人才培养模式势必发生深刻变革

1990年，我国正式设置第一个专业学位——工商管理硕士（MBA）学位以来，经历了近30年的发展历史，专业学位研究生教育获得了较

大的发展,现已成为我国研究生教育的重要组成部分,其社会影响力和重要性日益凸显。尤其是自2009年开始招收应届本科毕业生攻读硕士专业学位以来,我国专业学位研究生教育无论是在招生规模还是专业学位设置种类上都获得了跨越式发展。2010年国务院学位委员会审核通过的《硕士、博士专业学位研究生教育发展总体方案》中指出,"到2020年,实现我国研究生教育从以培养学术型人才为主转变为学术型人才和应用型人才培养并重"①。加快发展专业学位研究生教育,已纳入《国家中长期人才发展规划纲要(2010—2020年)》之中,这无不表明了我国政府在发展专业学位研究生教育方面的战略决心和意志。据统计,2017年专业学位研究生招生规模达到42.5万人,专业硕士占比99.3%,达到40.2万人。在硕士研究生招生总量中,专业硕士占比已超过学术型硕士,达到56%。② 近年来,我国专业学位设置种类也获得了跨越式发展。2010年1月,国务院学位委员会第二十七次会议上一次性审议通过了金融硕士、应用统计硕士、税务硕士等19种硕士专业学位设置方案。③截至2018年年底,我国已设置40种专业硕士学位,6种专业博士学位和1种专业学士学位④,形成了以硕士学位为主体,学士学位、硕士学位和博士学位共三级较为完整的专业学位体系。

专业学位研究生教育的跨越式发展,是特定时期政治、经济和社会综合作用的产物,是不可能长久持续的。我国专业研究生教育在经历了教育规模跨越式发展阶段之后,必将进入注重内涵式发展的新时期,即,进入优化科类与层次结构、提升人才培养质量、打造专业学位特色

---

① 硕士、博士专业学位研究生教育发展总体方案[EB/OL].[2010-11-26]. http://www.cdgdc.edu.cn/xwyyjsjyxx/gjjl/zcwj/268313.shtml.
② 2019年全国研究生招生调查报告[EB/OL].[2019-01-04]. https://www.eol.cn/html/ky/2019report/section3.html#sc_3_4_1.
③ 关于印发金融硕士等19种硕士专业学位设置方案的通知[EB/OL]. [2019-03-04]. http://www.cdgdc.edu.cn/xwyyjsjyxx/gjjl/zcwj/268310.shtml.
④ 数据来源:根据中国学位与研究生教育信息网公布的各类专业学位整理所得。

与品牌的新阶段。然而，在实践中，专业学位研究生的应用能力不突出，实践能力低下、职业发展导向不明确等问题也日渐凸显。如何培养既符合专业学位研究生教育发展规律和人自我发展的需要，又能切合我国经济社会和职业专业化发展需要的应用型人才，就成为各培养院校和社会亟待解决的重要课题。正如有学者指出，"随着改革的逐渐深入，专业学位研究生教育改革中原有的小修小补已经不能适应经济新常态的要求，急需打破原有的利益格局和固定培养模式套路，创新培养模式，注重特色发展，破除体制机制障碍"①。

（二）产业结构的升级与优化，驱动专业学位研究生培养模式的变革

一般而言，有什么样的科技水平，就有什么样的产业结构，不同的产业结构要求有不同的人才结构与之相适应。改革开放以来，我国的产业结构已经发生了较大变化，其中以信息业、服务业、商业、金融业和文化娱乐业为主体的第三产业，在科技与知识经济的巨大推动作用下已在较短的时间里迅速增长和扩张。② 据统计，第三产业由1978年的12.2%上升到2017年的44.9%③，升幅近32.7个百分点。第三产业在GDP中的比重已超过50%，意味着我国正在向以高科技为先导，以第三产业为主体的产业结构方向转变。产业结构的调整升级与其科技含量的提高，必然对从业人员的素质要求也相应提高。我国经济产业结构的升级与优化，势必需要大量的高层次应用型人才，这意味着专业学位研究生教育需从片面追求规模扩展进入规模增长与人才培养质量协调发展的新阶段。专业学位研究生教育需"强化质量意识，提高优质人才的供

---

① 魏红梅."新常态"下我国专业学位研究生教育改革的创新探索[J].学位与研究生教育，2016(3).

② 邓光平.我国专业学位设置的政策分析[M].武汉：湖北人民出版社，2014：26-27.

③ 中华人民共和国统计局.中国统计年鉴2018[M].北京：中国统计出版社，2018：27.

给能力和水平，有效对接经济发展的节奏和速度"①。然而，目前在人才培养模式方面，"专业学位研究生教育的供需不匹配表现在无法满足社会行业对高端应用型人才的'职业'、'专业性'和'实践性'要求"②。如何适应我国产业结构升级优化的趋势，对接行业产业的用人标准，将是专业学位研究生培养模式改革与发展必须思考的重要议题。

（三）国家一系列相关政策的颁布，加速了专业学位研究生培养模式改革的步伐

2009年3月，《教育部关于做好全日制硕士专业学位研究生培养工作的若干意见》明确指出全日制硕士专业学位研究生教育要从培养目标、课程设置、教学内容与过程、师资队伍、专业实践、学位论文等方面创新人才培养模式，构建符合专业学位研究生教育特色的人才培养制度。③《教育部关于做好全日制硕士专业学位研究生培养工作的若干意见》是"专业学位研究生教育开展20年来，教育部关于专业学位研究生培养的第一个专门文件，也是专业学位研究生培养模式方面具有突破意义的重要文件，对专业学位研究生培养模式的改革和创新具有重大影响"④。

2010年1月，《硕士、博士专业学位研究生教育发展总体方案》指出，专业学位研究生培养模式改革应从办学模式、课程体系和教学方法、论文标准和考核办法等方面创新人才培养模式。⑤《硕士、博士专

---

① 魏红梅．"新常态"下我国专业学位研究生教育改革的创新探索[J]．学位与研究生教育，2016（3）．

② 张淑林，崔育宝，裴旭，万明．我国专业学位研究生教育供给与需求的分析[J]．中国高等教育，2017（2）．

③ 教育部关于做好全日制硕士专业学位研究生培养工作的若干意见[EB/OL]．[2009-03-19]．http://www.cdgdc.edu.cn/xwyyjsjyxx/gjjl/zcwj/267236.shtml．

④ 黄宝印．我国专业学位研究生教育发展的新时代[J]．学位与研究生教育，2010（10）．

⑤ 国务院学位委员会．硕士、博士专业学位研究生教育发展总体方案[EB/OL]．[2010-11-26]．http://www.cdgdc.edu.cn/xwyyjsjyxx/gjjl/zcwj/268313.shtml．

业学位研究生教育发展总体方案》描绘了人才培养模式改革的总体构想和蓝图。同年4月，在《教育部关于开展研究生专业学位教育综合改革试点工作的通知》中，制定了参加综合改革试点单位的申报条件、遴选办法和工作安排等。2015年，"教育部正式批准北京大学等19个单位开展深化专业学位研究生教育综合改革试点工作"[1]。由此，我国专业学位研究生人才培养模式改革创新将从政策制定层面正式走向实践执行的新阶段，这势必对我国专业学位研究生教育的发展产生历史性的深远影响。

2013年，《教育部 人力资源社会保障部关于深入推进专业学位研究生培养模式改革的意见》从改革目标、招生制度和培养方案等12个方面[2]，提出了深入推进专业学位研究生培养模式改革的构想和制度安排。

基于以上因素，本书是在综合参照《教育部关于做好全日制硕士专业学位研究生培养工作的若干意见》和《教育部关于开展研究生专业学位教育综合改革试点工作的通知》基础上综合设计的，旨在为实现《硕士、博士专业学位研究生教育发展总体方案》中提出的"积极引导、鼓励行业、企业及社会力量支持、参与专业学位教育"[3]的重大举措提供政策建议。

### 二、研究意义

"专业学位研究生模式改革研究"是融合基础研究与应用研究一体

---

[1] 学位与研究生教育杂志社. 服务需求、创新模式、突出特色、提高质量——深化专业学位研究生教育综合改革二年总结[J]. 学位与研究生教育，2018(1).

[2] 教育部 人力资源社会保障部关于深入推进专业学位研究生培养模式改革的意见[EB/OL]. [2013-11-04]. http://old.moe.gov.cn/publicfiles/business/htmlfiles/moe/moe_823/201311/159870.html.

[3] 硕士、博士专业学位研究生教育发展总体方案[EB/OL]. [2010-11-26]. http://www.cdgdc.edu.cn/xwyyjsjyxx/gjjl/zcwj/268313.shtml.

的综合性研究。在大力发展专业学位研究生教育、调动企事业单位等利益相关者积极参与专业学位研究生培养模式改革实践的新的历史起点上，针对我国专业学位研究生培养模式的现实困境，提出专业学位研究生培养模式改革的方向与建议，旨在促进我国专业学位研究生培养模式的改革创新。

(一)理论意义

(1)有助于探索和把握专业学位研究生培养的基本规律。专业学位研究生教育在很大程度上是市场与职业专业化发展的产物，它本身涉及高校、政府、企事业、行业组织和学生等多元利益相关者之间相互影响和相互制约的复杂利益关系。专业学位研究生教育的生存与发展有赖于利益相关者的积极参与。本书采用利益相关者理论，系统分析专业学位研究生培养模式改革之中涉及哪些主体的利益，各利益主体对专业学位研究生教育的利益诉求是什么，不同利益主体之间的利益冲突与矛盾是什么，以及如何协调不同利益主体之间的利益矛盾。对于这一系列问题的深入探讨，无疑有助于揭示影响专业学位研究生培养模式改革的内外部制约因素，进而探索与把握专业学位研究生培养模式改革的基本规律。

(2)有助于丰富和完善专业学位研究生培养的理论成果。作为我国学位与研究生教育体系中的重要组成部分，专业学位研究生教育由于起步较晚，从事专业学位研究生教育专门研究的队伍规模较小，理论研究比较薄弱，科研水平和质量还无法满足专业学位研究生教育改革实践的需要，这在一定程度上影响了我国专业学位研究生教育的健康、可持续发展。在专业学位研究生培养模式改革问题的研究上，大多数成果只从培养院校个体出发，仅仅是对实践经验的总结和概括，缺乏对人才培养模式问题的系统归纳和理论升华。此外，已有的研究缺乏对专业学位研究生培养模式改革的本质、目的和作用机制等问题的深入研究。因此，本书以专业学位研究生培养模式研究为核心，努力探索影响专业学位研究生培养模式改革成效的核心要素和作用机理，这对丰富和完善我国专业学位研究生教育的理论研究有一定的学术贡献。

(二)实践价值

(1)有助于探索符合专业学位研究生教育规律的人才培养模式改革路径与策略。专业学位研究生培养模式问题是决定专业学位研究生教育质量和特色的核心问题。目前我国专业学位研究生培养模式存在的主要问题是长期受学术型人才培养模式的深刻影响,理论化色彩浓厚,人才培养脱离行业实际。本书建立在对我国专业学位研究生培养模式改革历史反思和现实思考的基础上,对影响专业学位研究生培养模式改革的作用机理进行了系统深入的探索,对发达国家专业学位研究生培养模式改革经验进行了总结,进而从利益协调、权力均衡和多元共治的角度提出了深化我国专业学位研究生培养模式改革的思路与对策。

(2)有助于构建多元利益主体协同参与的人才培养模式,打破我国专业学位研究生教育培养主体单一、学术化和封闭性的培养模式。在我国专业学位研究生培养模式改革历程中,高校长期处于教育主管部门的管治状态之下,缺乏企事业单位与行业组织的全程与实质性参与,更多依赖于校内学术型导师独自开展人才培养活动。本书研究从满足专业学位研究生教育利益相关者的利益需求为人才培养模式改革的出发点和最终归宿,系统探讨了利益相关者的利益需求是什么,如何协调和平衡多样利益需求之间的矛盾和冲突等问题,这有助于满足多方利益需求,激发多元利益主体参与专业学位研究生培养模式改革实践的积极性和主动性,从而实现开放与协同育人的办学理念。

## 三、文献综述

(一)国外研究的现状和趋势

(1)关于专业学位研究生培养模式的演变历程研究。T. W. Maxwell[①]、

---

[①] T. W. Maxwell. From First to Second Generation Professional Doctorate [J]. Studies in Higher Education, 2003(3).

John Stephenson、Margaret Malloch、Len Cairns①等学者研究认为，专业博士学位研究生教育经历了"课程学习+学位论文"模式、"P/W/U三维协作"模式，以及"以学生为中心的实践导向"模式共三代各具特色的发展阶段。

(2)关于专业学位研究生培养模式改革面临的共性问题的研究。Evans，T.认为，目前存在培养出的卓越毕业生偏少，社会影响力不大，认可度不高，发展前景堪忧等问题。②

(3)关于专业学位研究生培养模式改革的实践状况的研究。Sharon Kemp③和Marie Brennan④等学者研究认为，大学、工作场所、与专业组织之间的深度合作尽管有利于提高专业学位研究生培养质量，实现三者多赢互利的合作目标，但在实践中却面临制度性障碍，致使三者的合作水平较低。

(4)关于专业学位研究生培养模式改革的成功范例的研究。T. W. Maxwell认为，新英格兰大学推行的混合课程(hybrid curriculum)模式有助于整合大学与专业、工作场所的知识生产体系，密切大学与专业界、工作场所的联系。⑤

(二)国内研究的现状和趋势

(1)关于专业学位研究生培养模式现状研究。别敦荣⑥、陶学

---

① John Stephenson, Margaret Malloch, Len Cairns. Towards a Third Generation of Professional Doctorates Managed by the Learners Themselves? [M]. Deakin conference on Professional Doctorates, 2004: 38.

② Margaret Malloch. Professional Doctorates: An Australian Perspective [J]. Work Based Learning e-Journal, 2010(1).

③ Sharon Kemp. Professional Doctorates and Doctoral Education[J]. International Journal of Organizational Behaviour, 2002(4).

④ Marie Brennan, Jane Kenway, Pat Thomson, Lew Zipin. Uneasy Alliances: University, Workplace, Industry and Profession in the Education Doctorate[J]. Australian Educational Researcher, 2012(4).

⑤ T. W. Maxwell. From First to Second Generation Professional Doctorate [J]. Studies in Higher Education, 2003(3).

⑥ 别敦荣，万卫.论我国专业学位研究生教育人才培养模式改革[J].研究生教育研究，2010(10).

文[1]等学者认为,目前专业学位研究生培养模式的理论化色彩浓厚,社会行业组织和评价机构介入专业学位教学和评估的机制缺乏。

(2)关于校企合作或产学研合作教育的专业学位研究生培养模式改革实践研究。邓光平[2]、张建功[3]、秦发兰[4]等学者认为,高校与企业具有共同的价值观,有合作的基础,校企合作培养能较好地提高实践应用能力,但目前存在产学的耦合协调度较小、协调程度不够等问题。

(3)关于专业学位研究生培养模式改革实践模式的种类划分研究。梁传杰[5]、刘冰[6]等学者认为,当前主要有地方政府主导模式、高校行业对接模式、高校企业共赢模式、高校内部资源整合模式、高校之间协作模式和多元主体协同治理模式。

(4)关于专业学位研究生培养如何加强与有关部门、行业的联系策略研究。黄宝印[7]、石中英[8]、汪全报[9]等学者认为,建立制度化联系,在人才的培养目标、课程设置、教学计划、质量评估和任职资格等方面进行密切合作,真正把专业学位办成面向职业需要的教育。

---

[1] 陶学文. 我国专业学位研究生培养模式及其创新研究[D]. 武汉:华中科技大学博士学位论文,2011.
[2] 邓光平. 澳大利亚深度合作培养专业博士的创新探索——以新英格兰大学的P/W/U三维协作培养模式为例[J]. 高等教育研究,2016(8).
[3] 张建功,刘兴华. 全日制专业学位研究生教育过程中产学耦合的机理研究[J]. 中国高教研究,2011(5).
[4] 秦发兰,陈新忠,汪华,胡承孝. 关于全日制专业学位研究生特色化培养的思考[J]. 中国高教研究,2012(4).
[5] 梁传杰,张凌云. 基于协同的专业学位研究生培养模式创新[J]. 高教发展与评估,2012(6).
[6] 刘冰,闫智勇,潘海生. 基于协同治理的专业学位研究生教育质量治理体系构建[J]. 学位与研究生教育,2019(1).
[7] 黄宝印. 我国专业学位教育发展的回顾与思考[J]. 学位与研究生教育,2007(7).
[8] 石中英. 论专业学位教育的专业性[J]. 学位与研究生教育. 2007(1).
[9] 汪全报,卜春梅. 专业学位研究生教育的产教融合——基于目标导向的特色化策略[J]. 学位与研究生教育,2019(3).

(三) 本书的研究空间

一是从研究视角上看，现有国内文献多是从学生、用人单位或培养机构等较单一利益主体的单一利益需要满足的视角出发，探讨专业学位研究生培养模式的改革，缺乏多样性利益主体的多元利益实现的研究视角；二是从研究内容上看，现有国内外文献对专业学位研究生培养改革中利益相关者的辨析，利益相关者的利益需求、冲突与协调等问题，缺乏系统深入的研究。

## 第二节 研究设计

### 一、研究思路

本书运用利益相关者理论，以近年来我国专业学位研究生培养模式改革的实践为分析样本，首先，通过客观描述和系统梳理，探寻当下专业学位研究生培养模式改革存在的主要问题及其原因，以寻求本书研究的理论和现实空间；其次，采用米切尔的分类法，通过实证调查厘清影响和制约培养模式改革的利益相关者及其利益诉求，在分析与把握利益相关者的利益需求、交互、冲突与协调中，进一步理解专业学位研究生培养模式改革的本质和作用机制；最后，在比较分析发达国家经验的基础之上，结合我国实际，就如何从制度层面延展和深化我国专业学位研究生培养模式改革提出思路与建议。

本书遵循"理论分析—实证研究—理论总结"的研究思路，采用规范分析和实证研究相结合的方法来解决专业学位研究生培养模式改革中利益相关者管理的"Why、Who、What、How"四个问题。本书第二章至第六章的逻辑关系及解决的主要问题如图1-1所示。

### 二、研究方法

(1) 文献调查法与历史研究法。通过历史素材的收集和分析，研究

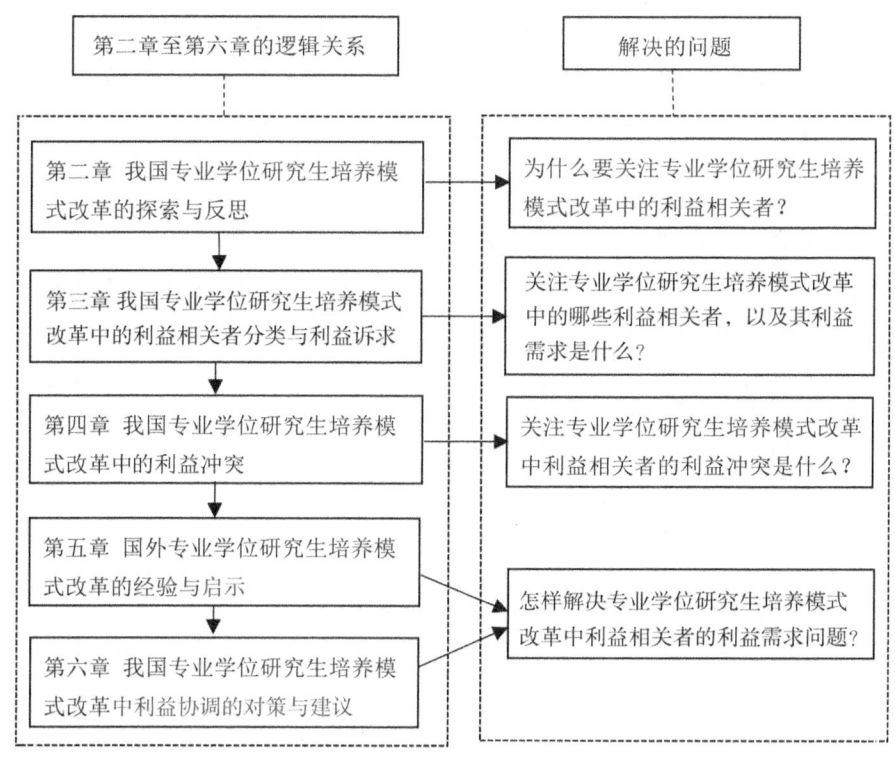

图 1-1　本书各章的逻辑关系

专业学位教育不同发展阶段的培养模式特征和影响因素，总结人才培养模式改革的历史经验与教训，探寻人才培养模式改革的历史演变规律，为本书的研究取得理论上的假设。

（2）问卷调查法。笔者所在的课题组对武汉、重庆、北京、广州、杭州共 5 个城市的 15 所高校（包括 4 所"985"工程高校、7 所"211"工程高校和 4 所其他类型高校）进行了问卷调查，每所高校发放问卷 20 份，共发放了 300 份问卷。本次调查对象为专业学位研究生教育的教师和行政管理者，调查采用分层随机抽样方式。对专业学位研究生培养模式改革的利益相关者进行调研，旨在了解影响专业学位研究生培养模式改革的利益相关者及其利益需求，从而为专业学位研究生培养模式改革策略制定提供科学的管理依据。

（3）比较分析法。主要通过对美国、澳大利亚和英国利益相关者参与专业学位研究生培养模式改革的理论与实践进行比较分析，总结专业学位研究生培养模式的共性特征与发展趋势，为对策研究提供理论与实践依据。

（4）统计分析法。确立专业学位研究生教育各利益主体对专业学位教育的影响程度，揭示各利益相关者影响和制约培养模式改革的内在机理。

（5）经验总结法。归纳总结专业学位研究生培养模式改革的规律与发展趋势，形成可推广的政策建议。

### 三、技术路线

技术路线如图 1-2 所示。

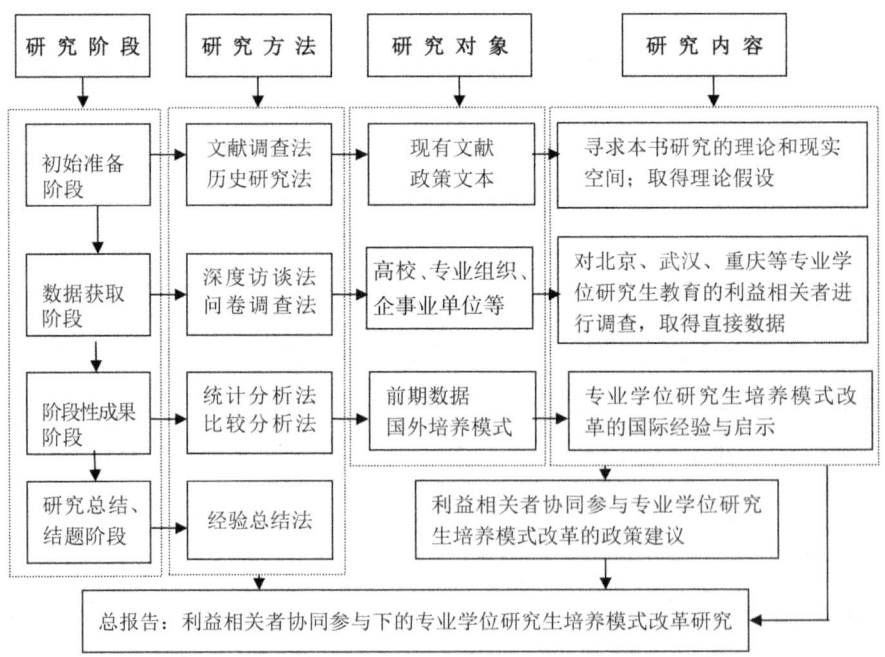

图 1-2　技术路线图

## 第三节 核心概念的界定

### 一、专业学位

(一)专业学位的概念界定①

专业学位(professional degree)亦称职业学位。《教育大词典》将专业学位阐释为"美国对在人文学科和自然科学以外的学科(如工学、农学、医学、法学、商学、教育学、管理学等)领域所授予学位的统称。与学术性学位相对"②;《西方教育词典》将其定义为"在专业学科中获得的学位(degree),如法律、医学、会计和教育等"③;《学位与研究生教育大词典》将其定义为:"学位类型之一。亦称职业学位……专业或职业学位与学术性学位在培养目标、教学方法、授予学位的标准和要求等方面均有所差异。授予专业学位的要求一般是:通过高水平的专业训练从而达到一定的水平,具有从事某种专门职业业务工作的能力,并掌握扎实的专业理论知识。"④

综上所述,本书将专业学位界定为:"与学术性学位相对,其实质是职业学位,它是由学位授予机构根据学位法相关规定对在专业理论、实践技能和专业伦理等方面达到基本要求的学位申请者所授予的一种资格。"授予专业学位的基本要求是:①在基本素质上,应严格遵守学术道德,恪守学术规范,具有从事某种专门职业的专业素养和职业精神

---

① 邓光平. 我国专业学位设置的政策分析[D]. 武汉:华中科技大学博士学位论文,2006.
② 顾明远. 教育大词典[M]. 上海:上海教育出版社,1990:74.
③ [英]德·朗特里. 西方教育词典[M]. 上海:上海译文出版社,1988:248.
④ 秦惠民. 学位与研究生教育大词典[M]. 北京:北京理工大学出版社,1994:14.

等；②在基本知识上，掌握较丰富的相关基础知识和扎实的专业知识等；③在实践训练上，接受与学生本专业学习相匹配的实践教学和实践训练等；④在基本能力上，具备较强的获取知识的能力、运用专业知识解决实际问题的能力和开展应用研究的能力等；⑤在学位论文上，学位论文选题需来源于社会实践问题，论文内容能反映学生综合运用科学理论、方法和技术解决实际问题的能力等。①

(二)专业学位与相关概念之间的关联②

1. 专业学位与学术型学位之关联

专业学位与学术型学位虽然有共同的地方，但本质上却是两种不同性质类型的学位，其差异性体现在以下几个方面：

(1)从性质来看，专业学位是职业学位，在我国称为专业学位。"从国外经验看，专业学位具有职业性，一般在具有鲜明职业背景的学科领域中开设，主要授予受到过高水平专业训练的人才。"③而学术性学位实质上是研究型学位，主要授予具有较强科研能力和创造能力的人才，它有学术性的鲜明特征。

(2)从培养目标来看，专业学位是为各行业培养具有一定理论水平、科研能力和突出实践能力，着重于应用领域的管理、技术或工程开发与研究的高级专门人才；学术型学位则是以培养具有坚实理论知识和突出科研能力为首要目标。

(3)从生源与就业去向来看，攻读博士专业学位的学员须持有相关专业的硕士学位，攻读硕士专业学位的学员须拥有学士学位，无此学位

---

① 全国专业学位研究生教育指导委员会. 专业学位类别(领域)博士、硕士学位基本要求[M]. 北京：高等教育出版社，2015.
② 邓光平. 我国专业学位设置的政策分析[M]. 武汉：湖北人民出版社，2014：29-34.
③ 张应强. 关于设置教育博士专业学位的政策建议[J]. 现代大学教育，2003(3).

则不予注册。他们作为在职人员,实践经验丰富,年龄较大,将来主要在应用领域从事实践性强的工作;而攻读学术型学位学员在学位要求上则显得宽松一些,他们多为高校应届毕业生,被更多关注的是学术研究潜力,实践经验少,将来主要在大学及科研机构从事科学研究和教学工作。

(4)从获得学位的要求来看,专业学位与学术型学位在课程、学位论文等方面的要求也是有差异的。一般而言,专业学位的课程比研究型学位的课程更强调实践环节,它主要让学生搞清"是什么""有什么用",突出的是实用性和综合性;而学术型学位课程更强调原理,主要使学生明白"为什么",重视理论性和分析性。

2. 专业学位与职业之关联

在1996年颁发的《专业学位设置审批暂行办法》第二条中,明确规定"专业学位是具有职业背景的一种学位,为培养特定职业高层次专门人才而设置",并在第十条中进一步指出"应逐步把专业学位作为相应职业岗位(职位)任职资格优先考虑的条件之一"[1]。2001年原教育部副部长周远清指出:专业学位"国际通行叫法是职业学位,即 professional degree","只有获得这种学位才能进入某一行业从业,即学位是从事职业的必备条件。"[2]2002年年初,国务院学位委员会和教育部联合下发的政策文件中提出,"专业学位,或称职业学位,是相对于学术性学位而言的学位类型,培养适应社会特定职业或岗位的实际工作需要的应用型高层次专门人才"[3]。2006年,国务院学位委员会副主任、教育部副部长吴启迪指出:"专业学位教育是规范的职业教育,必须以质量为保证。"[4]

---

[1] 专业学位设置审批暂行办法[EB/OL].[1996-07-22]. http://www.moe.gov.cn/s78/A22/xwb_left/moe_833/tnull_3445.html.

[2] 周远清. 积极发展专业学位研究生教育 培养更多高层次应用型专门人才[J]. 学位与研究生教育,2001(5).

[3] 关于加强和改进专业学位教育工作的若干意见[EB/OL].[2002-01-09]. http://old.moe.gov.cn/publicfiles/business/htmlfiles/moe/moe_823/200803/3077.html.

[4] 吴启迪. 抓住机遇 深化改革 提高质量 积极促进专业学位教育较快发展[J]. 学位与研究生教育,2006(5).

从以上相关政策规定和负责人讲话来看，专业学位研究生教育被视作一种职业教育，专业学位设置所对应的职业领域具有较高的专业化水准；专业学位教育的目标是培养高层次应用型人才；专业学位与职业资格之间的有效衔接被认为是促进专业学位教育健康、快速发展的有效措施之一。

在学术界，专业学位研究生教育具有职业性的观点也获得了广泛的认可。如，史雯婷认为，职业特性是专业学位研究生教育的一个基本属性，同时这种职业性是特殊的，"相对于专业而言的职业性，突出表现为一种实用性"①。刘国瑜认为："专业学位中的'专业'二字就是'职业'。"②邓光平等人认为："专业学位实质是职业性学位，它具有鲜明的职业性。"③翟亚军等人也认为："专业学位具有鲜明的实践取向，其本质是职业性学位。"④别敦荣等人认为："专业学位是面向特定社会职业的人才需求，为培养社会高端专业人才而设立的学位类型。"⑤在西方，专业学位的"专业"一词用"profession"表示，实质就是"职业"的意思。由此可见，专业学位教育本质上是职业教育，必然具有独特的职业性。但专业学位中的"专业"二字不是指普通的职业（occupation）或行业（trade），而是指由职业演变而来的专门化的职业（profession）。根据社会学者的观点，所有人类职业都可划分成一般的"职业"和"专业"两大类；专业又称"有学问的职业"（learned professions），它是职业发展的高级阶段，专指知识含量极高的特殊职业。社会学家韦伦斯基（Wilensky，1964）和

---

① 史雯婷. 专业学位研究生教育的基本属性探讨[J]. 学位与研究生教育，2004(10).

② 刘国瑜. 论专业学位研究生教育的基本特征及其体现[J]. 中国高教研究，2005(11).

③ 邓光平，郑芳. "专业"与专业学位设置[J]. 江苏高教，2005(5).

④ 翟亚军，王战军. 我国专业学位教育主要问题辨识[J]. 学位与研究生教育，2006(5).

⑤ 别敦荣，赵映川，闫建璋. 专业学位概念释义及其定位[J]. 高等教育研究，2009(6).

葛特(Goode,1969)认为,专业特质由核心特质(core traits)和衍生特质(deviating traits)构成。而核心特质则包括专业知识和服务理想。其中专业知识是专业最为根本的特质,它是具备以下特质的一套知识系统①:

①一套有系统、具有普遍性、可记录及传递甚至具有一定学术地位的理论系统。

②这套理论系统更需要落实为可实践的原则——专业技术,并且可应用于解决人类生活中的实际问题。

③这套专业知识(包括理论与技术)更需获得证实或使社会大众相信它确实能够解决有关的生活问题。

④由于这套专业知识确实能解决社会及个人生活中的具体问题,因此专业知识对社会就具有一种不可或缺的功能。

因此,从专业化理论角度来看,专业学位中的"专业"蕴涵着深奥的学术性和复杂、实用的技能性,那些仅需复杂的操作性技能却无深奥知识的职业将难以成为"专业"。一个成熟的专业自然对职员的特定知识(special knowledge)、技能(skill)和品性(ethic)有更为严格的要求。由此可见,专业学位的设置依赖的是职业标准,而非学术标准。

3. 专业学位与职业资格证书之关联

专业学位,它是由学位授予机构根据学位法相关规定对在专业理论、实践技能和专业伦理等方面达到基本要求的学位申请者所授予的一种资格证明。职业资格证书是有关认证机构向具有从事某一特定职业所必备的学识和技能的劳动者所颁发的资质证明,是劳动者求职、任职、开业的资格凭证,是用人单位招聘、录用劳动者的主要依据。② 1995年人事部印发的《职业资格证书制度暂行办法》第三条规定:"职业资格包括从业资格和执业资格。从业资格是政府规定专业技术人员从事某种

---

① 曾荣光. 教学专业与教师专业化:一个社会学的阐释[J]. 香港中文大学教育学报,1984(1).
② 别敦荣,赵映川,闫建璋. 专业学位概念释义及其定位[J]. 高等教育研究,2009(6).

专业技术性工作的学识、技术和能力的起点标准；执业资格……是专业技术人员依法独立开业或独立从事某种专业技术工作学识、技术和能力的必备标准。"①由此可见，专业学位与职业资格证书之间有较大的差异，专业学位是教育证明，颁发机构是获得授权的高等教育机构。专业学位获得者必须具有在相关高等教育机构接受教育的经历，并达到授予专业学位的课程和毕业论文（设计）要求。职业资格证书是社会任职凭证，由获得授权的认证机构发放。

在西方发达国家，大学所授予的专业学位既是它培养高级专门人才的合格证明，也是从业时优先考虑的资格条件。当职业专业化程度达到相当高水平时，该职业服务对整个社会的继续存在及运行就具有不可或缺的功能。例如，医疗与法律倘若其服务不足或水准低落，则会对社会构成严重的伤害。鉴于这类职业具有极高的社会效益和经济效益，国家可以为其设置一个特许的市场保护机制，来促进职业提升服务水准，维护公众利益。市场保护之一是通过法律形式来制定严格的入门标准，规定从业者所需的教育资格条件。这样一来，那些在社会发展与经济建设中具有重要影响与地位的职业，它的任职和从业资格就容易与专业学位相对应起来。在当今，作为成熟的专业，"医学和法学并没有取消他们的专业学位"，而"其他上升专业如建筑、会计、药剂学、管理，肯定地说此时正需要他们的专业学位"②。在社会诸多职业走向专业化的背景下，当今许多发达国家已将获取专业学位作为从事某种职业的先决条件。譬如，英联邦国家的建筑师注册制度规定，要取得建筑师从业资格，必须获得建筑学专业学位。③

---

① 职业资格证书制度暂行办法［EB/OL］. ［1995-01-17］. http://www.zjks.com/showInfo/Info.aspx?id=662.

② Corn, Morton. Professions, Professionals, and Professionalism[J]. American Industrial Hygiene Association Journal, 1994(7).

③ 谢桂华. 20世纪的中国高等教育（学位制度与研究生教育卷）[M]. 北京：高等教育出版社, 2003: 209.

## 二、人才培养模式

只要存在人才培养活动，就会有人才培养模式。专业学位研究生教育活动的有效开展有赖于构建科学合理的行为模式。那么何为人才培养模式？它的内涵与外延是什么？当下我国专业学位研究生培养模式改革的实质问题是什么？面临的阻力与障碍又是什么？改革创新专业学位研究生培养模式究竟该如何着手？

在我国，"人才培养模式"概念最早由文育林在1983年《高等教育研究》第2期发表的《改革人才培养模式，按学科设置专业》一文中提出，主要对高等工科院校人才培养的模式以及如何调整等问题进行了探讨，但未对"人才培养模式"概念进行明确界定。1993年刘明浚在其专著《大学教育环境论要》一书中首次对这一概念作出了较清晰的界定，认为人才培养模式是指"在一定办学条件下，为实现一定的教育目标而选择或构思的教育教学样式"①。1998年教育行政部门首次对"人才培养模式"概念作出了界定，指出"人才培养模式是学校为学生构建的知识、能力、素质结构，以及实现这种结构的方式，它从根本上规定了人才特征并集中地体现了教育思想和教育观念"②。20世纪90年代以来，人才培养模式的研究引起了高等教育界的广泛重视，形成了以下十种较为典型的界定和学说：①"人才培养规范"说；②"人才培养系统"说；③"教育过程总和"说；④"培养活动样式"说；⑤"教育运行方式"说；⑥"目标实现方式"说；⑦"人才培养结构"说；⑧"教学活动程序"说；⑨"整体教学方式"说；⑩"人才培养方案"说。③

---

① 刘明浚. 大学教育环境论要[M]. 北京：航空工业出版社，1993：12.
② 教育部. 关于深化教学改革 培养适应21世纪需要的高质量人才的意见[EB/OL]. [1998-04-10]. http://www.moe.gov.cn/srcsite/A08/s7056/199804/t19980410_162625.html.
③ 董泽芳. 高校人才培养模式的概念界定与要素解析[J]. 大学教育科学，2012(3).

以上学者从不同情景、视界和层面对人才培养模式内涵进行界定，形成了不同的学说和观点。综合起来，这些观点存在相同的含义，即强调人才培养模式的构建体现了一定的教育思想或教育理论的指导。但也存在着较大的分歧，比如在培养模式指向上，存在突出培养目标和素质结构的差异；在培养模式形态上，存在强调静态方式、动态过程，以及静态与动态有机结合的差异；在人才培养模式的外延上，存在泛化和窄化的差异。

何谓"模式"？在英文中与其相近的词汇是 mode、model、pattern，有"模型""样式""方式"等含义。在《辞海》中，"模"有"模仿"之意，即"依照一定的榜样做出类似动作和行为的过程"，"'模式'即解决问题的范式、范例。"由此可见，"模式既不属于内容范畴与形式范畴，也不属于目的范畴与结果范畴，而是属于一种过程范畴"①。综上，所谓人才培养模式，是指培养主体为实现人才培养目标，在一定教育思想指导下设计的，由培养目标、培养主体、培养内容、培养方式和培养质量评价等要素构成的有关人才培养过程的理论模型与操作样式。所谓专业学位研究生培养模式，是指专业学位研究生培养主体为实现人才培养目标，在一定教育思想指导下设计的，由培养目标、培养主体、培养内容、培养方式和培养质量评价等要素构成的有关专业学位研究生培养过程的理论模型与操作样式。

---

① 董泽芳.高校人才培养模式的概念界定与要素解析[J].大学教育科学，2012(3).

# 第二章　我国专业学位研究生培养模式改革的探索与反思

作为培养高层次、应用型专门人才的有效途径，专业学位研究生教育已成为我国研究生教育中不可或缺的重要组成部分，它在促进产业结构调整、升级和职业专业化方面正发挥十分重要的作用。在我国专业学位研究生教育正式诞生至今的近30年里，伴随我国产业结构调整升级和现代化建设的历史进程，专业学位研究生教育的规模与种类在改革中不断发展壮大，取得了较大的突破，探索积累了一定的理论与实践经验，"已初步建立了具有中国特色的专业学位研究生教育制度"[①]。我国专业学位研究生教育进入了一个新的历史时期，因此，站在新的历史起点，对我国专业学位研究生教育的发展与改革进行一个阶段性的总结与反思，显得尤为重要与紧迫。

## 第一节　专业学位研究生培养模式改革的历史分析

我国专业学位研究生教育的起源可追溯到1984年开展的工程类型硕士培养试点。而严格意义上的专业学位研究生教育始于1990年设置的第一个专业学位——工商管理硕士学位。我国专业学位研究生教育发

---

① 教育部关于开展研究生专业学位教育综合改革试点工作的通知[EB/OL].[2010-04-26]. http://www.cdgdc.edu.cn/xwyyjsjyxx/gjjl/zcwj/268311.shtml.

展的近30年里,正是我国经济社会发展发生深刻变革的转型时期。在经济体制改革上,经历了从计划经济到市场经济的过渡;在工业发展道路上,经历了从工业化初级、中级阶段向新型工业化阶段的过渡;在高层次人才培养上,实现了由高等教育的精英教育、大众化教育阶段向普及化教育阶段的过渡。社会经济发展中的这种历史性转型,势必会深刻影响专业学位研究生教育的发展,必然要求与经济社会产业结构密切关联的专业学位研究生教育与之相适应。

深化人才培养模式改革是全面提升专业学位研究生教育质量的核心与关键。在不同的社会历史时期,专业学位研究生培养模式往往具有不同的时代特征与形式。正如克拉克·克尔所言,"学院和大学从来不会高居于虚构历史神话的顶层,它们常常屈服于周围环境的某些压力和约束"①。我国专业学位研究生培养模式改革的历程正处于中国经济社会发展的重大历史转型时期,教育外部因素对专业学位研究生培养模式改革的驱动作用日益凸显。本书综合运用政策科学理论和利益相关者理论,从"政策文本分析"②的角度,分三个发展阶段,追溯我国专业学位研究生培养模式的改革历程,总结历史经验和教训,对于我国当下专业学位研究生培养模式的改革创新具有重要的历史意义和现实意义。

## 一、专业学位研究生培养模式改革的历程③

(一)形成期及时代特征(1990—1995年)

第一阶段的标志是三种专业学位的设置政策的正式颁布,人才培养

---

① [美]克拉克·克尔. 大学的功用[M]. 陈学飞,译. 南昌:江西教育出版社,1993:169.

② 本节分析的政策文本主要选自"中国学位与研究生教育信息网"(http://www.cdgdc.edu.cn)和"中华人民共和国教育部政府门户网站"(http://www.moe.gov.cn)。

③ 邓光平. 我国专业学位研究生培养模式改革的历史变迁与现实思考[J]. 高等教育研究,2019(5).

模式初步确立。1990年10月，国务院学位委员会第九次会议通过了《关于设置和试办工商管理硕士学位的几点意见》，标志着我国研究生教育史上第一个专业学位——工商管理硕士学位正式诞生。在《关于设置和试办工商管理硕士学位的几点意见》中，主要对设置工商管理硕士的必要性进行了说明，对其学位名称进行了统一，对进行试点的学校所必备的条件做了明确的规定，它成为指导与规范工商管理硕士学位研究生教育的正式政策。1991年10月，国务院学位委员会和国家教育委员会研究生工作办公室，通过了《工商管理硕士试行培养方案（征求意见稿）》。在《工商管理硕士试行培养方案（征求意见稿）》中，提倡高等学校和经济产业部门、厂矿企业、工程建设等单位联合培养；采取学分制；授课内容必须理论联系实际，注意实际应用；实习时间一般不少于三个月；导师组要注意吸收实务部门的管理人员；论文选题来源于工作实际。《工商管理硕士试行培养方案（征求意见稿）》无疑成为指导各培养院校制定培养方案和确立人才培养模式的重要政策依据之一。随后，1992年，国务院学位委员会第十一次会议通过了《建筑学专业学位设置方案》，分设建筑学学士和建筑学硕士两个层次。建筑学学士专业学位是我国第一个，也是目前唯一一个学士专业学位。在《建筑学专业学位设置方案》中对建筑学毕业本科生和研究生授予建筑学学士和硕士专业学位应具备的专业知识、能力等方面提出了明确要求。1995年，国务院学位委员会第十三次会议通过《关于设置法律专业硕士学位的报告》，决定在我国设置并试办法律专业硕士（后改称"法律硕士专业学位"），要求重视案例教学和法律实践，学位论文重在反映学生解决法律实务问题的能力。

这一阶段专业学位研究生人才培养模式的初步形成有重要的背景和动因，一是专业学位设置政策的直接推动。比如，《关于设置和试办工商管理硕士学位的几点意见》的颁布不仅直接促进了《工商管理硕士试行培养方案（征求意见稿）》的制定，而且对工商管理硕士研究生培养机构制定人才培养方案和确立人才培养模式等方面都发挥了重要的指导作用。二是进入20世纪90年代，随着我国市场经济体制的正式确立，社会对高层次应用型人才的需求更加迫切，加快应用型人才的培养就成为研究生教育战线极其紧迫的任务。在《研究生教育和学位工作"八五"计划和十年规划要点》中，明确提出未来研究生教育工作的主要任务之一是"大力加强应用学科人才(如工程技术、临床医学、财政金融)的培养和专业学位的设置工作"。社会的迫切需求无疑加速了专业学位研究生人才培养模式形成的步伐。

在这段时间，随着我国市场经济体制的逐渐确立，构建应用型人才培养模式，发展应用型人才教育就成为研究生教育改革的时代使命。以上3种专业学位研究生人才培养模式的初步形成，是建立在前期对相应专业学位研究生教育的国内调研和对国外考察的基础之上的，因此其构建的人才培养模式基本切合当时我国专业学位研究生教育发展的现实需要，但难以全面、准确反映专业学位研究生教育的自身发展规律。由于这一阶段处于试办摸索时期，当时我国专业学位研究生教育理论研究与实践经验存在双重欠缺，制定参考性培养方案的绝对主体仅是政府和高校，企业和行业组织参与的程度却非常有限，这就导致行业、行业组织、学生等诸多利益相关者的合法、正当利益诉求无法获得最基本的满足，合作教育的开展缺乏必要的内驱力。加之，"重学轻术"文化的深刻影响，专业学位研究生教育在整个研究生教育体系中的地位和作用还未获得应有的重视。这样一来，当时所制定的专业学位研究生培养模式就不可避免地带有较浓郁的学术化色彩，与学术性研究生培养模式相比并没有体现出自身特色和本质的差异。专业学位研究生教育仍然是以学科为取向，只是在课程设置上略为强调实践性，采用的是缩小版的"课程学习+学位论文"的传统学术型人才培养模式。

(二)规范期及时代特征(1996—2008年)

第二阶段的标志是1996年国务院学位委员会第十四次会议审议通过《专业学位设置审批暂行办法》(以下简称《暂行办法》)。《暂行办法》

是一个法规性文件，既是专业学位设置政策走向深层制度化的重要开端，同时也是指导和规范专业学位研究生人才培养模式的重要举措。《暂行办法》第六条明确规定："批准设置的专业学位，由国务院学位委员会办公室负责组织实施，并协调有关行业、部门成立全国性的专业学位教育指导委员会，制定培养方案和评估标准。"教育指导委员会(以下简称教指委)是国务院学位委员会和教育部领导下的专家指导和咨询组织，它由国务院学位委员会和教育部聘请的国内教育专家和行业专家共同组成。在《暂行办法》精神的指导下，各专业学位相继成立了自己的教育指导委员会。教育指导委员会在教学活动、教材与案例建设、师资培训、教育评估等各方面制定标准、规范要求、检查评估和加强监督，从而促进了专业学位研究生培养机构制定各自规范的、行之有效的培养制度。

随后，针对专业学位研究生教育发展中存在的诸多问题，国务院学位委员会和教育部发布了《关于加强和改进专业学位教育的若干意见》，它是对《暂行办法》的进一步补充与完善，是专业学位研究生人才培养模式迈向规范化、制度化的又一大进步。《关于加强和改进专业学位教育的若干意见》中明确规定，专业学位研究生招生要逐步实行全国联考与学校考核相结合，课程设计要体现基础性、实践性、选择性及先进性，教学方法上要加强案例教学与实践环节，评价方式上要正确把握专业学位论文的规格和标准，培养方式上要实行全日制和非全日制两种方式。① 这对于及时纠正当时专业学位研究生教育实践中较普遍存在的降低培养质量和套用学术型培养的两种倾向都发挥了一定的制度规范作用。

这一阶段专业学位研究生人才培养模式走向规范化的重要背景和动因有二，一是前期各专业学位研究生教育的人才培养模式在试行中暴露出诸多问题，这是颁布相关政策法规的内在要求。比如，从国务院学位办颁发的参考性培养方案来看，教育硕士专业学位研究生教育的课程结

---

① 关于加强和改进专业学位教育的若干意见[EB/OL]. [2012-01-09]. http://www.cdgdc.edu.cn/xwyyjsjyxx/xwbl/zcfg/zywj/263556.shtml.

构是"5+5+2"(5门学位课+5门专业必修课+2门选修课)(参见《国务院学位委员会办公室关于转发〈教育硕士专业学位第一次试点工作会议纪要〉及有关决定的通知》,学位办〔1996〕53号,1996-09-14)。课程设置中明显存在外语课时偏多,选修课程偏少,理论课程多,实践环节缺乏的问题;教学方式上,案例教学未能全面推行;学制上,弹性学制仍未有效实施。此外,在教育评价活动中存在两种不良倾向:一种观点认为,既然教育硕士研究生与学术型研究生一样同属于研究生层次,那么在课程设置、教学要求、考核标准、论文水平以及总的质量标准等方面,应坚持与学术性学位相同的学术质量标准;另一种观点则把教育硕士专业学位研究生教育等同于一般职业教育,从而忽视教育硕士专业学位的学术要求。① 在对专业学位研究生教育存在的问题有了较为清晰的认识和在几年专业学位试点工作经验总结的基础之上,颁布统一的、专门的、权威的专业学位研究生教育政策以规范和引导各专业学位研究生教育发展就提上了议事日程。二是科教兴国、依法治教成为时代主题。为贯彻、落实科教兴国战略,适应国家经济建设和社会发展对高层次应用型专门人才的旺盛需求,改革和完善我国专业学位研究生教育人才培养模式,就成为当时专业学位研究生教育发展政策的基本价值追求。

在这一阶段,科教兴国、依法治教成为时代主题。我国专业学位研究生教育也进入了快速发展时期,相继设置了教育硕士、工程硕士、临床医学硕士、博士等16种专业硕士学位和4种专业博士学位②,形成了以硕士学位为主,博士、硕士、学士三级层次并举的较为完整的专业学位体系。这一阶段我国专业学位研究生培养模式改革主要体现以下几方面特征:

(1)人才培养的重要性进一步提升。在有关政策中,明确指出"专

---

① 邓光平.教育硕士专业学位设置的政策分析[J].学位与研究生教育,2009(1).
② 数据来源:根据中国学位与研究生教育信息网公布的各类专业学位整理所得。

业学位人才培养与学术性学位人才培养是高层次人才培养的两个重要方面，在高等院校人才培养工作中，具有同等重要的作用"①。从政策上保障专业学位与学术学位居于相同层次，这对于改变社会对专业学位认识上的偏颇，提升专业学位的地位和扩大专业学位的社会影响力都具有重要的意义和深远的影响。

（2）人才培养目标更加明确。《暂行办法》指出，专业学位研究生教育是为了"培养特定职业高层次专门人才"。从法规上确立了专业学位研究生教育的人才培养目标是为特定职业培养高层次应用型人才，而非为学术领域培养研究型人才，这充分表明了专业学位研究生教育与学术性研究生教育培养目标的根本差异。

（3）人才培养全程进行了整体制度设计与改革。在《关于加强和改进专业学位教育的若干意见》中，主要从招生制度、课程体系、教学方式、实践环节、论文选题、师资水平、培养方式等多方面进行了制度设计，这不仅全面扭转了初创期仅在学术型培养模式中增加少量实践课程的做法，进一步彰显了对专业学位研究生实践应用能力培养的高度重视，还初步形成了具有我国特色的专业学位研究生培养模式，比如全国联考制和教育指导委员会制。

（三）创新期及时代特征（2009年至今）

第三阶段的标志事件有三个，第一个事件是2009年3月教育部颁布了《教育部关于做好全日制硕士专业学位研究生培养工作的若干意见》，明确指出全日制硕士专业学位研究生教育的"课程设置要以实际应用为导向，以职业需求为目标，以综合素养和应用知识与能力的提高为核心"；"教学过程要重视运用团队学习、案例分析、现场研究、模拟训练等方法"；实践教学要"注重吸纳和使用社会资源，合作建立联

---

① 关于加强和改进专业学位教育的若干意见[EB/OL].[2002-01-09]. http://www.cdgdc.edu.cn/xwyyjsjyxx/xwbl/zcfg/zywj/263556.shtml.

合培养基地，联合培养专业学位研究生"①。这表明，长期以来，我国专业学位研究生教育套用学术型研究生教育人才培养模式的局面将发生重大转变，积极探索与构建符合专业学位研究生教育自身规律的人才培养模式将成为新时期教育理论研究者和办学实践者的重要使命。

第二个事件是，2010年4月教育部发布了《教育部关于开展研究生专业学位教育综合改革试点工作的通知》，决定从2010年起开始遴选30所左右高等学校开展专业学位研究生教育综合改革试点工作。这次试点工作明确要求培养单位重点在"课程体系设置、师资队伍建设、教学内容与方式、研究课题和专业技能训练、专业技能训练、实验室和实习实践基地建设、考核评价标准与方式等方面"②，力图实现人才培养模式的实质性创新。由此，我国专业学位研究生人才培养模式改革创新将从政策制定层面正式走向实践执行的新阶段，这势必将对我国专业学位研究生教育的发展产生历史性的深远影响。正如有学者指出，"这项试点工作意义重大，将极大地推动专业学位研究生培养理念和教育思想的转变，将加快探索和建立专业学位研究生教育的新模式。"③

第三个事件是，2013年教育部、人力资源社会保障部联合发布了《教育部 人力资源社会保障部关于深入推进专业学位研究生培养模式改革的意见》，提出了"以职业需求为导向，以实践能力培养为重点，以产学结合为途径，建立与经济社会发展相适应、具有中国特色的专业学位研究生培养模式"④的改革目标。围绕这一改革目标，该意见要求人

---

① 教育部关于做好全日制硕士专业学位研究生培养工作的若干意见[EB/OL].[2009-03-19]. http://www.cdgdc.edu.cn/xwyyjsjyxx/gjjl/zcwj/267236.shtml.

② 教育部关于开展研究生专业学位教育综合改革试点工作的通知[EB/OL].[2010-04-26]. http://www.cdgdc.edu.cn/xwyyjsjyxx/gjjl/zcwj/268311.shtml.

③ 黄宝印.我国专业学位研究生教育发展的新时代[J].学位与研究生教育，2010(10).

④ 教育部 人力资源社会保障部关于深入推进专业学位研究生培养模式改革的意见[EB/OL].[2013-11-04]. http://old.moe.gov.cn/publicfiles/business/htmlfiles/moe/moe_823/201311/159870.html.

才培养模式改革创新要充分体现"分类"和"实践"两个重要导向。

这一阶段专业学位研究生人才培养模式走向改革创新的重要背景和动因有三，一是随着科技的突飞猛进，以及职业专业化的发展，社会对专业应用型人才的需求规模越来越大，需求层次越来高。进入21世纪，随着我国经济结构的升级与优化，社会对各类型高层次应用型专业人才需求的呼声日益高涨，而已有的专业学位研究生人才培养模式难以适应经济社会与职业领域深刻变革的需求。在高校、市场和社会等诸多力量的共同推动下，我国专业学位研究生人才培养模式必将发生重大变革。二是大力调整研究生教育结构，加快专业学位研究生教育发展步伐已成为当下我国研究生教育改革与发展的重要使命之一。"到2020年，实现我国研究生教育从以培养学术型人才为主转变为学术型人才和应用型人才培养并重。"①因此，在此背景之下，专业学位研究生教育开展人才培养模式改革创新既是深入贯彻落实科学发展观和建设人力资源强国的迫切需要，又是落实《国家中长期人才发展规划纲要（2010—2020年）》的重大举措。三是新时期专业学位研究生教育改革发展的需要。国家大力推动培养机构开展专业学位研究生人才培养模式改革创新工作，有利于引导培养机构从中国实际出发，科学借鉴国际成功经验，全面创新专业学位研究生培养模式，以满足经济社会对高层次应用型人才的迫切需求，从而实现专业学位研究生教育持续、健康、快速的发展。

在这一阶段，我国专业学位研究生教育进入新的发展时期。截至2018年年底我国已设置40种专业硕士学位、6种专业博士学位和1种专业学士学位。② 这一阶段我国专业学位研究生培养模式改革创新主要体现以下几方面特征：

（1）强调了学校与企业、行业组织之间要广泛开展多种形式的联

---

① 硕士、博士专业学位研究生教育发展总体方案［EB/OL］．［2010-09-18］．http://www.cdgdc.edu.cn/xwyyjsjyxx/gjjl/zcwj/268313.shtml.

② 数据来源：根据中国学位与研究生教育信息网公布的各类专业学位整理所得。

合办学。政府通过制定政策,积极引导并鼓励高校与"实际部门建立长期、稳定、实质性的联合培养机制,搭建高水平的合作培养平台,积极构建专业学位研究生教育新的办学模式"①,以切实提升专业学位研究生的实践应用能力。然而,在改革实践中,大学与企业的合作的层次较浅、形式较单一,全方位、多层次的多元主体协作育人模式尚未形成。

(2)加大了专业实践环节的学时数和学分比例。政府明确规定,"专业学位研究生在学期间,必须保证不少于半年的实践教学……应届本科毕业生的实践教学时间原则上不少于1年"②,为了充分保障实践教学开展的条件与质量,政府鼓励高校与相关行(企)业进行积极合作,共同建立责权明晰、实践内容具体、管理制度完善、形式多样的实践基地。

(3)突出了课程设置与教学方法的实际应用性。专业学位研究生教育的"课程设置要充分反映职业领域对专门人才的知识与能力要求,以实际应用为导向,以满足职业需求为目标,以综合素养和应用知识与能力的提高为核心,将行业组织、培养单位和个人职业发展要求有机结合起来"③。在教学方法上,"加强案例教学、模拟训练等教学方法的运用"④,以着重培养专业学位研究生研究实践问题的意识和解决实际问题的能力。

(4)强化了学位论文的应用性导向,论文形式可多样化。专业学位

---

① 硕士、博士专业学位研究生教育发展总体方案[EB/OL].[2010-09-18]. http://www.cdgdc.edu.cn/xwyyjsjyxx/gjjl/zcwj/268313.shtml.

② 教育部关于做好全日制硕士专业学位研究生培养工作的若干意见[EB/OL].[2009-03-19]. http://www.cdgdc.edu.cn/xwyyjsjyxx/gjjl/zcwj/267236.shtml.

③ 硕士、博士专业学位研究生教育发展总体方案[EB/OL].[2010-09-18]. http://www.cdgdc.edu.cn/xwyyjsjyxx/gjjl/zcwj/268313.shtml.

④ 教育部 人力资源社会保障部关于深入推进专业学位研究生培养模式改革的意见[EB/OL].[2013-11-04]. http://old.moe.gov.cn/publicfiles/business/htmlfiles/moe/moe_823/201311/159870.html.

论文选题,要求"来源于社会实践或工作实际中的现实问题,有明确的实践意义和应用价值"①。这表明专业学位论文选题不再局限于精深的学术领域,而来源于与学生工作实践密切相关的实践领域。学位论文可以"研究报告、规划设计、产品开发、案例分析、管理方案、发明专利、文学艺术作品等作为主要内容"②,旨在考察学生综合运用专业知识和技能解决实际问题的技术能力和水平。学位论文形式的多样化,有利于学生充分利用现实的人力、可用的资源和灵活的时间在工作情景之中完成写作任务,使学生不再受制于传统学术型学位论文严格的框架束缚与拖累,这对于来自工作一线的学生来说具有特别大的吸引力。然而,在实践中,大多数培养院校还不敢贸然采用研究报告、案例分析等内容的学位论文,主要担忧这类学位论文在盲评、抽检中无法通过质量评价。

### 二、专业学位研究生培养模式改革的历史反思

回顾我国专业学位研究生培养模式改革的近30年历程,我们不难发现如下趋势、规律、经验和教训:

第一,我国专业学位研究生培养模式改革的总体发展趋势是从学术气息浓郁、产学研分离、培养主体单一、相对封闭的人才培养模式逐渐向应用性鲜明、校企(行业)协作、培养主体多元、愈益开放的人才培养模式转变。这一演变趋势突出反映了专业学位人才培养的特殊规律,是当下专业学位人才培养模式改革决策者和实践者应着力把握的重要方向。在我国专业学位研究生培养模式改革历程中,高校长期处于教育主管部门的管治状态之下,缺乏企事业单位与行业组织的全程与实质性参

---

① 硕士、博士专业学位研究生教育发展总体方案[EB/OL].[2010-09-18]. http://www.cdgdc.edu.cn/xwyyjsjyxx/gjjl/zcwj/268313.shtml.

② 教育部 人力资源社会保障部关于深入推进专业学位研究生培养模式改革的意见[EB/OL].[2013-11-04]. http://old.moe.gov.cn/publicfiles/business/htmlfiles/moe/moe_823/201311/159870.html.

与，更多依赖校内学术型导师独自开展人才培养活动。企事业单位是专业学位研究生的最终接纳者，它们对人才需求的规模、结构和规格都与人才培养活动息息相关，深刻影响着人才培养活动的初端、中端和末端，尤其对人才专业知识、实践能力和职业素养的生成有重要的影响。在以往那种封闭、孤独式的人才培养模式之下，培养院校对企事业单位究竟需要何种规格与标准的专业学位研究生根本不闻不问，对学生和家长等利益相关者的合理诉求也根本不理不睬，致使高校根本无法培养出符合企事业单位与行业组织真正需要的应用型人才。因此，培养院校破除单打独斗、闭门造车的传统观念，确立开放与合作育人的观念就成为当下我国专业学位研究生培养模式改革的必然选择。①

第二，我国专业学位研究生培养模式改革的演变轨迹反映出这样一个基本规律：专业学位研究生培养模式改革不仅要与国家发展战略、产业结构、职业专业化程度以及区域经济等教育外部要素发展相适应，还要遵循专业学位研究生教育自身具有的职业性、应用性和研究性相融合的属性与发展规律，更要充分反映与尽量满足不同利益相关者的利益诉求。历史经验证明专业学位研究生培养模式改革理应重视并遵循这一基本规律，若忽视教育外部要素的变化要求、违背专业学位研究生教育自身规律，或漠视利益相关者利益诉求的任何改革实践都将难以达成预期的改革目标。

第三，我国专业学位研究生培养模式改革措施的实施，采取的是政府宏观调控，教育指导委员会积极指导与协调，以及培养单位发挥自主权相结合的方式和手段。历史经验证明，这是比较切合中国专业学位研究生教育发展实际的有效实施方式，但仍需要加强相关制度建设，进一步厘清政府、教育指导委员会和院校各自的权责利关系。

第四，我国专业学位研究生培养模式改革是政府依靠法规、指令等

---

① 邓光平. 我国专业学位研究生培养模式改革的历史变迁与现实思考[J]. 高等教育研究，2019(5).

行政手段推行的变革，属于典型的自上而下的强制性制度变迁。强制性制度变迁在一定历史阶段曾发挥过积极作用，但也不可避免地存在诸多问题，比如容易抑制院校改革的自主性和创造性，泯灭学生、行业等利益主体参与的积极性，从而难以形成不同院校、不同种类专业学位研究生教育的人才培养特色。

## 第二节　专业学位研究生培养模式改革的现实审视

自从 1990 年正式设置工商管理硕士学位以来，我国专业学位研究生培养模式改革已经历了近 30 年的历程，尤其是 2010 年教育部发布《教育部关于开展研究生专业学位教育综合改革试点工作的通知》之后，我国专业学位研究生培养模式改革进入了新的阶段，人才培养改革取得了一定进展，但仍面临一系列问题，有待继续深入探索与完善。

### 一、专业学位研究生培养模式改革取得的成就

通过对上述我国专业学位研究生培养模式改革历程的梳理可以发现，专业学位研究生教育培养模式改革取得的主要成就主要如下：

（一）培养观念：职业导向的思想逐渐确立

我国早期的专业学位研究生教育，由于理论研究与实践经验的双重缺失，加之受"重学轻术"的传统价值观的深刻影响，其人才培养模式不可避免地存在学术化倾向。这主要表现为课程设置重理论轻实践，课堂教学理论脱离实际，实践教学流于形式，校外导师形同虚设，质量评价标准学术化。为了扭转专业学位研究生培养中的学术化倾向，构建符合专业学位研究生教育特性与规律的培养模式，国务院学位委员会早在 1996 年审议通过的《专业学位设置审批暂行办法》第二条中就明确规定："专业学位作为具有职业背景的一种学位，为培养特定职业高层次专门人才而设置。"专业学位本身具有的鲜明职业性反映了其人才培养质量

强调的是高层次的职业水准而非学术水平。在随后国家制定的一系列有关专业学位研究生教育发展政策中都非常鲜明地强调了人才培养模式的职业导向。如，2013年《教育部 人力资源社会保障部关于深入推进专业学位研究生培养模式改革的意见》中，就指出培养模式改革目标要"以职业需求为导向，以实践能力培养为重点"。由此，我国专业学位研究生教育改革与实践逐渐形成了以面向职业、胜任相关职业、提升职业能力和水平为目标的价值取向，这无疑对教育实践活动长期存在的学术化倾向发挥了一定程度的制约作用。

(二) 培养主体：多元参与的协同育人模式逐渐生成

国内外专业学位研究生教育发展的成功经验证明，政府、高校、企业与行业组织等多元主体协同参与的产学研合作平台既是高层次应用型人才培养的最佳路径，也是提升专业学位研究生教育质量的关键。随着我国专业学位研究生教育种类和规模的扩大，以政府为主导，高校与企业等多元主体共同参与的协作培养高层次应用型人才的模式逐渐获得社会各界的广泛认同。在政府颁布的相关政策中，要求培养单位"吸收不同学科领域的专家、学者和实践领域有丰富经验的专业人员，共同承担专业学位研究生的培养工作"①，"与实际部门建立长期、稳定、实质性的联合培养机制，搭建高水平的合作培养平台"②，"选择具备一定条件的行(企)业开展联合招生和联合培养"③。在国家政策的大力推动之下，积极探索校企协同培养模式越来越成为专业学位研究生培养机构的重要课题。目前，国内高校已涌现出以下几种典型的校企(行业)多

---

① 教育部关于做好全日制硕士专业学位研究生培养工作的若干意见[EB/OL]. [2009-03-19]. http://www.cdgdc.edu.cn/xwyyjsjyxx/gjjl/zcwj/267236.shtml.

② 硕士、博士专业学位研究生教育发展总体方案[EB/OL]. [2010-09-18]. http://www.cdgdc.edu.cn/xwyyjsjyxx/gjjl/zcwj/268313.shtml.

③ 教育部 人力资源社会保障部关于深入推进专业学位研究生培养模式改革的意见[EB/OL]. [2013-11-04]. http://old.moe.gov.cn/publicfiles/business/htmlfiles/moe/moe_823/201311/159870.html.

元合作培养模式①；同济大学汽车学院的"无缝对接"校企联合培养模式；四川大学出版专业的"学界"与"业界"联合培养模式；中国农业大学资源与环境学院的"科技小院"培养模式；江苏省高校的"站-校"培养模式；华南理工大学工程硕士的"订单式"培养模式；海南大学法律专业硕士的"互惠式合作"培养模式。这一系列多元主体合作模式的探索与实践，对于深化我国专业学位研究生培养模式改革，促进专业学位研究生教育的健康发展无疑有着重大意义。

（三）培养内容：理论与实践相融合的课程体系逐渐形成

在专业学位研究生培养模式改革之中，培养内容的革新已逐渐引起了政策制定者和培养机构的广泛重视。有关政策明确规定专业学位研究生教育的"教学内容要强调理论性与应用性课程的有机结合"②。课程要突出"实用性和综合性，增强理论与实际的联系"③。在国家专业学位研究生教育发展政策的指导之下，针对专业学位研究生教育具有的职业性和应用性等特性，积极探索与构建理论与实践相结合的课程体系就成为培养单位在培养模式改革中的重要内容之一。比如，天津师范大学教育硕士专业学位研究生教育采取加强基础理论与应用知识相结合的"三明治"式课程体系；华南师范大学教育硕士专业学位研究生教育课程体系由"基础理论""研究方法""专业技能"和"实践实习"四大课程模块群组成，既重视基础性，又突出应用型和实践性。④

---

① 罗尧成，季陈钰. 我国专业学位人才培养改革的思考——对 CNKI（2005—2014 年）重点研究文献的分析[J]. 黑龙江高教，2016（1）.
② 教育部关于做好全日制硕士专业学位研究生培养工作的若干意见[EB/OL].[2009-03-19]. http://www.cdgdc.edu.cn/xwyyjsjyxx/gjjl/zcwj/267236.shtml.
③ 教育部 人力资源社会保障部关于深入推进专业学位研究生培养模式改革的意见[EB/OL].[2013-11-04]. http://old.moe.gov.cn/publicfiles/business/htmlfiles/moe/moe_823/201311/159870.html.
④ 张斌贤，李子江，翟东升. 我国教育硕士专业学位研究生教育综合改革的探索与思考[J]. 学位与研究生教育，2014（2）.

(四)培养资源：实践基地建设获得了高度重视

专业学位研究生教育所具有的鲜明职业性和应用性特点，决定了专业学位研究生的培养过程必须具备丰富的实践资源。正如有学者指出，专业学位研究生教育若"没有充分并符合专业培养方向要求的实践资源，学生解决应用问题的技术和能力就很难获得有效的成长"①。因此，加强实践基地的建设，既是应用型人才掌握实践能力的有力保证，也是保障专业学位研究生教育质量的关键所在。2013年《教育部、人力资源社会保障部关于深入推进专业学位研究生培养模式改革的意见》第五条中，国家明确要求专业学位研究生"培养单位应积极联合相关行(企)业，建立稳定的专业学位研究生培养实践基地"②。在国家相关政策的鼓励和支持下，目前各培养单位都因地制宜，切实加强了专业学位研究生培养实践基地建设，搭建了多样化的实践平台，为专业学位研究生创造了更多的实践机会。试点高校普遍重视实践基地建设，并探索出多元化的实践基地模式：①校内实践基地。如，北京大学设立了法律硕士诊所式法律教育实践。②校外行业企业合建基地。如，中国政法大学依托专业优势与浙江省高级人民法院、青岛市共同建立了联合培养基地。③海外人才培养基地。北京师范大学与丹麦南丹麦大学、日本高知工科大学等签署了应用心理硕士研究生培养院级合作框架性协议。③

(五)培养质量评价标准：学位论文的应用导向逐渐强化

当下，针对专业学位研究生学位论文质量评价标准，我国政府、实

---

① 傅维利.教育硕士质量保证与培养资源供给[J].学位与研究生教育，2005(5).

② 教育部 人力资源社会保障部关于深入推进专业学位研究生培养模式改革的意见[EB/OL].[2013-11-04]. http://old.moe.gov.cn/publicfiles/business/htmlfiles/moe/moe_823/201311/159870.html.

③ 贺随波，刘俊起.服务需求 创新模式 突出特色 提高质量——深化专业学位研究生教育综合改革二年总结[J].学位与研究生教育，2018(1).

践者与学术界都已基本达成了共识,即专业学位研究生培养的质量评价标准不在于高深的学术性,而在于其突出的实践性和应用性。在《教育部 人力资源社会保障部关于深入推进专业学位研究生培养模式改革的意见》中,国家对专业学位研究生的学位论文明确作出了如下要求:①学位论文选题,应来源于应用课题或现实问题,要有明确的职业背景和行业应用价值;②学位论文水平,应反映研究生综合运用知识技能解决实际问题的能力和水平;③学位论文形式,可将研究报告、规划设计、产品开发、案例分析、管理方案、发明专利、文学艺术作品等作为主要内容;④学位论文评价主体,在评阅人和答辩委员会成员中,应有不少于三分之一的相关行业具有高级职称(或相当水平)的专家。① 目前,我国专业学位研究生培养机构已积极探索了多种教育质量评价考核体系,进一步强化了学位论文的应用导向。如,山东师范大学建立了教育硕士研究生专业技能评价指标,突出了教育硕士专业学位研究生教育的应用型职业教育特点。②

**二、专业学位研究生培养模式改革面临的主要问题**

对专业学位研究生教育试点以来的人才培养模式改革进行分析后发现,中国专业学位研究生培养模式改革总的来说面临如下几个方面的问题:

(一)相关配套政策体系和制度还不完善

从2009年以来,我国虽出台了一系列深化专业学位研究生培养模式改革的相关政策,但诸如2009年《教育部关于做好全日制硕士专业学位研究生培养工作的若干意见》、2010年《教育部关于开展研究生专业

---

① 教育部 人力资源社会保障部关于深入推进专业学位研究生培养模式改革的意见[EB/OL].[2013-11-04]. http://old.moe.gov.cn/publicfiles/business/htmlfiles/moe/moe_823/201311/159870.html.

② 张斌贤,李子江,翟东升. 我国教育硕士专业学位研究生教育综合改革的探索与思考[J]. 学位与研究生教育,2014(2).

学位教育综合改革试点工作的通知》、2013年《教育部 人力资源社会保障部关于深入推进专业学位研究生培养模式改革的意见》等大多属于临时性政策文件，其权威性、约束力和持久稳定性严重缺乏，难以对培养模式改革产生深远的、有效的指导与规范作用。综合改革试点单位在招生计划、专业实践基地建设、校企（行业）合作等方面改革实践之中仍面临制度供给不足带来的一系列问题，严重影响了专业学位研究生培养模式改革实践的成效。目前，专业学位研究生招生工作采取全国统一考试，教育部统一下达推荐免试指标，这样招生单位就缺乏必要的自主权，难以适应各地经济社会发展的实际需要；在已颁发的诸多政策文件中，大多鼓励行业、企业及社会力量支持、参与专业学位教育，但缺乏具体明确的政策激励措施，仅停留于空乏的纸上条文，其结果往往是促而不进、推而不动；我国专业学位试行近30年，仍未见专业学位与相应职业的任职资格相衔接的具体制度安排，导致专业学位社会的认可度不高，学生报考和学习的积极主动性都不同程度地受到影响。

(二) 利益相关者参与协作育人的积极性不高

专业学位研究生教育培养目标的职业性、培养内容的应用性和培养过程的实践性等特性，决定了培养院校不再是人才培养模式的唯一主体，更需要地方政府、企业（行业）、专业组织等相关利益主体参与协同育人活动。在人才培养活动之中，利益相关者的缺失，尤其是雇主（企事业单位）的缺失，是造成专业学位研究生教育人才培养目标定位不准、培养内容脱离实际、实践基地缺乏、质量不高等一系列问题的根本原因之一。

近年来，在专业学位研究生教育的相关政策中，政府虽屡次提出要"积极引导、鼓励行业、企业及社会力量支持、参与专业学位教育"①，

---

① 硕士、博士专业学位研究生教育发展总体方案[EB/OL].[2010-09-18]. http://www.cdgdc.edu.cn/xwyyjsjyxx/gjjl/zcwj/268313.shtml.

但仅仅停留在政策文件和宣传口号之中,至今仍未见激发利益相关者参与专业学位研究生培养的具体政策措施和相关制度安排。"在当下开展的许多校企合作中,高校往往以自我利益为中心,未能构建校企合作的多赢互利机制,忽视了企业的合理诉求与正当利益满足,致使企业参与程度不高,人才培养的质量受到严重影响。"①在实地调研中,"不少企业代表就对工程博士教育的制度设计提出质疑和批评,认为企业投入巨大资源'帮助'政府和高校培养工程博士,但却无法获得相应的教育话语权和经济补偿,这种形同'政治任务'的做法不能保障企业权益,不利于调动企业的积极性"②。因此,培养院校和政府长期存在以自我为中心、不顾他人利益的独赢思维方式已很难适应当下多元利益主体协同参与专业学位研究生培养模式改革实践的需要;确立新型的合作共赢、互惠互利的价值理念就成为人才培养模式改革发展的必然选择。

(三)实践基地短缺与虚设,专业实践效果不理想

"加强基地建设,是专业学位研究生实践能力培养的基本要求,是推动教育理念转变、深化培养模式改革、提高培养质量的重要保证。"③切实加强专业实践基地建设,是我国专业学位研究生培养模式改革的重要任务之一。然而,目前我国专业实践基地建设中还存在以下几个方面的问题:

(1)实践基地数量难以满足专业学位研究生规模快速发展的需要。自从1991年正式招收工商管理硕士以来,我国专业学位类别不断丰富,

---

① 邓光平. 澳大利亚深度合作培养专业博士的创新探索——以新英格兰大学的P/W/U三维协作培养模式为例[J]. 高等教育研究, 2016(8).

② 王征. 工程博士教育试点办学的基本探索与改革建议——基于浙江大学的案例分析[J]. 学位与研究生教育, 2016(2).

③ 教育部关于加强专业学位研究生案例教学和联合培养基地建设的意见[EB/OL]. [2015-05-07]. http://www.moe.gov.cn/srcsite/A22/moe_826/201505/t20150511_189480.html

招生规模不断扩大。尤其是2009年以来,我国专业学位研究生教育进入快速发展阶段,"专业学位授权点由2008年的3200多个增加到2015年的7200多个,硕士专业学位研究生招生人数由2008年的17.4万人增加到2015年的37.6万人"①。由于缺乏专门的资金支持和具体的政策措施,培养单位对实践基地建设存在重视不够、动力不强的现象,导致已有的实践基地难以满足专业学位研究生规模快速发展的需要。有研究者指出,"高校与行业领域单位在校外实践基地的建设投入、合作方式、研究生管理等多个方面存在利益诉求不能均衡的问题,最终导致校外基地的实践落实上存在很大困难。"②

(2)实践基地虚设,形式多于内容。为了应付专业学位研究生教育质量评估或出于招生宣传的需要,一些高校不得不与诸多企业(行业)签订了联合培养协议。各培养单位的实践基地数量看似不少,但发挥实质作用的却不多。调查发现,"一纸实践基地合同书签订后便束之高阁,没有将这些作为真正开展实践教学的场所"③。尽管一些培养单位都出台了有关专业实践制度,与实践基地也签订了合作协议,但由于合作双方存在利益诉求的巨大差异,政府支持实践基地建设的激励政策又未落实,加之企业还有核心技术泄露风险等诸多原因,导致校外实践流于形式,不能有效落实,从而大大削弱了专业学位研究生的培养成效。

(四)双师型导师短缺,双导师制度虚化

指导教师素质是影响专业学位研究生教育质量的核心要素。由于专

---

① 黄宝印,唐继卫,郝彤亮.我国专业学位研究生教育的发展历程[J].中国高等教育,2017(2).

② 曹雷,才德昊.全过程与系统化:专业学位研究生实践能力提升的有效路径探析[J].中国高教研究,2018(1).

③ 史凤林.研究生教育转型发展与法律硕士培养模式的创新研究[M].北京:法律出版社,2014:37.

业学位研究生教育既然以其职业性和应用性区别于学术型研究生教育，又以其研究性不同于一般职业教育，这就决定了专业学位研究生导师既应具有高深的专业理论知识又需具备丰富的专业实践经验。在当下，我国专业学位研究生导师队伍建设面临两个方面的困境。

一是双师型导师十分短缺。所谓双师型导师，是指专业学位研究生的指导教师不仅应具备精深的专业理论知识而且应掌握熟练的专业实践技能。然而，我国大部分培养院校的校内导师大多是"从学校到学校"，由学术型研究生导师衍生而来，甚至与学术型研究生的导师是同一批人。他们的专业理论素质虽然较高，但实践技能和实践经验相对不足，难以达到双师型导师的标准。双师型导师的短缺无疑对专业学位研究生教育质量产生了严重的影响，比如，在培养专业学位研究生能力的主渠道——课堂教学上，往往理论脱离实践，学生的职业能力和素养无法获得培养和提高；在考察学生综合能力的学位论文指导方面，存在明显的重学术、轻应用的价值取向，难免导致学生学位论文选题和成果缺乏突出的应用价值。

二是双导师制度存在严重的虚化。为弥补校内学术型导师缺乏专业实践经验的缺陷，我国专业学位研究生教育普遍采用双导师制度。校内外导师共同承担专业学位硕士研究生的培养工作：校内学术导师为培养质量的第一责任人，负责指导基础理论知识的学习；校外实践导师则为培养质量的第二责任人，负责专业实践技能训练。笔者所在的课题组调查发现，很多专业学位研究生培养机构虽然形式上是双导师制，实际上却是校内导师唱独角戏，校外导师仅仅是挂名而已，致使人才培养难以取得预期的成效。究其根本原因，一方面在于培养院校对校外导师缺乏相关管理制度，导致权责利不清晰、不匹配；另一方面在于校外导师大多是来自工作一线的高学历的技术骨干、专家，日常工作十分繁忙，加之缺乏相关政策和工作单位的鼎力支持，导致对学生的指导缺乏必要的时间精力和内驱力。

### 三、专业学位研究生培养模式改革创新的思考

(一)专业学位研究生培养模式改革观念的重大转变

(1)从政府顶层设计为主向院校底层设计为主的人才培养模式观念转变。在专业学位研究生培养模式改革创新中,既要重视政府顶层设计的总体架构,更要激发院校底层设计的具体制度安排,但绝不能用政府顶层设计代替培养院校的底层设计,因为若没有院校的底层设计,专业学位研究生培养模式改革政策就可能停留于理论上的概念设计,不仅难以执行,而且容易因缺乏创新活力和教育特色而流于形式。尤其是在我国专业学位研究生教育发展进入新常态,即更为关注人才培养质量和教育特色的新时期,专业学位研究生培养模式改革更应将重心放在院校层面,才能更有效地激发培养机构、学生、企事业单位和行业组织等利益相关者参与改革和制度创新的积极性,从而因校、因地、分类制定各具特色的人才培养模式。正如杨东平教授指出:"教育本质上是一个因地制宜、自下而上的生长过程……当代教育改革的基本方向,是减少管理层级和降低重心,焕发基层和学校的活力。"①

(2)从强制性制度变迁为主向诱致性制度变迁为主的人才培养模式观念转变。在市场经济体制不完善以及专业学位研究生教育发展初期,政府依靠命令和法规推行的强制性制度安排,对专业学位研究生培养模式改革的各环节进行干预,暂时缓解了制度短缺、资源不足等问题,大大降低了制度变迁的成本,一定程度上促进了专业学位研究生教育的发展。然而,以政府行政干预为特点的强制性制度变迁,使本属于高校、行业、学生等利益主体行使的权力由政府包办了,从而限制了高校的自由创新空间,抑制了其他利益主体参与改革的积极性,根本上不利于不

---

① 杨东平. 自下而上的教育改革为什么是重要的[EB/OL]. [2019-03-15]. http://www.sohu.com/a/11212515_113053.

同院校、不同种类的专业学位研究生教育人才培养特色的生成。① 在当下的专业学位研究生培养模式改革实践之中,政府的主要职责应是做好宏观制度设计和提供政策法规保障,适度放权于院校,以便为社会和民间参与人才培养模式改革实践创造良好的制度环境。

(3)从单一培养主体向多元培养主体协同参与的人才培养模式观念转变。专业学位研究生教育本身涉及高校、政府、企事业、行业组织和学生等多个利益主体之间相互影响和相互制约的复杂利益关系。专业学位研究生教育中单一的培养主体通常难以反映不同利益主体的利益需求,容易抑制利益相关者参与的积极性,从而导致人才培养目标定位不准、培养内容脱离实际和培养质量不高等一系列问题。因此,基于利益相关者需求的专业学位研究生培养模式改革,就是要构建一种由政府、高校、学生、企事业单位和行业组织等利益相关者协同参与的、基于合作伙伴关系的、多元化的培养模式。

(二)构建完备、可操作性的政策法规体系,营造人才培养模式改革的良好制度环境

专业学位研究生培养模式改革要达成预期的目标有赖于法制和政策的保障。第一,继续推进专业学位研究生教育管理的专门法规建设,提升其合法性、权威性和持久稳定性,以便为专业学位研究生培养模式改革提供更加有效的法律制度保障。第二,要对鼓励社会、民间参与专业学位研究生培养模式改革实践的相关激励措施作深入细化的规定,以提高政策的可操作性。比如对参与合作育人、提供实践基地的企事业单位给予明确的财政补贴、税收减免、专项资金补助、项目支持或用地优惠等多种形式的激励措施,以补偿企事业单位在合作中可能造成的经济损失,从而调动社会多方参与的积极性。第三,从法规政策上准确界定政

---

① 邓光平. 我国专业学位研究生培养模式改革的历史变迁与现实思考[J]. 高等教育研究,2019(5).

府与培养院校各自的责权利关系,进一步放权于院校,使其在招生、课程设置等方面拥有更大的自主权,以便灵活地满足区域经济发展和各院校、各专业学位项目发展的实际需要,从而形成办学特色和打造专业学位品牌。第四,教育部、人力资源与社会保障部等有关部门必须协调一致,用统一的法律或政策的形式,建构一个职业资格证书与专业学位证书相衔接的理论框架,实现专业学位与任职资格在法规形式上的衔接。

(三)建立互利多赢的利益驱动机制,充分调动利益相关者参与的积极性

"任何一种合作的内在动力都来源于共同的利益,没有利益的驱动,合作不可能深入,更不可能长久。"①专业学位研究生教育对利益相关者的利益需求满足程度,决定了其内心对专业学位研究生教育的认同、满意与忠诚,进而影响他们对专业学位研究生教育支持、参与、合作等行为。当前我国专业学位研究生培养模式改革实践中,各利益主体参与积极性不高的根本原因是缺乏有效的利益驱动机制,未能充分反映和满足各主体的利益需求。因此,构建互利多赢的利益驱动机制,是激发企事业单位、行业组织和地方政府等利益主体参与专业学位研究生培养模式改革实践积极性的最有效的路径。

首先,应尊重和认可各方追逐正当利益的合法性。只有对多元利益相关者的合理正当利益诉求给予充分尊重,尤其对那些在权力结构中处于边缘地位的重要利益相关者,诸如学生、指导教师、行业等的利益诉求和重要关切给予高度重视,并与共同利益相整合,尽可能满足不同利益相关者的利益需求,这样才可能维系多元利益主体之间持久、良好的合作伙伴关系。其次,构建公正合理的利益分配机制。政府、大学、教育指导委员会、产学研合作者和学生等多元主体之所以愿意参与专业学

---

① 刘文清. 构建利益驱动的校企合作运行机制研究[J]. 教育与职业,2012(5).

位研究生培养模式改革实践,其最主要的动机就是期望从中获得切实的利益,因此,利益的分配应尽可能使各方主体最后实现的分配结果与其预期利益相符合,以保证公正合理。最后,健全利益补偿机制。构建利益补偿机制的价值,就在于通过对利益受损的利益主体进行补偿,以协调利益分配不公所导致的利益矛盾和冲突,从而促进多元利益主体间的和谐利益关系。专业学位研究生培养模式改革中,利益容易受损的主体主要是企事业单位、教师、学生等相对弱势的利益群体。作为公共权力的执行者,政府掌握着大量政策、资金和信息等各种资源,理应通过财政补贴、税收减免、专项资金补助等多种形式补偿企事业单位在合作中可能造成的经济损失;对于专业学位研究生和教师,政府可通过制定相关政策,规定他们在人才培养模式改革决策中具有知情权、参与权和监督权等各种合法权利,以激励其参与人才培养模式改革实践的热情。

(四)大力整合校内外资源,搭建利益共享的专业实践平台

专业学位研究生教育所具有的鲜明职业性和应用性特点,决定了专业学位研究生的培养过程必须具备丰富的实践资源。正如有学者指出,专业学位研究生教育若"没有充分并符合专业培养方向要求的实践资源,学生解决应用问题的技术和能力就很难获得有效的成长"①。

1. 采取多种形式,增加专业实践基地的数量

一是要大力整合校内特定的教学与科研实验平台资源,如虚拟法庭、微格教学实验室或工程训练中心,为学生提供更多模拟或仿真实践机会;二是通过长期合作、短期合作或项目合作等多样化的合作方式,主动联合特定企事业单位或行业组织共建校外多种形式的实践平台;三是按照互利共赢的原则,加强与国外高校、研究机构等的合作,共建人才培养基地,如北京师范大学心理学部依托研究生院支持的海外实践基

---

① 傅维利.教育硕士质量保证与培养资源供给[J].学位与研究生教育,2005(5).

地建设项目,与丹麦南丹麦大学等签署了应用心理硕士研究生培养院级合作框架性协议。

2. 激发专业实践基地单位参与的积极性,提升专业实践成效

一是政府应积极介入专业实践基地建设,给予明确的税收减免、专项资金等政策支持,弥补其可能造成的利益损失;二是培养单位要主动服务于企事业单位的实际需要,将人才培养、员工培训、咨询服务、技术攻关等合作项目与专业实践基地建设紧密结合,使企事业单位从实践基地建设中获得切实的利益;三是加强对学生的专业实践全程的监管,以明确专业实践任务与要求,促进学位论文选题与工作实际的紧密结合,着力培养学生解决实际问题的意识和能力。

(五)加强校内外指导教师队伍的专业化建设,大幅提升教育指导成效

由于校内指导教师是专业学位研究生培养工作最主要的依托力量,培养机构应着力加强校内指导教师队伍的专业化建设,保持其独立性、专业性与稳定性。一是侧重于以实践应用能力为标准选拔指导教师,重点考察教师的应用研究能力和行业实践经验;二是采取政策激励措施,选派青年教师和现有的指导教师到实务部门进行科研、管理或生产等活动锻炼,以丰富他们的实践经验;三是定期邀请实务部门专家与校内教师进行面对面交流,以了解行业发展的最新动态;四是全国教育指导委员会应定期组织培训与经验交流会,选拔具有丰富实践经验并懂得专业学位研究生教育发展规律的全国优秀指导教师和行业专家,对校内所有指导教师进行轮训,并进行结业与资格考核。

校外指导教师是校内指导教师队伍的重要补充,是专业学位研究生实践能力培养的重要依托。加强校外指导教师队伍建设应重在选拔和管理,核心是权益保障。第一,校外指导教师的遴选应以实践基地为纽带,使校外教师的个人行为上升到单位职责,指导学生活动成为本职工作,这不仅有利于得到合作单位的支持,便于管理,还有利于构建稳

定、高效的校外指导教师队伍;第二,培养院校应主动为实践基地单位提供人力、技术支持等服务,让实践基地单位获得较丰富的收益,从而更加重视和支持校外指导教师的工作;第三,培养院校应高度重视校外指导教师工作,明确其工作职责与权利,搭建各种交流平台,让其全程参与学生培养活动,并给予具有市场竞争力的薪酬,以充分调动其积极主动性;第四,推行校外指导教师资格培训制度,建立严格的考评与退出机制,以全面提升校外指导教师队伍的综合素质。

# 第三章 我国专业学位研究生培养模式改革中的利益相关者分类与利益诉求

美国学者德里克·博克(Derek Bok)认为,"有一张庞大而复杂的关系网把大学和社会其他主要机构连接起来"①。现代大学已不可避免地与周围的组织或个人发生着千丝万缕的利益关联。《世界高等教育大会宣言》第17条指出:"有关各方——国家的和学校的决策者、教学人员、研究人员和学生及高等院校的行政与技术人员、职业界和社会团体之间的合作伙伴关系与联盟是进行改革的一支强大力量。以共同利益、相关尊重和相互信任为基础的合作伙伴关系,应成为改革高等教育的主要方式。"②近年来,在西方高等教育发达国家,利益相关者不仅是高等教育政策制定的参与者,还是大学董事会以及高等教育咨询与监督机构的座上宾,更是大学课程开发与质量评价的重要合作伙伴。③ 维克多·鲍德里奇在《教育组织变革的动力》一书中认为学院和大学是不同利益群体的聚合,学校的管理决策过程是一种政治过程,强调不同利益群体的冲突和谈判,而不是强调目标的一致或理性的分析。④ 实现不同群

---

① [美]德里克·博克. 走出象牙塔——现代大学的社会责任[M]. 徐小洲,陈军,译. 杭州:浙江教育出版社,2001:7.
② 胡赤弟. 高等教育中的利益相关者分析[J]. 教育研究,2005(3).
③ OECD. Responding to Student Expectations[R]. OECD, 2002.
④ 陈学飞. 美国、德国、法国、日本当代高等教育思想研究[M]. 上海:上海教育出版社,1998:69-70.

体间的利益均衡,既是现代大学组织健康运作的前提条件,也是大学内部权力正常运作理应遵循的基本逻辑。由此可见,现代大学是一个典型的利益相关者组织,大学具有鲜明的利益相关者属性,大学的变革需要利益相关者的广泛积极参与和大力支持。专业学位研究生教育作为大学人才培养活动的重要组成部分之一,其高层次应用型专门人才培养目标的达成过程其实就是各利益相关者利益最大化和不同群体间利益均衡化的实现过程。

专业学位研究生培养模式改革是一项极其复杂的系统工程,涉及诸如高校、政府、企业(行业)、行业组织和学生等各个利益主体之间相互影响和相互制约的复杂利益关系。因此,利益相关者理论的提出,对剖析专业学位研究生培养模式改革中利益主体之间的复杂利益关系及其冲突背后的深层次原因提供了良好的解释框架。因此,只有充分认识利益相关者视角下专业学位研究生培养模式的基本特征和改革境域,才有可能将专业学位研究生培养模式改革导入正确的发展轨道。

## 第一节 利益相关者的界定与分类

### 一、利益相关者的界定

"利益相关者"(stakeholders)概念源于经济学领域。20世纪60年代,随着社会经济多元化的不断发展,企业的发展愈发依赖于每一位利益相关者而非单一的利益相关主体。因此,在对传统"股东至上"治理模式及其治理理论进行系统反思的基础上,利益相关者理论应运而生。①

1963年,斯坦福研究院(Stanford Research Institute)最早提出了"利

---

① 马胜强,关海庭. 社会转型期我国邻避群体性事件的形成逻辑及治理路径——基于利益相关者理论的分析视角[J]. 天津行政学院学报,2018(2).

益相关者"的概念，他们认为"对企业来说存在这样一些利益群体，没有他们的支持，组织便不复存在的群体"①。最早将"利益相关者"一词正式引入管理学界和经济学界的是美国经济学家安索夫（H. I. Ansoff），他认为"要制定出一个理想的企业目标，必须综合平衡考虑企业的诸多利益相关者之间相互冲突的索取权，他们可能包括管理人员、工人、股东、供应商以及分销商……企业要想实现其自身的目标就必须采取相应措施满足不同利益相关者的诉求"②。1984年，弗里曼在其经典著作《战略管理：利益相关者方法》中，将利益相关者界定为"是能够影响一个组织目标的实现，或者受到一个组织实现其目标过程影响的所有个体和群体"③。如果说斯坦福研究院对利益相关者的指向仅局限于某单一群体的话，弗里曼的定义则"提出了一个普遍的利益相关者概念，不仅将影响企业目标的个人和群体视为利益相关者，同时还将企业目标实现过程中受影响的个人和群体也看作利益相关者"④。他更"侧重于从相关利益主体对企业影响的角度来定义利益相关者，并强调利益相关者在企业战略分析、规划和实施中的作用，重视企业战略管理中的利益相关者参与"⑤。弗里曼的观点成为20世纪80年代后期关于利益相关者研究的一个经典范式。

## 二、利益相关者的分类

20世纪90年代以来，西方学者提出了不同类型的利益相关者划分

---

① 陈宏辉. 企业的利益相关者理论与实证研究[D]. 杭州：浙江大学博士学位论文，2003.

② 陈宏辉. 企业的利益相关者理论与实证研究[D]. 杭州：浙江大学博士学位论文，2003.

③ [美]R. 爱德华·弗里曼. 战略管理：利益相关者方法[M]. 王彦华，梁豪，译. 上海：上海译文出版社，2006：44.

④ 卢山冰. 21世纪西方利益相关者理论研究[R]. 厦门：厦门大学博士后研究工作报告，2007.

⑤ 王辉. 从"企业依存"到"动态演化"——一个利益相关者理论文献的回顾与评述[J]. 经济管理，2003(2).

第一节 利益相关者的界定与分类

方法，其中米切尔和伍德(Mitehell，Wood)提出的评分法(score-based approach)，由于"思路清晰、简单易行，受到了学术界和企业界的普遍推崇，从而大大推进了利益相关者理论的应用和实践"①。米切尔在对利益相关者理论的产生与发展的脉络进行深入分析的前提下，基于"利益相关者的确认(stakeholder identification)，即谁是企业的利益相关者"和"利益相关者的特征(stakeholder salience)，即管理层依据什么来给予特定群体以关注"②的研究基础之上，依据利益相关者的三个基本属性，对可能的利益相关者进行评分，然后根据分值的高低来确定某一个体或者群体是不是企业的利益相关者，以及是哪一类型的利益相关者。利益相关者的三个基本属性分别是："①合法性(legitimacy)，即某一群体是否被赋有法律上的、道义上的或者特定的对于企业的索取权。②权力性(power)，即某一群体是否拥有影响企业决策的地位、能力和相应的手段。③紧急性(urgency)，即某一群体的要求能否立即引起企业管理层的关注。"③

米切尔研究指出，要成为一个企业的利益相关者，至少要符合以上某一个属性，否则就不能成为企业的利益相关者。根据企业的具体情况，从上述三个特性上评分后，企业的利益相关者又可以被细分为以下三种类型：①确定型利益相关者(definitive stakeholders)，这类利益相关者同时具备以上三个基本属性；②预期型利益相关者(expectant stakeholders)，他们与企业保持较密切的联系，具备上述三个基本属性中的任意两个；③潜在的利益相关者(latent stakeholder)，是指只拥有合法

---

① 邓汉慧. 企业核心利益相关者利益要求与利益取向研究[D]. 武汉：华中科技大学博士学位论文，2005.
② 陈宏辉. 企业的利益相关者理论与实证研究[D]. 杭州：浙江大学博士学位论文，2003.
③ 陈宏辉. 企业的利益相关者理论与实证研究[D]. 杭州：浙江大学博士学位论文，2003.

性、权力性、紧急性三个基本属性中的任意一个的群体。①

米切尔指出:"利益相关者的分类具有动态性,因为任何一个人或者团体在得到或者失去某些属性后,就可能从一种状态转换成另一种状态。"②米切尔认为,作为企业管理者对不同类型利益的相关者应给予不同程度的关注,采取不同的管理策略,比如,"应给予确定型利益相关者最高的关注度……期望型利益相关者也应被管理者纳入工作视野,因为他们一旦再获得另一种属性就会变为确定型利益相关者……而对于潜伏的利益相关者,则可以给予较低的关注度"③。米切尔利用评分法对企业利益相关者进行分类的结果如图3-1所示,其中,"①②③是潜在的利益相关者,④⑤⑥是预期型利益相关者,⑦是确定型利益相关者,而⑧则不是利益相关者"④。

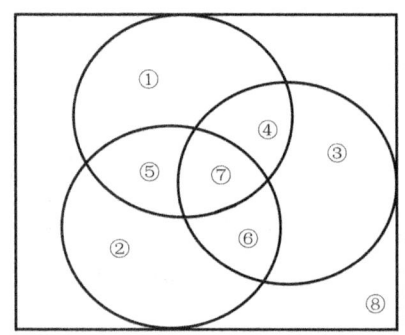

图3-1 基于评分法的利益相关者分类⑤

---

① 陈宏辉. 企业的利益相关者理论与实证研究[D]. 杭州:浙江大学博士学位论文,2003.

② 刘晓. 利益相关者参与下的高等职业教育办学模式改革研究[D]. 上海:华东师范大学博士学位论文,2012.

③ 刘晓. 利益相关者参与下的高等职业教育办学模式改革研究[D]. 上海:华东师范大学博士学位论文,2012.

④ 陈宏辉. 企业的利益相关者理论与实证研究[D]. 杭州:浙江大学博士学位论文,2003.

⑤ 陈宏辉. 企业的利益相关者理论与实证研究[D]. 杭州:浙江大学博士学位论文,2003.

## 第二节　专业学位研究生教育利益相关者的界定与分类

　　我国专业学位研究生培养模式改革会涉及哪些群体的利益？即专业学位研究生培养模式改革过程中存在哪些利益主体？哪些利益主体会深刻影响着专业学位研究生培养模式改革的进程和成效？本节的主要目的，是厘清直接影响和制约专业学位研究生培养模式改革的利益相关者有哪些，及其影响程度如何？米切尔的利益相关者分类理论与方法为我们对专业学位研究生教育的利益相关者进行分类与识别提供了重要的参考价值和借鉴意义。本书借鉴米切尔的评分法，对专业学位研究生教育利益相关者进行实证研究，旨在为专业学位研究生培养模式改革实践提供理论依据。

### 一、专业学位研究生教育利益相关者的界定

　　究竟哪些群体或个人是专业学位研究生教育中的利益相关者，这是本书运用利益相关者理论研究专业学位研究生培养模式改革需首先解决的关键问题。由于"利益相关者不仅'成分'复杂，而且'利益'也十分复杂，对其做清晰界定十分困难"①。近年来，利益相关者研究涌现出的一个重要趋势是，"许多学者开始探索将利益相关者界定为那些与企业有一定的关系，并在企业中进行了一定的专用性投资的人……通过这些专用性投资，他们与企业或紧密、或松散地联系在一起，其紧密程度取决于其投资专用性的大小"②。本书综合关联性和投资专用性两个属性，将专业学位研究生教育中的利益相关者界定为：专业学位研究生教育的

---

① 胡赤弟，田玉梅. 高等教育利益相关者理论研究的几个问题[J]. 中国高教研究，2010(6).
② 陈宏辉. 企业的利益相关者理论与实证研究[D]. 杭州：浙江大学博士学位论文，2003.

利益相关者，是指对专业学位研究生教育进行了经济或非经济投入，力图获取相应回报，并能直接或间接影响专业学位研究生教育发展或者被专业学位研究生教育影响的群体或个人。这一定义的关键点主要体现在以下两个方面。第一，专业学位研究生教育的利益相关者对该教育进行了一定数量的专用性投资。正如胡赤弟教授所言："没有无缘无故的利益，有投入才有利益，不管是经济的还是非经济的。"[①]第二，根据弗里曼的经典定义，笔者所在的课题组认为专业学位研究生教育的利益相关者对专业学位研究生教育活动产生一定程度的关联。

根据以上界定，笔者所在的课题组利用专家评分法对专业学位研究生教育的利益相关者进行了界定。笔者所在的课题组前后共邀请了来自不同培养院校的20位专业学位研究生教育界的管理者，在他们准确理解专业学位研究生教育利益相关者定义之后，给每人一份共包含15种利益相关者在内的名单，请他们筛选出最符合这一定义的利益相关者。调查的统计结果如表3-1所示。

表3-1 专业学位研究生教育利益相关者界定的专家评分法结果

| 利益相关者 | 入选数（个） | 入选率（%） | 利益相关者 | 入选数（个） | 入选率（%） | 利益相关者 | 入选数（个） | 入选率（%） |
| --- | --- | --- | --- | --- | --- | --- | --- | --- |
| 政府 | 20 | 100.00 | 教指委 | 20 | 100.00 | 其他院校 | 3 | 15.00 |
| 学校管理者 | 17 | 85.00 | 学生家长 | 10 | 50.00 | 政治团体 | 0 | 0.00 |
| 教师 | 20 | 100.00 | 用人单位 | 18 | 90.00 | 公众 | 2 | 10.00 |
| 学生 | 20 | 100.00 | 产学研合作者 | 18 | 90.00 | 校友 | 11 | 55.00 |
| 行业组织 | 18 | 90.00 | 新闻媒体 | 5 | 25.00 | 贷款者 | 0 | 0.00 |

---

① 胡赤弟. 高等教育利益相关者理论研究的几个问题[J]. 中国高教研究，2010(6).

表 3-1 中的数据反映，调查对象都将政府、教师、学生和教指委作为专业学位研究生教育的利益相关者，其认可度高达 100%；而对于政治团体和贷款者，大家则持完全相反的态度。按照入选率 50% 的标准，笔者所在的课题组将政府、学校管理者、教师、学生、行业组织、教指委、用人单位、产学研合作者、学生家长和校友共 10 个群体作为专业学位研究生教育的利益相关者。

## 二、专业学位研究生教育利益相关者的实证分类研究

由于每一类利益相关者对专业学位研究生教育的影响程度存在巨大的差异，即使界定出了专业学位研究生教育的利益相关者，也难以准确把握他们的属性。正如胡赤弟教授指出："利益相关者是一个范围广泛、成分复杂、性质各异的群体，要想用利益相关者理论来分析问题、解决问题，以便更好地促进高等教育理论与实践的发展，必须对利益相关者进行分类。"[①]因此，对专业学位研究生教育利益相关者进行分类，无疑将有助于准确定位各类利益相关者的重要性层次，从而为专业学位研究生培养模式改革提供决策的理论依据。

基于以上对利益相关者理论的梳理和分析，课题组研究认为，目前对利益相关者的理论研究尚存诸多缺陷，加之各国专业研究生教育发展的国情差异，对专业学位研究生教育利益相关者进行分类不能单一地从思辨分析入手，而应将理论分析与实证研究相结合，进行综合研究。

（一）专业研究生教育利益相关者分类的理论假设

笔者所在的课题组将所界定出的政府、学校管理者、教师、学生、教指委、产学研合作者、行业组织、用人单位、学生家长和校友共 10 个群体作为专业学位研究生教育的利益相关者。下面将利用 SPSS15.0

---

① 胡赤弟. 高等教育利益相关者理论研究的几个问题[J]. 中国高教研究，2010(6).

进行描述性统计、均值比较和配对样本 $T$ 检验，对给出的专业学位研究生教育的 10 类利益相关者的合法性、权力性和紧急性程度从高到低地进行排序，将排序转化为数值型数据以后，再分类出确定型、潜在型和边缘型三类利益相关者。

综合国内外对大学利益相关者的分类研究成果，笔者所在的课题组发现：①不同的利益相关者对大学生存在和发展的重要性存在较大差异性。有的利益相关者是大学发展不可或缺的重要力量，有的则影响甚微。②在大学的诸多利益相关者之中，不同的利益相关者影响大学发展行为的主动性方面可能存在较大差异。有的大学利益相关者表现得积极主动，有的则消极被动。③在不同时期，不同利益相关者对大学利益需求的紧迫性程度可能会存在较大差异。在某一特定状态下，有的大学利益相关者的利益要求需尽快获得充分满足，否则就可能影响大学的正常运作。根据以上分析，课题组提出理论假设 3-1。

> 假设 3-1：专业研究生教育中的众多利益相关者在三个维度上具有较明显的特征差异。

在我国专业学位研究生教育中，必然离不开政府、教师、学校管理者、学生、教指委这五类人员，他们作为专业学位研究生教育改革与发展的直接参与者，其利害关系必然与专业学位研究生教育密切关联。因此，他们理应成为专业学位研究生教育的确定性利益相关者。据此，笔者所在的课题组提出假设 3-2：

> 假设 3-2：作为专业研究生教育运作的直接参与者，政府、教师、学校管理者、学生和教指委是专业学位研究生教育的确定性利益相关者。

尽管目前我国专业学位研究生培养还没完全走出学术型研究生的培

养框架，但专业学位研究生教育本身的职业性和应用性特征决定了其生存与发展势必要与产学研合作者、行业组织以及用人单位产生一定程度的关联。由此，笔者所在的课题组提出假设3-3：

假设3-3：当下我国专业研究生教育的状况和自身的特性决定了产学研合作者、行业组织以及用人单位是专业研究生教育的预期型利益相关者。

由于当下我国专业学位研究生教育还缺乏多元主体参与的有效渠道，学生家长和校友难以对专业学位研究生教育施加影响。若采用米切尔的评分法进行排序，学生家长和校友在利益相关者群体中的顺序可能会明显偏后，从而远离专业学位研究生教育利益相关者的核心群体。因此，笔者所在的课题组提出假设3-4：

假设3-4：学生家长和校友是专业研究生教育的潜在利益相关者。

(二) 研究方法与步骤

1. 前期准备阶段

本书研究通过对50位从事专业学位研究生教育相关工作的教师、行政负责人的前期访谈，对我国专业学位研究生教育的研究文献和国家出台的相关政策文本的综合分析，深度了解我国专业学位研究生教育的实际状况。并依此编制了专业学位研究生教育的利益相关者调查问卷草案。

2. 试测阶段

与专业学位研究生教育专家交流，根据专家意见对问卷进行修正，编制成《专业学位研究生教育利益相关者分类的调查问卷》。问卷内容包括被调查者的基本信息，如性别、工作类别、年龄、职称、职务和学校类别等；将利益相关者的合法性、权力性和紧迫性三个维度作为调查问卷的问题。为确定本问卷的信度与效度，进行了问卷的试测，并注意收集了可能产生的问题。

3. 正式问卷阶段

在对试测中发现的问题进行修改之后，笔者所在的课题组选取了样本并发放与回收了调查问卷。

(三) 研究对象与数据处理

本书研究主要通过实地访谈和问卷调查两种形式取得数据。2014年5月至2015年1月期间，课题组对武汉、重庆、北京、广州和杭州5个城市、共15所高校进行了问卷调查，每所高校发放问卷20份。本次调查对象为专业学位研究生教育的教师和行政管理者，调查方式采用分层随机抽样方式。笔者所在的课题组总共发放了300份问卷，实际回收了285份，回收率为95.0%；回收问卷中有效问卷为271份，回收问卷的有效率为95.1%。课题组利用SPSS15.0软件进行数据处理，所用的统计方法主要有描述性统计、均值比较、配对样本$T$检验以及单因素方差分析。

(四) 数据分析

1. 描述性统计

本次问卷调查的基本情况如表3-2所示。

表3-2　问卷调查的基本情况

| 分类项 | 分类子项 | 人数 | 百分比 |
| --- | --- | --- | --- |
| 性别 | 男 | 172 | 63.5% |
|  | 女 | 99 | 36.5% |

续表

| 分类项 | 分类子项 | 人数 | 百分比 |
|---|---|---|---|
| 工作类别 | 教师 | 165 | 60.9% |
|  | 行政管理者 | 99 | 39.1% |
| 年龄 | 20~29岁 | 47 | 17.3% |
|  | 30~29岁 | 63 | 23.2% |
|  | 40~49岁 | 71 | 26.2% |
|  | 50岁以上 | 90 | 33.2% |
| 职称 | 初级 | 29 | 10.7% |
|  | 中级 | 61 | 22.5% |
|  | 副高 | 85 | 31.4% |
|  | 正高 | 96 | 35.4% |
| 职务 | 主管研究生工作副校长 | 5 | 1.8% |
|  | 研究生院院长 | 21 | 7.7% |
|  | 学院院长 | 37 | 13.7% |
|  | 专业学位教育中心主任 | 15 | 5.5% |
|  | 系主任 | 22 | 8.1% |
|  | 其他 | 171 | 63.1% |
| 学校类别 | "985"工程大学 | 74 | 27.3% |
|  | "211"工程大学 | 128 | 47.2% |
|  | 其他大学 | 69 | 25.5% |

2. 数据统计分析

（1）从合法性维度对利益相关者进行评分。

在问卷第二部分第一题中，要求调查者根据给出的10类专业学位研究生教育利益相关者的合法性程度进行排序。笔者所在的课题组先将排序结果转化为数值型数据,即得分越低,合法性越高,然后利用 SPSS15.0 进行描述性统计,结果如表 3-3 所示。

表 3-3  10 类利益相关者在合法性维度上评分的描述性统计

|  | 有效样本 | 最小值 | 最大值 | 均值 | 标准差 |
|---|---|---|---|---|---|
| 学校管理者 | 271 | 1 | 10 | 2.65 | 1.93 |
| 教师 | 271 | 1 | 10 | 2.97 | 2.75 |
| 学生 | 271 | 1 | 10 | 3.24 | 2.42 |
| 教指委 | 271 | 1 | 10 | 3.55 | 2.43 |
| 用人单位 | 271 | 1 | 10 | 3.81 | 2.62 |
| 产学研合作者 | 271 | 1 | 10 | 3.86 | 2.63 |
| 政府 | 271 | 1 | 10 | 4.44 | 2.48 |
| 行业组织 | 271 | 1 | 10 | 5.72 | 2.35 |
| 学生家长 | 271 | 1 | 10 | 7.93 | 2.37 |
| 校友 | 271 | 1 | 10 | 8.58 | 1.96 |

由于不能简单地依据表 3-4 中"均值大小的排列来判断某一利益相关者就一定比另一利益相关者更加合法"①,这就有必要用"配对样本 $T$ 检验"来判断上述每两个变量均值之差与 0 是否具有显著性差异,统计结果如表 3-4 所示。在表 3-4 中,未加括号的数据,是某一利益相关者在合法性维度上评分的均值与上一利益相关者在合法性维度上评分的均值之差;括号内的数据,则是 $T$ 检验值。均值之差,若通过了 95% 或 99% 置信度的检验,就标上 * 号或 * * 号;如果 * 号或 * * 号均没标,则代表没有通过检验,并在均值之差的数据下方画上横线。②

---

① 李超玲,钟洪. 基于问卷调查的大学利益相关者分类实证研究[J]. 高教探索,2008(5).
② 李超玲,钟洪. 基于问卷调查的大学利益相关者分类实证研究[J]. 高教探索,2008(5).

表 3-4 合法性维度评分均值差异的配对样本 T 检验结果

| | 1 | 2 | 3 | 4 | 5 | 6 | 7 | 8 | 9 |
|---|---|---|---|---|---|---|---|---|---|
| ①学校管理者合法性 | | | | | | | | | |
| ②教师合法性 | 0.32 (1.752) | | | | | | | | |
| ③学生合法性 | 0.59** (3.346) | 0.27 (1.478) | | | | | | | |
| ④教指委合法性 | 0.90** (5.543) | 0.58** (3.278) | 0.31 (1.808) | | | | | | |
| ⑤用人单位合法性 | 1.16** (6.521) | 0.84** (4.547) | 0.57** (3.416) | 0.26 (1.489) | | | | | |
| ⑥产学研合作者合法性 | 1.21** (7.214) | 0.89** (5.486) | 0.62** (3.921) | 0.31 (1.748) | 0.05 (0.448) | | | | |
| ⑦政府合法性 | 1.79** (9.067) | 1.47** (7.736) | 1.20** (6.876) | 0.89** (5.485) | 0.63** (3.943) | 0.58** (3.387) | | | |
| ⑧行业组织合法性 | 3.07** (17.932) | 2.75** (15.876) | 2.48** (14.724) | 2.17** (13.879) | 1.91** (12.864) | 1.86** (12.267) | 1.28** (8.385) | | |
| ⑨学生家长合法性 | 5.28** (27.354) | 4.96** (26.067) | 4.69** (25.765) | 4.38** (24.542) | 4.12** (23.486) | 4.07** (22.672) | 3.49** (21.186) | 2.21** (13.943) | |
| ⑩校友合法性 | 5.93** (30.987) | 5.61** (28.576) | 5.34** (27.974) | 5.03** (26.856) | 4.77** (25.956) | 4.72** (25.876) | 4.14** (23.756) | 2.86** (16.763) | 0.65** (3.956) |

表 3-4 的统计结果表明,在合法性维度方面,除了学校管理者与教师、教师与学生、学生与教指委、教指委与用人单位、教指委与产学研合作者、用人单位与产学研合作者在统计意义上没有显著性差别之外,其他的排序在统计意义上都具有非常显著的差别。

(2) 从权力性维度对利益相关者进行评分。

在问卷第二部分第二题中,要求调查者根据给出的 10 类专业学位研究生教育利益相关者的权力性程度进行排序。课题组先将排序结果转化为数值型数据,即得分越低,权力越大,然后利用 SPSS15.0 进行描述性统计,其结果如表 3-5 所示。

表 3-5  10 类利益相关者在权力性维度上评分的描述性统计

|  | 有效样本 | 最小值 | 最大值 | 均值 | 标准差 |
| --- | --- | --- | --- | --- | --- |
| 政府 | 271 | 1 | 10 | 2.51 | 1.95 |
| 学校管理者 | 271 | 1 | 10 | 2.89 | 2.62 |
| 教指委 | 271 | 1 | 10 | 3.12 | 2.43 |
| 教师 | 271 | 1 | 10 | 3.51 | 2.75 |
| 学生 | 271 | 1 | 10 | 3.88 | 2.71 |
| 产学研合作者 | 271 | 1 | 10 | 3.97 | 2.46 |
| 行业组织 | 271 | 1 | 10 | 5.54 | 2.48 |
| 用人单位 | 271 | 1 | 10 | 5.79 | 2.73 |
| 学生家长 | 271 | 1 | 10 | 8.23 | 2.83 |
| 校友 | 271 | 1 | 10 | 8.66 | 1.97 |

表 3-6 的统计结果表明,在权力性维度方面,除了学校管理者与教指委、学生与产学研合作者、行业组织与用人单位在统计意义上没有显著性差别之外,其他的排序在统计意义上都具有显著或非常显著的差别。

表 3-6 权力性维度评分均值差异的配对样本 T 检验结果

| | 1 | 2 | 3 | 4 | 5 | 6 | 7 | 8 | 9 |
|---|---|---|---|---|---|---|---|---|---|
| ①政府权力性 | | | | | | | | | |
| ②学校管理者权力性 | 0.38*<br>(2.647) | | | | | | | | |
| ③教指委权力性 | 0.61**<br>(3.325) | 0.23<br>(1.342) | | | | | | | |
| ④教师权力性 | 1.00**<br>(5.193) | 0.62**<br>(3.374) | 0.39*<br>(2.783) | | | | | | |
| ⑤学生权力性 | 1.37**<br>(7.532) | 0.99**<br>(6.187) | 0.76**<br>(5.035) | 0.37**<br>(3.088) | | | | | |
| ⑥产学研合作者权力性 | 1.46**<br>(8.231) | 1.08**<br>(6.987) | 0.85**<br>(5.745) | 0.46**<br>(3.835) | 0.09<br>(0.635) | | | | |
| ⑦行业组织权力性 | 3.03**<br>(19.157) | 2.65**<br>(17.132) | 2.42**<br>(16.543) | 2.03**<br>(14.798) | 1.66**<br>(9.768) | 1.57**<br>(8.768) | | | |
| ⑧用人单位权力性 | 3.28**<br>(22.467) | 2.90**<br>(19.876) | 2.67**<br>(17.126) | 2.28**<br>(15.567) | 1.91**<br>(13.985) | 1.82**<br>(12.689) | 0.25<br>(1.412) | | |
| ⑨学生家长权力性 | 5.72**<br>(38.678) | 5.34**<br>(36.976) | 5.11**<br>(35.475) | 4.72**<br>(23.581) | 4.35**<br>(21.698) | 4.26**<br>(20.456) | 2.69**<br>(17.987) | 2.44**<br>(16.935) | |
| ⑩校友权力性 | 6.45**<br>(40.321) | 5.77**<br>(38.893) | 5.54**<br>(37.265) | 5.15**<br>(36.067) | 4.78**<br>(24.753) | 4.69**<br>(23.354) | 3.12**<br>(20.534) | 2.87**<br>(18.756) | 0.43**<br>(2.896) |

(3)从紧急性维度对利益相关者进行评分。

在问卷第二部分第三题中,要求调查者根据给出的10类专业学位研究生教育利益相关者的紧急性程度进行排序。笔者所在的课题组先将排序结果转化为数值型数据,即得分越低,要求越紧急,然后利用SPSS15.0进行描述性统计,其结果如表3-7所示。

表3-7 10类利益相关者在紧急性维度上评分的描述性统计

|  | 有效样本 | 最小值 | 最大值 | 均值 | 标准差 |
| --- | --- | --- | --- | --- | --- |
| 学生 | 271 | 1 | 10 | 2.47 | 2.79 |
| 学校管理者 | 271 | 1 | 10 | 2.89 | 2.61 |
| 教师 | 271 | 1 | 10 | 2.97 | 2.43 |
| 政府 | 271 | 1 | 10 | 3.41 | 2.44 |
| 教指委 | 271 | 1 | 10 | 3.48 | 2.71 |
| 产学研合作者 | 271 | 1 | 10 | 3.96 | 2.56 |
| 用人单位 | 271 | 1 | 10 | 4.53 | 2.48 |
| 行业组织 | 271 | 1 | 10 | 5.41 | 2.86 |
| 学生家长 | 271 | 1 | 10 | 7.13 | 2.87 |
| 校友 | 271 | 1 | 10 | 8.05 | 1.98 |

表3-8的统计结果表明,在紧急性维度方面,除了学校管理者与教师、政府与教指委在统计意义上没有显著性差别之外,其他的排序都具有非常显著的统计意义上的差别。

(4)专业学位研究生教育利益相关者的三维分析结果。

根据表3-3至表3-8的统计结果,课题组在明确这10类利益相关者在这三个维度的排序情况的基础之上,就可对这10类利益相关者进行三维分类。笔者所在的课题组先将排序最大分值10划分为1~4、4~6、6~10共三个分数段,然后根据这10类利益相关者在各个维度上的得分

第二节 专业学位研究生教育利益相关者的界定与分类

表 3-8 紧急性维度评分均值差异的配对样本 T 检验结果

| | 1 | 2 | 3 | 4 | 5 | 6 | 7 | 8 | 9 |
|---|---|---|---|---|---|---|---|---|---|
| ①学生紧急性 | | | | | | | | | |
| ②学校管理者紧急性 | 0.42** (1.752) | | | | | | | | |
| ③教师紧急性 | 0.50** (2.346) | 0.08 (1.478) | | | | | | | |
| ④政府紧急性 | 0.94** (5.543) | 0.52** (3.278) | 0.44** (1.808) | | | | | | |
| ⑤教指委紧急性 | 1.01** (6.521) | 0.59** (4.547) | 0.51** (3.416) | 0.07 (1.489) | | | | | |
| ⑥产学研合作者紧急性 | 1.49** (8.214) | 1.07** (6.486) | 0.99** (5.921) | 0.55** (3.748) | 0.48** (3.148) | | | | |
| ⑦用人单位紧急性 | 2.06** (12.067) | 1.64** (9.796) | 1.56** (8.876) | 1.12** (6.485) | 1.05** (6.943) | 0.57** (3.383) | | | |
| ⑧行业组织紧急性 | 2.94** (18.932) | 2.52** (17.876) | 2.44** (16.724) | 2.00** (14.879) | 1.93** (13.864) | 1.45** (12.267) | 0.88** (3.485) | | |
| ⑨学生家长紧急性 | 4.66** (32.354) | 4.24** (29.067) | 4.16** (28.765) | 3.72** (24.545) | 3.65** (23.486) | 3.17** (22.671) | 2.60** (18.186) | 1.72** (15.943) | |
| ⑩校友紧急性 | 5.61** (43.987) | 5.16** (38.576) | 5.08** (37.974) | 4.64** (32.855) | 4.57** (31.954) | 4.09** (29.876) | 3.52** 2.64** (25.756) | 0.92** (16.765) | (3.951) |

均值将其分别填入相应的单元格之中,这就形成了表3-9。根据表3-9中各类利益相关者所处的位置,就能对这10种利益相关者进行分类,其结果如下:

表3-9　10类利益相关者的三维分类结果

| 评分<br>维度 | 1~4 | 4~6 | 6~10 |
| --- | --- | --- | --- |
| 合法性 | 学校管理者、教师、学生、教指委、用人单位、产学研合作者 | 政府、行业组织 | 学生家长、校友 |
| 权力性 | 政府、学校管理者、教指委、教师、学生、产学研合作者 | 行业组织、用人单位 | 学生家长、校友 |
| 紧急性 | 学生、学校管理者、教师、政府、教指委、产学研合作者 | 用人单位、行业组织 | 学生家长、校友 |

①确定型利益相关者:在合法性、权力性或紧急性三个维度中,任意两个维度以上的得分都在4分以下,他们则是专业学位研究生培养模式改革过程中非常重要的参与主体,与专业学位研究生教育之间具有较为密切的利害关系,甚至会直接影响专业学位研究生教育的发展状况。根据表3-9的统计结果,政府、学校管理者、教师、学生、教指委、产学研合作者属于确定型利益相关者。

②预期型利益相关者:在合法性、权力性或紧急性三个维度中,任意两个维度以上的得分在4分以上、6分以下,他们与专业学位研究生教育发展已建立了较为密切的联系。在专业学位研究生教育发展的正常状态之下,他们或许仅仅是一种显性契约人,但在其利益诉求未能获得较好的实现之时,他们就有可能从预期状态转化为确定状态,其行为反应可能非常强烈,这就会对专业学位研究生教育的健康发展产生直接影

响。根据表 3-9 的统计结果，用人单位和行业组织属于预期型利益相关者。

③潜在型利益相关者：在合法性、权力性或紧急性三个维度中，任意两个维度以上的得分在 6 分以上，他们通常被动地接受专业学位研究生教育的影响，并且对专业学位研究生教育的影响力非常有限，其实现利益诉求的紧迫性也不十分强烈。根据表 3-9 的统计结果，学生家长、校友的得分均大于 6 分，即在列出的所有利益相关者中，学生家长、校友属于潜在型利益相关者。

### 三、研究结论

首先，实证研究结果验证了假设 3-1。因为这 10 类专业学位研究生教育利益相关者无论是在合法性、权力性还是紧急性维度上，都体现出不同程度的特征差异，并且绝大多数的差异性都十分显著。

其次，实证研究结果验证了假设 3-2。政府、教师、学校管理者、学生和教指委作为专业研究生教育活动的直接参与者，他们则是专业学位研究生教育的确定性利益相关者。由于学校管理者、教师、学生、教指委和产学研合作者与专业学位研究生教育之间存在显性的契约关系，他们在三个维度上的得分均小于 4。

再次，研究结果部分验证了假设 3-3。由于用人单位和行业组织至少在两个维度上的得分在 4 分以上、6 分以下，他们则是属于预期型利益相关者。然而产学研合作者在三个维度上的得分都低于 4 分，属于典型的确定型利益相关者，这可能与近年来政府政策积极推动专业学位培养机构与行业机构合作，构建了密切的联系机制，两者间存在显性的契约关系有很大的关联。

最后，实证研究结果验证了假设 3-4。由于学生家长、校友与专业学位研究生教育之间是一种隐形契约关系，缺乏直接的联系，他们的得分均大于 6 分，明显属于潜在型利益相关者。

## 第三节　专业学位研究生教育利益相关者的利益需求

专业学位研究生教育中的利益相关者，实质是以利益为纽带构建起来的多元互动社会群体。有利益投入，就会产生利益需求。各个利益相关者对专业学位研究生教育进行了数量不等的专用性投资，自然就会有自己的利益要求。"企业的生存与发展离不开利益相关者，企业的经营管理活动需要综合平衡各利益相关者的利益要求。"①妥善协调与处理好专业学位研究生教育各利益相关者的利益要求是至关重要的，而妥善处理的前提条件则是对利益相关者利益的需求有一个更清楚的认识与了解。只有这样，专业学位研究生培养机构才可能合理地运用其资源来满足其中某些或全部的合理诉求，从而更好地担负起应有的社会责任。因此，笔者所在的课题组在对专业学位研究生教育利益相关者进行分类分析的基础上，还需更深入地了解各利益相关者各自具体不同的利益需求，从而为专业学位研究生教育发展策略制定提供科学的管理依据。

### 一、利益相关者的利益需求根源

"大学在本质上是融'学术性'与'契约性'为一体的一组契约联合网络。"②由于专业学位研究生培养机构与其利益相关者之间存在一种"综合性社会契约"③（包括显性契约与隐性契约），这就形成了利益相关者的利益需求。显性契约和隐性契约的缔结是所有利益相关者与人才培养机构产生关联的前提条件。这些契约包括由政府（股东）、捐资者和债

---

① Reynolds S. J., Schultz F. C., Hekman D. R. Stakeholder Theory and Managerial Decision-Making: Constraints and Implications of Balancing Stakeholder Interests[J]. Journal of Business Ethics, 2006(64).

② 王世权，刘桂秋. 大学社会责任的本原性质、履约机理与治理要义[J]. 教育研究，2014(4).

③ Donaldson, T., Dunfee, T. W. Integrative Social Conception of Economic Ethics[J]. Economics and Philosophy Contracts Theory: A Communitarian, 1995(1).

权人等签订的物质要素使用权交易契约,大学与教师、行政人员签订的资源内配契约,大学与学生、企事业单位签订的人才增值与服务契约,以及大学与受其影响和可能影响大学的其他利益相关者所签订的(更多是一种承诺)隐性契约。"契约性"的理论意蕴就在于明晰了专业学位研究生培养机构究竟"为谁而做"。从存续和成长过程来看,专业学位研究生教育得以存在的前提就是各利益相关者与专业学位研究生培养机构之间构建的缔约。① 作为利益相关者显性契约和隐性契约的载体,专业学位研究生培养机构必须高度重视,并尽力满足利益相关者的合理利益诉求,否则将影响专业学位研究生教育的持续健康发展。诚然,专业学位研究生教育利益相关者的利益需求有的是合理的,有的则是不合理的,这需要专业学位研究生培养机构加以甄别。

专业学位研究生培养机构该对其利益相关者的利益需求负责,其实就是为了兑现各类显性契约和隐性契约对利益相关者的承诺。专业学位研究生培养机构不仅要对那些与其具有显性契约关系的利益相关者承担一定的社会责任,而且还要对那些与其具有隐性契约关系的其他利益相关者承担一定的社会责任。专业学位研究生培养机构的社会责任一般包括育人责任、知识创新与技术开发责任、政治责任和社会服务责任。专业学位研究生培养机构所承担的这些社会责任虽表现为满足政府、教师、学生、用人单位和产学研合作者等利益相关者的利益诉求行为,但其实质则是综合性契约的履行。

## 二、对利益相关者的利益需求的实证研究

### (一)研究假设

专业学位研究生教育的不同利益相关者通常具有不同的利益需求,

---

① 王世权,刘桂秋. 大学社会责任的本原性质、履约机理与治理要义[J]. 教育研究,2014(4).

多种利益需求之间的重要性和优先程度往往存在较大的差异。基于专业学位研究生教育中利益相关者利益要求的本质分析，笔者所在的课题组认为这些差异产生的根源就在于专业学位研究生教育机构与其利益相关者所缔结的综合性社会契约的内容十分复杂。因此，对专业学位研究生教育利益相关者的利益需求，课题组提出假设3-5：

> 假设3-5：不同类型的利益相关者对专业学位研究生教育不仅存在不同的利益需求，而且各类利益需求之间的重要程度存在较明显的差异。

(二) 研究设计

首先，笔者所在的课题组在文献归纳分析和实地访谈的基础之上列出了专业学位研究生教育各类利益相关者①可能的利益需求内容；然后，邀请25名从事与专业学位研究生教育相关工作的大学教授、政府官员和行业专家，让他们对这些利益需求内容的重要程度进行评估。课题组将入选率在50%以上的某一利益相关者的某一利益需求列入正式的调查问卷之中；再次，课题组对专业学位研究生教育利益相关者利益需求的内容进行了问卷调查；最后，将调查问卷获得的数据进行排序转化为数值型数据后，录入SPSS15.0软件进行分析。

在数据处理的方法上，利用SPSS15.0软件首先进行描述性统计和均值比较，然后通过配对样本 $T$ 检验来判断各类利益相关者的各种利益需求排序是否具有统计意义。

(三) 数据分析

1. 政府对专业学位研究生教育的利益需求

---

① 即上一节中笔者所在的课题组所认定的10类利益相关者。

表 3-10 为政府利益需求的描述性统计。

表 3-10 政府利益需求的描述性统计

|  | 有效样本 | 最小值 | 最大值 | 均值 | 标准差 |
|---|---|---|---|---|---|
| ①服务国家或地方经济建设和社会发展 | 271 | 1 | 7 | 2.41 | 1.69 |
| ②培养更多高质量人才,提升国家或地区竞争力 | 271 | 1 | 7 | 2.57 | 1.83 |
| ③确保人才培养质量,办人民满意的教育 | 271 | 1 | 7 | 2.62 | 1.91 |
| ④承担国家、地方级项目,推动科技创新与发展 | 271 | 1 | 7 | 2.67 | 2.31 |
| ⑤为各级政府提供政策咨询 | 271 | 1 | 7 | 3.45 | 1.89 |
| ⑥提升本区域形象 | 271 | 1 | 7 | 4.54 | 1.73 |
| ⑦教育长期生存发展 | 271 | 1 | 7 | 5.02 | 1.81 |

注：某一利益需求得分均值越小，说明政府对这一利益需求越重要。下表同。

表 3-11 表明政府对不同利益需求的重要程度排序是：①服务国家或地方经济建设和社会发展；②培养更多高质量人才，提升国家或地区竞争力；③确保人才培养质量，办人民满意的教育；④承担国家、地方级项目，推动科技创新与发展；⑤为各级政府提供政策咨询；⑥提升本区域形象；⑦教育长期生存发展。其中除了"培养更多高质量人才，提升国家或地区竞争力"与"确保人才培养质量，办人民满意的教育"，"确保人才培养质量，办人民满意的教育"与"承担国家、地方级项目，推动科技创新与发展"在统计意义上不具有排序上的显著性差异之外，其他的排列顺序在统计意义上都具有显著或非常显著的差异。

2. 学校管理者对专业学位研究生教育的利益需求

表 3-12 为学校管理者利益需求的描述性统计。表 3-13 表明学校管理者对不同利益需求的重要程度排序是：①高额薪酬和福利；②成长空

表 3-11 政府对专业学位研究生教育利益需求均值差异的配对样本 T 检验结果

| | 1 | 2 | 3 | 4 | 5 | 6 |
|---|---|---|---|---|---|---|
| ①服务国家或地方经济建设和社会发展 | 0.16** (2.387) | | | | | |
| ②培养更多高质量人才，提升国家或地区竞争力 | 0.21** (3.345) | 0.05 (0.586) | | | | |
| ③确保人才培养质量，办人民满意的教育 | 0.26** (3.473) | 0.10* (2.159) | 0.05 (0.579) | | | |
| ④承担国家、地方级项目，推动科技创新与发展 | 1.04** (7.189) | 0.88** (4.756) | 0.83** (4.689) | 0.78** (4.467) | | |
| ⑤为各级政府提供政策咨询 | 2.13** (15.347) | 1.97** (12.985) | 1.92** (11.865) | 1.87** (7.978) | 1.09** (7.435) | |
| ⑥提升本区域形象 | 2.61** (25.345) | 2.45** (18.176) | 2.40** (17.986) | 2.35** (16.934) | 1.57** (14.978) | 0.48** (3.125) |
| ⑦教育长期生存发展 | | | | | | |

表 3-12 学校管理者利益需求的描述性统计

| | 有效样本 | 最小值 | 最大值 | 均值排序 | 标准差 |
|---|---|---|---|---|---|
| ①高额薪酬和福利 | 271 | 1 | 6 | 2.31 | 1.79 |
| ②成长空间和职业愿景 | 271 | 1 | 6 | 2.98 | 1.84 |
| ③确保人才培养质量 | 271 | 1 | 6 | 3.54 | 2.23 |
| ④打造教育品牌 | 271 | 1 | 6 | 4.67 | 2.08 |
| ⑤科学的管理制度 | 271 | 1 | 6 | 4.98 | 1.87 |
| ⑥教育长期生存发展 | 271 | 1 | 6 | 5.37 | 2.05 |

表 3-13 学校管理者利益需求均值差异的配对样本 $T$ 检验结果

| | 1 | 2 | 3 | 4 | 5 |
|---|---|---|---|---|---|
| ①高额薪酬和福利 | | | | | |
| ②成长空间和职业愿景 | 0.67**(5.135) | | | | |
| ③确保人才培养质量 | 1.23**(12.543) | 0.56**(4.789) | | | |
| ④打造教育品牌 | 2.36**(22.765) | 1.67**(17.457) | 1.13**(15.674) | | |
| ⑤科学的管理制度 | 2.67**(24.376) | 2.00**(20.793) | 1.44**(14.547) | 0.31*(2.321) | |
| ⑥教育长期生存发展 | 3.06**(35.426) | 2.39**(23.580) | 1.83**(20.591) | 0.70**(9.345) | 0.39*(2.554) |

间和职业愿景；③确保人才培养质量；④打造教育品牌；⑤科学的管理制度；⑥教育长期生存发展。并且这种排列顺序在统计意义上都具有显著或非常显著的差异。

3. 教师对专业学位研究生教育的利益需求

表 3-14 为教师利益需求的描述性统计。

表 3-14 教师利益需求的描述性统计

|  | 有效样本 | 最小值 | 最大值 | 均值排序 | 标准差 |
| --- | --- | --- | --- | --- | --- |
| ①高额薪酬和福利 | 271 | 1 | 4 | 1.81 | 0.79 |
| ②了解相关行业需求与研究动态 | 271 | 1 | 4 | 2.27 | 1.21 |
| ③积累实践经验 | 271 | 1 | 4 | 3.15 | 1.23 |
| ④获得横向研究课题 | 271 | 1 | 4 | 3.85 | 0.68 |

教师是人才的主要培养者，其专业知识、科研能力、实践经验及态度等很大程度上影响着专业学位研究生教育的质量和水平。教师在从事专业学位研究生教育活动中也有着强烈的利益需求。表 3-15 表明教师对不同利益需求的重要程度排序是：①高额薪酬和福利；②了解相关行业需求与研究动态；③积累实践经验；④获得横向研究课题。并且这种排列顺序在统计意义上都具有非常显著的差异。

表 3-15 教师利益需求均值差异的配对样本 $T$ 检验结果

|  | 1 | 2 | 3 |
| --- | --- | --- | --- |
| ①高额薪酬和福利 |  |  |  |
| ②了解相关行业需求与研究动态 | 0.46\*\*(4.547) |  |  |
| ③积累实践经验 | 1.34\*\*(7.589) | 0.88\*\*(6.135) |  |
| ④获得横向研究课题 | 2.04\*\*(21.345) | 1.58\*\*(8.978) | 0.70\*\*(6.735) |

4. 学生对专业学位研究生教育的利益需求

表 3-16 为学生利益需求的描述性统计。

表 3-16 学生利益需求的描述性统计

| | 有效样本 | 最小值 | 最大值 | 均值排序 | 标准差 |
|---|---|---|---|---|---|
| ①学位含金量和社会认可度高 | 271 | 1 | 8 | 1.51 | 0.89 |
| ②学位与任职资格衔接 | 271 | 1 | 8 | 1.84 | 0.78 |
| ③获得实用的专业知识和技能 | 271 | 1 | 8 | 1.97 | 0.95 |
| ④找到满意的工作 | 271 | 1 | 8 | 1.99 | 1.21 |
| ⑤收费合理 | 271 | 1 | 8 | 2.34 | 1.32 |
| ⑥师资力量雄厚 | 271 | 1 | 8 | 2.78 | 0.93 |
| ⑦良好的实践基地与实践机会 | 271 | 1 | 8 | 2.81 | 0.86 |
| ⑧良好的学习与生活环境 | 271 | 1 | 8 | 3.25 | 0.83 |

表 3-17 表明学生对不同利益需求的重要程度排序是：①学位含金量和社会认可度高；②学位与任职资格衔接；③获得实用的专业知识和技能；④找到满意的工作；⑤收费合理；⑥师资力量雄厚；⑦良好的实践基地与实践机会；⑧良好的学习与生活环境。其中除了"获得实用的专业知识和技能"与"找到满意的工作""师资力量雄厚"与"良好的实践基地与实践机会"在统计意义上不具有排列顺序上的显著性差异之外，其他的排列顺序在统计意义上都具有非常显著的差异。

表 3-17 学生利益需求均值差异的配对样本 $T$ 检验结果

| | 1 | 2 | 3 | 4 | 5 | 6 | 7 |
|---|---|---|---|---|---|---|---|
| ①学位含金量和社会认可度高 | | | | | | | |
| ②学位与任职资格衔接 | 0.33** (4.561) | | | | | | |

续表

|  | 1 | 2 | 3 | 4 | 5 | 6 | 7 |
|---|---|---|---|---|---|---|---|
| ③获得实用的专业知识和技能 | 0.46** (5.474) | 0.13** (2.579) | | | | | |
| ④找到满意的工作 | 0.48** (6.187) | 0.15** (2.978) | 0.02 (0.879) | | | | |
| ⑤收费合理 | 0.83** (9.542) | 0.50** (6.157) | 0.37** (5.168) | 0.35** (5.056) | | | |
| ⑥师资力量雄厚 | 1.27** (14.374) | 0.94** (11.371) | 0.81** (9.016) | 0.79** (8.864) | 0.44** (5.219) | | |
| ⑦良好的实践基地与实践机会 | 1.30** (16.723) | 0.97** (12.534) | 0.84** (10.561) | 0.82** (9.678) | 0.47** (6.095) | 0.03 (0.978) | |
| ⑧良好的学习与生活环境 | 1.74** (25.327) | 1.41** (20.324) | 1.28** (14.872) | 1.26** (14.267) | 0.91** (10.873) | 0.47** (5.946) | 0.44** (5.106) |

5. 行业组织对专业学位研究生教育的利益需求

表3-18为行业组织利益需求的描述性统计。

**表3-18　行业组织利益需求的描述性统计**

|  | 有效样本 | 最小值 | 最大值 | 均值排序 | 标准差 |
|---|---|---|---|---|---|
| ①人才培养规格与质量符合职业发展需要 | 271 | 1 | 4 | 1.81 | 0.95 |
| ②学位含金量和社会认可度高 | 271 | 1 | 4 | 1.92 | 0.84 |
| ③参与人才培养过程 | 271 | 1 | 4 | 2.56 | 0.99 |
| ④教育长期生存发展 | 271 | 1 | 4 | 3.80 | 0.67 |

表 3-19 表明行业组织对不同利益需求的重要程度排序是：①人才培养规格与质量符合职业发展需要；②学位含金量和社会认可度高；③参与人才培养过程；④教育长期生存发展。并且这种排列顺序在统计意义上都具有非常显著的差异。

**表 3-19　行业组织利益需求均值差异的配对样本 $T$ 检验结果**

|  | 1 | 2 | 3 |
|---|---|---|---|
| ①人才培养规格与质量符合职业发展需要 |  |  |  |
| ②学位含金量和社会认可度高 | 0.11**（2.822） |  |  |
| ③参与人才培养过程 | 0.75**（4.146） | 0.64**（3.943.） |  |
| ④教育长期生存发展 | 1.99**（24.563） | 1.88**（22.531） | 1.24**（19.478） |

6. 教指委对专业学位研究生教育的利益需求

表 3-20 为教指委利益需求的描述性统计。

**表 3-20　教指委利益需求的描述性统计**

|  | 有效样本 | 最小值 | 最大值 | 均值排序 | 标准差 |
|---|---|---|---|---|---|
| ①人才培养质量满足社会需要 | 271 | 1 | 4 | 1.54 | 0.97 |
| ②学位含金量和社会认可度高 | 271 | 1 | 4 | 1.83 | 0.82 |
| ③参与人才培养过程 | 271 | 1 | 4 | 2.21 | 1.12 |
| ④教育长期生存发展 | 271 | 1 | 4 | 3.15 | 0.93 |

表 3-21 表明教指委对不同利益需求的重要程度排序是：①人才培养质量满足社会需要；②学位含金量和社会认可度高；③参与人才培养

过程；④教育长期生存发展。并且这种排列顺序在统计意义上都具有非常显著的差异。

表 3-21 教指委利益需求均值差异的配对样本 $T$ 检验结果

|  | 1 | 2 | 3 |
|---|---|---|---|
| ①人才培养质量满足社会需要 |  |  |  |
| ②学位含金量和社会认可度高 | 0.29**(3.541) |  |  |
| ③参与人才培养过程 | 0.67**(5.613) | 0.38**(4.432) |  |
| ④教育长期生存发展 | 1.61**(15.347) | 1.32**(13.218) | 0.94**(10.264) |

7. 用人单位对专业学位研究生教育的利益需求

表 3-22 为用人单位利益需求的描述性统计。

表 3-22 用人单位利益需求的描述性统计

|  | 有效样本 | 最小值 | 最大值 | 均值排序 | 标准差 |
|---|---|---|---|---|---|
| ①学生解决实际问题能力强、职业素养高 | 271 | 1 | 4 | 1.51 | 0.84 |
| ②学生有良好的团队协作精神 | 271 | 1 | 4 | 1.97 | 0.96 |
| ③学生有良好的敬业精神 | 271 | 1 | 4 | 2.26 | 1.31 |
| ④学生有较强的忠诚感 | 271 | 1 | 4 | 2.29 | 0.85 |

表 3-23 表明用人单位对不同利益需求的重要程度排序是：①学生解决实际问题能力强、职业素养高；②学生有良好的团队协作精神；③

学生有良好的敬业精神；④学生有较强的忠诚感。其中除了"学生有良好的敬业精神"与"学生有较强的忠诚感"在统计意义上不具有排序上的显著性差异之外，其他的排列顺序都在统计意义上具有非常显著的差异。

表 3-23　用人单位利益需求均值差异的配对样本 $T$ 检验结果

|   | 1 | 2 | 3 |
|---|---|---|---|
| ①学生解决实际问题能力强、职业素养高 |   |   |   |
| ②学生有良好的团队协作精神 | 0.46**(5.327) |   |   |
| ③学生有良好的敬业精神 | 0.75**(8.931) | 0.29**(3.579) |   |
| ④学生有较强的忠诚感 | 0.78**(9.321) | 0.32**(4.173) | 0.03(0.978) |

8. 产学研合作者对专业学位研究生教育的利益需求

表 3-24 为产学研合作者利益需求的描述性统计。

表 3-24　产学研合作者利益需求的描述性统计

|   | 有效样本 | 最小值 | 最大值 | 均值排序 | 标准差 |
|---|---|---|---|---|---|
| ①量身打造高端专业人才 | 271 | 1 | 5 | 1.71 | 0.92 |
| ②员工专业技能培训 | 271 | 1 | 5 | 2.34 | 1.21 |
| ③提供研发技术 | 271 | 1 | 5 | 2.75 | 1.27 |
| ④协助新产品研发 | 271 | 1 | 5 | 2.78 | 1.35 |
| ⑤高质量的决策咨询与管理建议 | 271 | 1 | 5 | 3.32 | 0.87 |

表 3-25　产学研合作者利益需求均值差异的配对样本 $T$ 检验结果

|  | 1 | 2 | 3 | 4 |
|---|---|---|---|---|
| ①量身打造高端专业人才 |  |  |  |  |
| ②员工专业技能培训 | 0.63**(7.367) |  |  |  |
| ③提供研发技术 | 1.04**(14.345) | 0.41**(5.431) |  |  |
| ④协助新产品研发 | 1.07**(15.178) | 0.44**(5.953) | 0.03(0.875) |  |
| ⑤高质量的决策咨询与管理建议 | 1.61**(21.532) | 0.98**(12.752) | 0.57**(6.132) | 0.54**(5.983) |

表 3-25 表明产学研合作者对不同利益需求的重要程度排序是：①量身打造高端专业人才；②员工专业技能培训；③提供研发技术；④协助新产品研发；⑤高质量的决策咨询与管理建议。其中除了"提供研发技术"与"协助新产品研发"在统计意义上不具有排序上的显著性差异之外，其他的排列顺序在统计意义上都具有非常显著的差异。

9. 学生家长对专业学位研究生教育的利益需求

表 3-26 为学生家长利益需求的描述性统计。

表 3-26　学生家长利益需求的描述性统计

|  | 有效样本 | 最小值 | 最大值 | 均值排序 | 标准差 |
|---|---|---|---|---|---|
| ①学位含金量和社会认可度高 | 271 | 1 | 5 | 2.33 | 1.12 |
| ②好就业、收入高 | 271 | 1 | 5 | 2.89 | 1.18 |
| ③收费合理 | 271 | 1 | 5 | 3.01 | 1.24 |
| ④学到真本领 | 271 | 1 | 5 | 3.06 | 1.62 |
| ⑤学习生活环境良好 | 271 | 1 | 5 | 4.10 | 1.23 |

表 3-27　学生家长利益需求均值差异的配对样本 $T$ 检验结果

|  | 1 | 2 | 3 | 4 |
|---|---|---|---|---|
| ①学位含金量和社会认可度高 |  |  |  |  |
| ②好就业、收入高 | 0.56**(4.357) |  |  |  |
| ③收费合理 | 0.68**(5.126) | 0.12**(2.895) |  |  |
| ④学到真本领 | 0.73**(6.532) | 0.17**(3.1562) | 0.05(1.045) |  |
| ⑤学习生活环境良好 | 1.77**(18.951) | 1.21**(12.978) | 1.09**(11.147) | 1.04**(10.937) |

表 3-27 表明学生家长对不同利益需求的重要程度排序是：①学位含金量和社会认可度高；②好就业、收入高；③收费合理；④学到真本领；⑤学习生活环境良好。其中除了"收费合理"与"学到真本领"在统计意义上不具有排序上的显著性差异之外，其他的排列顺序在统计意义上都具有非常显著的差异。

10. 校友对专业学位研究生教育的利益需求

表 3-28 为校友对专业学位研究生教育的利益需求。

表 3-28　校友利益需求的描述性统计

|  | 有效样本 | 最小值 | 最大值 | 均值排序 | 标准差 |
|---|---|---|---|---|---|
| ①广泛的校友资源 | 271 | 1 | 3 | 1.48 | 0.79 |
| ②母校或校友的支持与关心 | 271 | 1 | 3 | 1.91 | 0.78 |
| ③教育品牌高、声誉好 | 271 | 1 | 3 | 2.71 | 0.65 |

表 3-29  校友利益需求均值差异的配对样本 $T$ 检验结果

| | 1 | 2 |
|---|---|---|
| ①广泛的校友资源 | | |
| ②母校或校友的支持与关心 | 0.43**(5.796) | |
| ③教育品牌高、声誉好 | 1.23**(21.354) | 0.80**(14.369) |

表 3-29 表明校友对不同利益需求的重要程度排序是：①广泛的校友资源；②母校或校友的支持与关心；③教育品牌高、声誉好。并且这种排列顺序在统计意义上具有非常显著的差异。

### 三、研究结论

本节我们对上节中所界定出来的 10 类利益相关者的利益需求进行了实证分析，从统计意义上对各类利益相关者的利益需求内容进行了排序。研究结果如表 3-30 所示。

表 3-30  专业学位研究生教育中各类利益相关者的不同利益需求及排序汇总表

| 利益相关者 | | 利益相关者的利益需求 |
|---|---|---|
| 确定型利益相关者 | 政府 | ①服务国家或地方经济建设和社会发展；②培养更多高质量人才，提升国家或地区竞争力；③确保人才培养质量，办人民满意的教育；④承担国家、地方级项目，推动科技创新与发展；⑤为各级政府提供政策咨询；⑥提升本区域形象；⑦教育长期生存发展。（其中②与③，以及③与④这四种利益要求之间在统计意义上没有显著性排序差异） |
| | 学校管理者 | ①高额薪酬和福利；②成长空间和职业愿景；③确保人才培养质量；④打造教育品牌；⑤科学的管理制度；⑥教育长期生存发展 |
| | 教师 | ①高额薪酬和福利；②了解相关行业需求与研究动态；③积累实践经验；④获得横向研究课题 |

续表

| 利益相关者 | | 利益相关者的利益需求 |
|---|---|---|
| 确定型利益相关者 | 学生 | ①学位含金量和社会认可度高；②学位与任职资格衔接；③获得实用的专业知识和技能；④找到满意的工作；⑤收费合理；⑥师资力量雄厚；⑦良好的实践基地与实践机会；⑧良好的学习与生活环境。（其中③与④，以及⑥与⑦这四种利益要求之间在统计意义上没有显著性的排序差异） |
| | 教指委 | ①人才培养满足社会需要；②学位含金量和社会认可度高；③参与人才培养过程；④教育长期生存发展 |
| | 产学研合作者 | ①量身打造高端专业人才；②员工专业技能培训；③提供研发技术；④协助新产品研发；⑤高质量的决策咨询与管理建议（其中③与④这两种利益要求之间在统计意义上没有显著性的排序差异） |
| 预期型利益相关者 | 用人单位 | ①学生解决实际问题能力强、职业素养高；②学生有良好的团队协作精神；③学生有良好的敬业精神；④学生有较强的忠诚感。（其中③与④这两种利益要求之间在统计意义上没有显著性的排序差异） |
| | 行业组织 | ①人才培养规格与质量符合职业发展需要；②学位含金量和社会认可度高；③参与人才培养过程；④教育长期生存发展 |
| 潜在型利益相关者 | 学生家长 | ①学位含金量和社会认可度高；②好就业、收入高；③收费合理；④学到真本领；⑤学习生活环境良好。（其中③与④这两种利益要求之间在统计意义上没有显著性的排序差异） |
| | 校友 | ①广泛的校友资源；②母校或校友的支持与关心；③教育品牌高、声誉好 |

根据以上分析结果，课题组可得出如下结论：每类利益相关者不仅对专业学位研究生教育都有多种利益需求，而且这些利益需求之间存在重视程度上的较大差异。这就与假设3-1基本相符。从这一研究结论中，我们可获得以下几点启示：

第一，专业学位研究生教育中不同的利益相关者有着不同的利益需求，如有的看重高额薪酬和福利，有的看重学位含金量和社会认可度，有的则看重人才培养质量和规格，等等。因此，对于不同的利益相关者，专业学位研究生培养机构应分别采取不同的管理策略。

第二，专业学位研究生教育中各类利益相关者的利益需求不仅存在多样性，而且不同利益需求之间的重要性还存在着显著的差异性。从理论上讲，专业学位研究生教育发展过程中应同时、同等地对待所有利益相关者的多元化利益主张，但由于教育资源本身的有限性，在面对众多利益相关者的各不相同的利益需求时，专业学位研究生培养机构往往难以做到同时、同等地对待所有利益相关者的所有利益诉求。因此，专业学位研究生教育培养机构应合理配置多样性资源，旨在多元利益相关者的利益需求之间达成动态平衡，并实施有效的措施，力图优先满足每类利益相关者排在前列的利益诉求。

第三，专业学位研究生教育的生存和发展一方面有赖于利益相关者的积极参与和大力支持，另一方面又必须以满足各类利益相关者利益需求为旨归。专业学位研究生教育机构与其利益相关者之间无疑天然就存在一种互动互助、合作共赢的发展模式。

# 第四章 我国专业学位研究生培养模式改革中的利益冲突

专业学位研究生教育不仅具有多个利益主体，其合法性、权力性和紧急性程度各不相同，而且每个利益相关者都有多种不同的利益需求。由于专业学位研究生教育各个利益主体的利益价值取向不同，不同的利益相关者所追求的利益需求之间不仅会有差异，而且很可能存在冲突。专业学位研究生教育中利益相关者之间的利益需求矛盾与冲突错综复杂。在一定条件之下，利益需求矛盾可能会激化为利益冲突，利益需求冲突又可能进一步加剧利益需求矛盾。因此，在专业学位研究生培养模式的改革中，只有在明确专业学位研究生教育各利益相关者利益需求的具体内容，并深刻认识这些利益要求之间所存在的矛盾与冲突的基础之上，才有可能采用较科学的方式尽量满足不同利益相关者的多种利益需求，从而形成多元主体协同育人的格局，大力促进专业学位研究生教育健康持续发展。

## 第一节 专业学位研究生培养模式改革中利益冲突的表现

所谓利益冲突，"就是不同的利益主体在实现自身利益需求的过程中彼此之间基于利益矛盾而产生的利益纠纷和利益争夺过程，是利益双方的利益矛盾积累到一定程度所产生的一种激烈对抗态势"①。可见，利益冲突的实质，则是不同的利益主体之间在实现利益需求的过程中所产生的矛盾。专业学位研究生教育中的"利益冲突可以划分为对抗性利益冲突和非对抗性利益冲突。对抗性利益冲突，指的是对抗各方的根本利益无法相容的利益冲突……非对抗性利益冲突，则是指在根本利益一致的前提下的利益冲突"②。非对抗性利益冲突不同于对抗性冲突，它既不会导致冲突双方的激烈对抗，也不会危及利益冲突双方的生存安全，一般可通过对话与协商的方式进行自我调整来缓解矛盾、避免冲突。

由于专业学位研究生教育各利益主体之间利益的较大差异性以及教育资源供给的有限性，决定了利益主体的利益需求满足程度的相对性，从而造成不同利益主体之间利益矛盾的普遍性和不可避免性。专业学位研究生教育不同利益相关者的利益需求虽表现为多样性与差异性，甚至存在明显的冲突，但却有共同的利益基础，即所有的利益相关者都期望参与到专业学位研究生教育人才培养过程之中，并力图实现专业学位研究生教育质量的全面提高。因此，专业学位研究生教育各利益相关者之间的利益，如大学利益与企事业单位(行业)利益、大学利益与政府利益、大学利益与个人利益、学生利益与企事业单位(行业)利益等存在的冲突，明显属于非对抗性利益冲突，理应通过对话和协商的方式进行利益结构的自我调整加以解决，绝不能采取解决对抗性利益冲突的方式来解决非对抗性利益冲突。在专业学位研究生培养模式改革中，各利益主体之间的利益冲突主要表现在以下几个方面。

## 一、大学与政府部门：自治与管制之间的利益冲突

"教育改革过程中利益冲突主要表现为权力方面的斗争。"③作为专

---

① 马永霞. 高等教育供求主体利益冲突与整合过程[D]. 武汉：华中师范大学博士学位论文，2005.
② 周卫. 论环境行政裁量权的合理行使与利益衡量[J]. 深圳大学学报(人文社会科学版)，2007(6).
③ 马健生. 论教育改革过程中的利益冲突[J]. 教育科学，2002(4).

业学位研究生教育的人才培养机构，大学虽有"依法自主办学"的权力，但实际上政府视它为管理的对象，与我国政府之间的关系长期处于被管制与管制的状态。我国大学虽服从政府部门的管理，但这两类权力主体之间的利益冲突则是比较明显的。

政府部门集人事权、资源配置权、质量评估权于一体，深刻影响着专业学位研究生培养模式改革的进程及结果。大学虽有自主实施人才培养模式改革的权利，但受制于政府部门的管控，其开展改革的实际空间受到较大程度的制约。比如，在招生制度上，专业学位研究生的招生计划、考试内容与形式、招录模式等都是由教育行政主管部门进行决策和统一制定的，培养院校仅履行政策执行者的职责，缺乏应有的招生自主权。这种"一刀切"式的行政化管理体制，不仅导致招生规模难以准确反映社会需求的变化，而且招录标准无法准确反映企事业单位对人才规格的需求。在课程设置上，各类专业学位研究生教育都是由国家主管部门领导下的教育指导委员会制定统一的课程计划，而赋予各培养单位在课程设置上的自主权相对有限，这样就难以反映和满足各地区域经济社会发展实际状况和企事业单位、行业组织等对高级应用型专门人才的特殊要求。尤其是采取订单式培养人才的形式，为特殊或者重点行业、企事业单位培养专业人才的时候，不同用人单位通常会提出多样、特殊的要求，这更需要灵活的课程设置和针对性的培养计划。在教育质量评估方面，教育行政部门主导专业学位研究生教育质量的评估过程，评估过程难免受到权力和利益驱动的影响，致使评估过程行政化，一定程度上影响了评估结果的客观性。另外，在评估中采用统一的评价体系，"一刀切"的办法难以评价各培养院校的特色。

由于中国国情与管理体制决定了我国专业学位研究生教育对政府资源的严重依赖，我国专业学位研究生教育就不可能完全摆脱政府部门的监管与控制。事实上，作为社会公共利益的代表，政府只有保持对专业学位研究生教育的有效干预和适度管制，才能确保专业学位研究生教育更好地承担社会责任和最大限度地保护公共利益。专业学位研究生培养机构在接受政府经费资助与政策支持的同时，国家也就有权监督资源的去向和使用方式。因此，政府部门控制与大学反控制的这一重要矛盾，将不可避免地贯穿于专业学位研究生培养模式改革活动的全过程。

## 二、大学与产业：劳动力供给与需求之间的利益冲突

在专业学位研究生教育中，需求与供给是一对矛盾统一体。只有充分满足专业学位研究生教育需求时，专业学位研究生教育供给才是有效的供给；只有以现实的供给条件为参照，专业学位研究生教育需求才是有效需求。因此，只有当专业学位研究生教育的有效供给匹配有效需求实现时，专业学位研究生教育供求关系才可能处于均衡状态。由于专业学位研究生教育利益相关者分属于不同组织，其利益价值取向不同，并且都力图实现自身利益最大化，这就势必产生利益矛盾与冲突。专业学位研究生教育利益冲突，主要体现为供求规模、结构的失衡。

### （一）供求规模的失衡

"一般来说，有什么样的科技水平，就有什么样的产业结构，不同的产业结构要求有不同的人才结构与之相适应。"[①]在经济增长的低级阶段，工业化水平较低，三次产业结构表现为以第一产业或第二产为主的"一二三"或"二一三"结构，整体人力资本存量较低，经济增长主要依靠需求拉动；当经济增长进入到高级阶段，工业化进入后期，第三产业居于主导地位，经济增长方式由要素驱动向创新驱动转变，人力资本就成为经济增长的主要动力。[②]"根据英国著名经济学家克拉克于1940年提出的'配第-克拉克定理'，在产业结构的演进过程中，就业结构的变化始终与产业结构的变化保持着相关性，所以可以从劳动力在产业间的

---

[①] 邓光平. 我国专业学位设置的政策分析[D]. 武汉：华中科技大学博士学位论文，2006.

[②] 马力，张连城. 高等教育结构与产业结构、就业结构的关系[J]. 人口与经济，2017(2).

分布变化来反映产业结构的变化情况"①。改革开放以来,我国的产业结构已经发生了较大变化。从纵向比较来看,1978年以来,中国产业结构变化呈现出第一产业占GDP的比重持续下降,第二产业和第三产业占GDP的比重持续上升,尤其是第三产业上升幅度较大。如表4-1所示,中国第一产业占GDP的比重由1978年的27.7%下降到2017年的7.9%,下降了近19.8个百分点;第二产业占GDP的比重由1978年的47.7%下降到2017年的40.5%;第三产业占GDP的比重由1978年的24.6%上升到2017年的51.6%,升幅达27个百分点。第三产业占GDP的比重已超过50%,在产业结构中的比例上升到第一位。第一、二、三产业占GDP比重的变化趋势如图4-1所示。由此可见,我国正在向以高科技为先导,以第三产业为主体的产业结构方向转变。与此相应的是就业结构也发生了很大变化。在第一产业的劳动力比重由1978年的70.5%下降到2017年的27.0%;第二产业的劳动力比重由1978年的17.3%上升到2017年的28.1%;第三产业的劳动力比重由1978年的12.2%上升到2017年的44.9%,升幅近32.7个百分点。

表4-1 中国三次产业结构变化趋势

| 年份 | GDP比重(%) | | | 劳动力比重(%) | | |
| --- | --- | --- | --- | --- | --- | --- |
| | 第一产业 | 第二产业 | 第三产业 | 第一产业 | 第二产业 | 第三产业 |
| 1978 | 27.7 | 47.7 | 24.6 | 70.5 | 17.3 | 12.2 |
| 1990 | 26.6 | 41.0 | 32.4 | 60.1 | 21.4 | 18.5 |
| 2000 | 14.7 | 45.5 | 39.8 | 50.0 | 22.5 | 27.5 |
| 2017 | 7.9 | 40.5 | 51.6 | 27.0 | 28.1 | 44.9 |

资料来源:中华人民共和国统计局,《中国统计年鉴2018》,中国统计出版社2018年版。

---

① 邓光平.我国专业学位设置的政策分析[D].武汉:华中科技大学博士学位论文,2006.

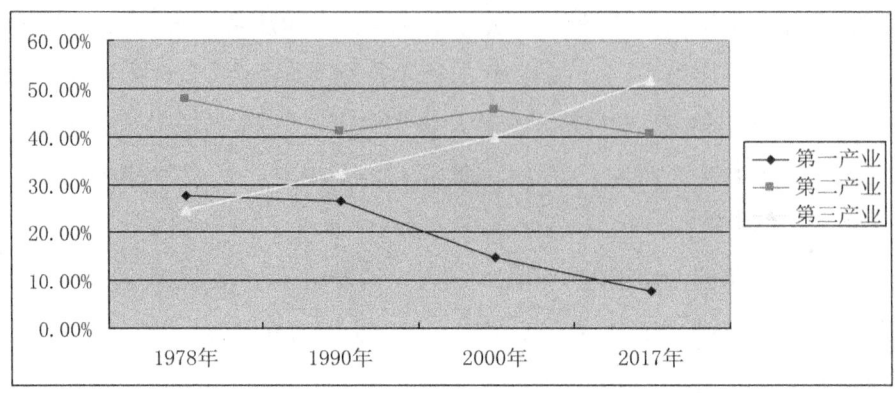

图 4-1　第一、二、三产业占 GDP 比重的变化趋势图

产业结构的调整升级与其科技含量的提高，必然对从业人员的素质要求也相应提高。如何适应我国产业结构不断升级优化的趋势，满足实践领域对高层次应用型人才的旺盛需求，将是专业学位研究生教育改革与发展必须思考的重要议题。

当下西方发达国家正加快专业学位研究生教育发展的步伐，以适应产业结构升级、职业专业化带来的高层次专门人才的多样需求。例如，"美国每年授予的硕士学位中，80%以上是应用型学位；到 2008 年，英国在校专业学位研究生规模占在校研究生总数稳定在 80% 左右；从 1998 年起，日本专业学位研究生教育开始了较为系统的发展"[1]。自从 2009 年依赖我国专业硕士研究生的培养规模实现了跨越式发展，"但直至 2015 年我国专业学位授予规模仅占全部硕士的 39.9%"[2]。由此可见，我国专业学位研究生培养规模不仅与西方发达国家专业学位教育有较大的发展差距，而且与我国经济社会发展的状况也不相适应。在我国

---

[1] 黄宝印，唐继卫，郝彤亮. 我国专业学位研究生教育的发展历程[J]. 中国高等教育，2017(2).

[2] 张淑林，崔育宝，裴旭，万明. 我国专业学位研究生教育供给与需求的分析[J]. 中国高等教育，2017(2).

经济持续快速增长和产业结构不断调整升级的社会经济背景之下，持续适度扩大专业学位研究生培养规模势必成为我国研究生教育发展的重要战略选择。

(二)供求结构的失衡

随着我国产业结构不断调整升级带来的人才需求变化，我国当前专业学位研究生教育不仅存在人才培养总量不足的问题，而且人才培养结构失调的问题也逐渐开始凸显。有学者认为："经济发展的主要矛盾由供给总量不足转变为结构性供给不足时，高级人才资源的供求关系也会相应发生类似的结构性变化。"①专业学位研究生教育在人才供求结构上的失衡，不仅制约着专业学位研究生教育的有效供给，而且深刻影响专业学位教育毕业生的充分就业。

目前，我国专业学位研究生教育科类结构还未能实现与产业结构需求的有效匹配。笔者所在的课题组在参照 2002 年《国民经济行业分类》中划分的我国产业类型与现有各类专业学位设置方案中划分的科类基础上，将我国专业学位涉及的科类与对应产业进行分类。如表 4-2、表 4-3 所示，第一产业对应的专业学位有 5 种，占总共 47 类专业学位的 10.6%；第二产业对应的专业学位仅有 5 种，只占 10.6%；第三产业对应的专业学位高达 37 种，占 78.7%。2017 年我国第二和第三产业产值分别占 GDP 的 40.5%和 51.6%，已形成了以第二产业和第三产业为主导的产业格局，但与第二产业密切相关的专业学位种类明显偏少。因此，我国专业学位研究生教育科类结构与我国的产业结构存在较严重的错位，势必影响我国专业学位教育与社会经济发展的良性互动，阻碍专业学位研究生教育服务我国经济的效益实现。在现有的专业学位研究生教育中，"部分与先进制造业和新兴产业相关的专业学位尚未设置，还

---

① 康宁. 高等教育规模扩大——对增加有效需求和促进经济发展的影响[J]. 教育发展研究，2000(7).

不足以满足处于高技术转型期的第二产业部分行业对高素质劳动力数量和类型的需求"①。此外，随着我国社会与经济的高速发展，各职业专业化程度不断提升，人才的交叉流动性越来越强，过去以学科界限划分人才培养类型的做法已很难适应经济发展的实际需求，跨学科、交叉学科和新型边缘学科的专业学位研究生人才的培养已刻不容缓。

表4-2 专业学位种类与对应的产业

| 专业学位类别 | 数量(种) | 对应产业 |
| --- | --- | --- |
| 农业硕士、兽医硕士、林业硕士、风景园林硕士、兽医博士 | 5 | 第一产业 |
| 工程硕士、建筑学学士、建筑学硕士、城市规划硕士、工程博士 | 5 | 第二产业 |
| 法律硕士、教育硕士、工商管理硕士、公共管理硕士、会计硕士、体育硕士、艺术硕士、汉语国际教育硕士、翻译硕士、社会工作硕士、金融硕士、应用统计硕士、税务硕士、国际商务硕士、保险硕士、资产评估硕士、警务硕士、应用心理硕士、新闻与传播硕士、出版硕士、文物与博物馆硕士、旅游管理硕士、口腔医学硕士、公共卫生硕士、临床医学硕士、护理硕士、药学硕士、中药学硕士、图书情报硕士、工程管理硕士、军事硕士、审计硕士、中医硕士、教育博士、临床医学博士、口腔医学博士、中医博士 | 37 | 第三产业 |

资料来源：中国学位与研究生教育信息网，http://www.cdgdc.edu.cn/xwyyjsjyxx/gjjl/，2019-01-20。

---

① 吴开俊，王一博.专业学位研究生教育结构与产业结构适切性分析——以广东省为例[J].教育研究，2013(2).

表 4-3 专业学位科类结构与 2017 年劳动力结构、产出结构和产业贡献率的对比

| 产业 | 劳动力结构（%） | 产出结构（%） | 对应专业学位科类结构比重（%） |
|---|---|---|---|
| 第一产业 | 27.0 | 7.9 | 10.6 |
| 第二产业 | 28.1 | 40.5 | 10.6 |
| 第三产业 | 44.9 | 51.6 | 78.7 |

资料来源：中华人民共和国统计局，《中国统计年鉴 2018》，中国统计出版社 2018 年版。

### 三、大学与行业：人才培养规格与需求标准之间的利益冲突

作为营利组织，用人单位，基于自身利益的追求更多是寄期望于大学量身打造符合自身要求、直接为其服务并能创造巨额利润的高质量应用型专门人才。然而，大多数高校管理者和教师已熟悉了学术型研究生培养模式并产生了较强的路径依赖，有意或无意地用学术型学位的标准去审视专业学位研究生培养活动。由此可见，专业学位研究生培养规格与行业需求标准之间不可避免地存在冲突。专业学位的设置本应面向行业，具有明显的职业针对性。然而，我国现有的许多专业学位对应的行业还缺乏统一、明确的职业标准体系，市场准入机制还未建立。专业学位人才的培养与行业技能的需要脱节，许多专业学位的设置与培养目标跟行业的准入标准和职业要求的素养相分离，难以彰显专业学位应有的职业优势和特色。① 在专业学位研究生教育过程中，人才培养规格的学术化与行业需求标准的职业性、应用性之间的矛盾主要表现在以下几个方面：

（一）课程设置中理论性与应用性之间的矛盾

在实践中，一些培养院校的专业学位研究生课程设置存在较明显的

---

① 邓光平. 美国行业组织与第一级专业学位教育的质量保障——以 ABA 在 J.D 学位计划中的作用为例[J]. 高等教育研究，2010(7).

学科化倾向，与学术型研究生课程高度趋同，课程内容过多强调专业理论，学术色彩浓厚，致使课程的实用性和职业导向性偏弱，实践技能课程比重较低。有学者对全日制硕士研究生所学专业课程与求职方向的关联程度的调查表明，"认为'关联程度不明显'的比例为26.4%，'没有关联'的比例为13.1%"[①]。"关联不明显"和"没有关联"两者的比例高达39.5%，说明现有的全日制专业硕士研究生的课程体系的应用性不强，实践性不鲜明，还无法获得学生的广泛认同与支持。

(二)评价标准中学术性与实践性之间的矛盾

在我国专业学位教育评价活动中存在两种不良倾向：一种观点认为，既然专业学位研究生与学术型研究生同属于研究生层次，那么在课程设置、教学要求、考核标准、论文水平以及总的质量标准等方面，应坚持与研究型学位研究生教育相同的学术性质量标准；另一种观点则把专业学位研究生教育等同于一般职业教育，从而忽视了专业学位研究生教育的学术要求。其实，专业学位研究生教育既以鲜明的职业性或应用性强的特征不同于研究型学位研究生教育，又以知识性或学术性区别于普通的职业教育。因此，专业学位研究生教育是职业性与学术性的统一，其评价标准理应坚持应用性与学术性的统一，并鲜明突出实践价值的特征。[②] 然而，在实践中，专业学位研究生的学位论文在选题、内容形式等方面的学术化色彩还比较浓厚，一定程度上影响了专业学位研究生实践和应用能力的提高。

(三)专业实践中虚化与实化之间的矛盾

充足、高质量的专业实践，是培养专业学位研究生实践能力和提高

---

① 黄卫华，刘斌，章政. 全日制专业学位研究生培养模式的调查研究——以就业需求为导向[J]. 研究生教育研究，2014(5).
② 邓光平. 教育硕士专业学位设置的政策分析[J]. 学位与研究生教育，2009(1).

解决问题能力的有效途径和方式。国家有关政策规定专业学位研究生培养要"以职业需求为导向,以实践能力培养为重点,以产学结合为途径"①。但目前高校缺乏与行业联系紧密的专业实践平台,相关配套设施不齐全,企事业单位对于联合建设专业实践基地的积极性不高,政府在专业实践平台建设中缺位,专业学位研究生的实践教育形式化突出。② 在专业实践教学中,企业单位(行业)基于自身利益的需要,首先要考虑学生在生产实践存在费用、安全、技术泄密风险、对当前生产影响等问题;而大学则要考虑办学的经济效益、人才培养的质量等。由此可见,校企双方不仅存在目标和价值取向上的矛盾和冲突,而且在经济层面亦有现实的利益冲突。从法定意义上讲,企业(行业)既没有与大学合作培养专业学位研究生的社会责任,更没有义务专门拨出经费来支持、配合大学的专业实践教学。而在目前,大学由于办学经费的紧缺,不太可能拿出较多的经费来实施专业实践教学。此外,政府在专业实践平台建设上既缺乏切实可行的政策支持,也没有专门经费的支持。这样就不可避免地导致校企双方在专业实践教学合作上的动力不足,容易流于形式,学生的实践能力自然难以获得有效提升。

(四)校内外导师之间的价值取向矛盾

大学与企业分属于异质文化的场域。大学文化的实质是一种育人的文化,其建设目标就是为培养人才创造良好的氛围;而企业文化本质上是一种经营文化,其文化建设的最终目的是为了追求利润和效益的最大化。来自不同文化场域的校内导师和企业导师由于价值取向和利益需求的不同,自然在专业学位研究生培养目标与评价标准等方面存在一定的

---

① 教育部 人力资源社会保障部关于深入推进专业学位研究生培养模式改革的意见[EB/OL].[2013-11-04]. http://old.moe.gov.cn/publicfiles/business/htmlfiles/moe/moe_823/201311/159870.html.
② 魏红梅.新常态下我国专业学位研究生教育改革的创新探索[J].学位与研究生教育,2016(3).

矛盾和冲突。比如，在学位论文质量要求上，校内导师往往更重视专业学位研究生学位论文选题的学术研究价值以及论文成果的理论创新程度，而企业导师则比较重视论文选题的实践应用价值和论文成果反映出的现场实践能力与解决具体问题的能力。有学者对学生访谈的相关结果表明，"企业和学校是两种思路，答辩时候给企业导师指导修改是一种思路，回到学校之后又是另一种思路"①。校企导师在人才培养目标和质量标准上存在的冲突，不仅可能影响指导成效，而且还可能导致学生无从适应的困境。

### 四、大学与学生：教育服务供给与个体发展需求之间的利益冲突

"高等教育产品主要就是指高等教育所能提供的服务，是教师劳动所创造的特殊使用价值。"②如果说大学是专业学位研究生教育服务的供给者，那么学生就是购买专业学位研究生教育服务的消费者。学生对专业学位研究生教育服务的"消费"其实是一种"投资"行为，大学只有提供有充分质量保障的教育"服务"，学生才可能放心地"投资"消费。在专业学位研究生教育过程中，大学和学生作为两个不同的经济主体，其各自经济利益需求存在巨大的差异，这"由此形成了市场经济条件下两个独立'经济人'之间的对立与统一关系"③。因此，在专业学位研究生教育服务产品供给与消费过程中，大学和学生这两个不同利益主体势必按照自身的经济利益计量专业学位研究生教育服务产品的成本和效益，这就不可避免地产生了利益矛盾或冲突。

---

① 石卫林，文永红，程锦，李贞博，齐昌政.双导师制实施困境成因与改进的质性研究——以S大学为例[J].研究生教育研究，2017(2).
② 马永霞，范先佐.高等教育需求主体间的冲突与化解[J].清华大学教育研究，2005(2).
③ 马永霞，范先佐.高等教育需求主体间的冲突与化解[J].清华大学教育研究，2005(2).

## （一）在教育收费上的矛盾

专业学位研究生教育的持续健康发展，需要不断地加强师资队伍素质培训、开发案例教学、建设专业实践基地、改善办学条件，这些都有赖于充足的经费支撑。根据专业学位研究生教育最初的制度设计，专业学位研究生教育实施的是多元教育投资体制，其经费来源渠道主要有政府财政投入、用人单位资助和学生缴纳的学费，这为专业学位研究生教育的可持续发展提供了最基本的财力保证。在一些经济发达省份相继出台了增加专业学位研究生教育投入的政策，如目前江苏省专业学位研究生生均拨款已达3.66万元，同时逐年增加专业学位研究生的专项经费支持力度，2016年和2017年资助专业学位研究生科研创新项目均在900项左右，年均资助经费超过1000万元。广东省有关地市政府相继出台了研究生联合培养基地财政投入、科技扶持、税收减免、人才落地等保障政策。① 但对于其他省份尤其是经济欠发达地区却未见明确的财政支持政策。因此，目前专业学位研究生教育经费投入远不够充足，因为作为投资主渠道的政府财政投入缺口较大，用人单位资助力度整体萎缩，社会团体、民间机构等投入经费所占比例很小。对北京师范大学2003级教育硕士生的一份抽样调查显示，55%的被调查者个人全部负担学费，38%的人负担部分学费，全部由单位负担的仅占7%。同时，48%的人会因为脱产学习被停发或部分停发工资。② 教育硕士学位与MBA等其他专业学位不同，攻读教育硕士学位的教师大多待遇较差，承受教育成本的能力十分有限，大幅度提高学习费用缺乏现实基础。③

---

① 贺随波，刘俊起. 服务需求 创新模式 突出特色 提高质量——深化专业学位研究生教育综合改革二年总结[J]. 学位与研究生教育，2018(1).

② 成康. 教育硕士招生困境的成因与对策[J]. 学位与研究生教育，2006(2).

③ 邓光平. 教育硕士专业学位设置的政策分析[J]. 学位与研究生教育，2009(1).

然而，在面临政府财政和用人单位等渠道大幅增加教育经费投入困难的情况之下，专业学位研究生培养院校的决策者基于自身利益的考虑，不得不以提高专业学位研究生教育的学费的方式来缓解教育经费短缺的困境，以回应社会各界要求提高专业学位研究生教育质量的强烈呼声和满足教职工改善待遇的迫切愿望。

目前，一些热门职业领域以及回报率较高的专业学位研究生教育，如工商管理硕士、会计硕士、金融硕士以及税法硕士等收费普遍偏高。根据世界企业家集团、《总裁》杂志社联合编制的2018年(第16届)"中国最具影响力MBA排行榜"，选取排名前15的4所高校，统计发现全日制MBA的学费在17.8万元到30.8万元不等；而非全日制MBA的学费除中国人民大学为25.8万元外，其他大学均在30万元以上，其中上海交通大学高达40.8万元。非全日制MBA的学费普遍高于全日制，如图4-2所示。有学者的调查研究也指出，"我国15所开展'教育博士研究生教育'的高校，除西北师范大学低于4.5万元/全程·人，其他高校均位于7万~10万元/全程·人之间"①。尽管在国家有关政策中规定，"各校在研究提出全日制专业学位硕士研究生学费的收费标准时，按不高于本校现行普通专业学术型自筹经费研究生收费标准确定"②。然而，"对于全日制专业学位硕士研究生是否全面收费以及收费多少还缺乏具体的政策规定"③。这无疑为专业学位研究生培养院校制定学费标准留下了较大的自由裁量空间，收费通常尽可能就高不就低。有学者指出，一些培养院校出于经济利益的驱动，异化对专业学位的理解，把赢利作为学校发展专业学位研究生教育的第一目标，在专业教育中急功

---

① 王海峰. 我国专业学位研究生教育的"专业性危机"与纾解策略[J]. 江苏高教，2017(4).

② 教育部关于做好全日制专业学位硕士研究生招生收费有关工作的通知[EB/OL]. [2009-03-11]. http://www.ptu.edu.cn/kyc/info/1156/1094.htm.

③ 毛建青，谢玲霞. 全日制专业学位硕士研究生收费研究[J]. 财会通讯，2014(6).

近利，片面追求规模和效益，这些又导致了专业学位研究生培养方式的培训化现象，降低了专业学位研究生教育质量，损害了专业学位研究生教育的声誉。① 然而，作为购买专业学位研究生教育服务的学生，他们则希望大学提供的服务产品"物美价廉"，即，在保障教育质量的前提之下，尽可能降低收费标准，以减轻自身及其家庭的经济负担。这样培养院校与学生之间就不可避免地产生了经济矛盾。

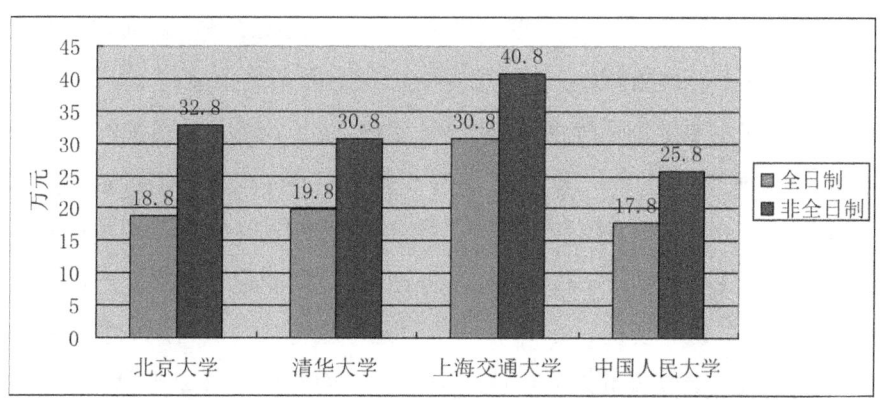

图 4-2　2019 年各大学全日制和非全日制 MBA 学费状况柱状图

资料来源：各大学 2019 年 MBA 招生简章。

## (二)在专业学位社会认可度上的矛盾

所谓认可度，就是指大众的接受程度。"行业是直接的用人单位，对人才状况最了解，专业学位是否适应社会、经济的发展，行业拥有最重要的发言权，其认可度是衡量专业学位教育质量的主要指标。"②专业学位教育的社会认可度高低受多种因素的影响，其中最主要的是专业学

---

① 于东红，杜希民，周燕来. 从自我迷失到本性回归——我国专业学位研究生教育存在的问题及对策探析[J]. 中国高教研究，2009(12).

② 翟亚军，王战军. 我国专业学位教育主要问题辨识[J]. 学位与研究生教育，2006(5).

位研究生受用人单位接纳的程度和社会的知名度，而用人单位对专业学位研究生接纳的程度又很大程度上取决于专业学位教育的质量。因为只有培养出高质量的人才才可能经得起社会的检验，才能真正赢得社会的信任。我国专业学位教育是20世纪90年代初才开始出现的一种新鲜事物，一方面社会对其了解不多、认识不深；另一方面教育质量不高，缺乏鲜明的特色，因而其社会认可程度普遍偏低。正如有学者指出，"有很多人不了解专业学位研究生教育的特征、目的，甚至不知道什么叫专业学位研究生教育"①。在一项对专业学位研究生的问卷调查中，对于"你认为影响专业学位社会认可程度的最主要因素是什么(只选一项)"，有57.3%的专业学位研究生认为影响专业学位社会认可程度的最主要因素是"专业学位教育质量不高"，接下来依次是"对专业学位宣传力度不够"(21.2%)，"国家对专业学位的重视不够"(14.2%)，"职业资格证书制度不完善"(7.3%)。用人单位是专业学位研究生教育产出的接纳者，他们的认可度通常是专业学位研究生教育社会认可度的重要参照指标。对用人单位负责人的访谈结果显示，用人单位对专业学位人才的培养质量评价普遍偏低，认为这些人员在自身的素质和能力上与工作实际需求存在一定的脱节，不能很好地解决工作中遇到的具体问题，他们在工作所作出的贡献不太突出，与其他人员相比优势不突出。② 综上，专业学位的含金量不高、社会认可度低，其根本原因在于专业学位研究生教育的培养质量不高、特色不鲜明，在市场竞争中缺乏比较优势。

教育质量既是专业学位研究生教育生存发展的生命线，也是专业学位研究生自身权益的根本保障。如果专业学位研究生教育质量低下，这就意味着专业学位研究生的学习权、发展权受到了侵害。大学作为专业学位研究生的培养机构，它在专业学位研究生教育质量保障中具有不可

---

① 包水梅，顾怀强. 专业学位研究生教育——跨越式发展背后的尴尬及其化解[J]. 中国高教研究. 2011(9).

② 邓光平. 专业学位与行业任职资格衔接的研究[R]. 教育部人文社会科学青年基金项目调研报告，2010.

推卸的重要责任。然而，在教育实践中，一些培养机构过度追逐经济利益，忽视了专业学位研究生教育的特色和比较优势塑造，导致专业学位研究生教育出现了自我迷失和异化，不可避免地成为学术型研究生教育的附属物或衍生品，具体表现在以下几个方面。第一，在办学宗旨上，忽视了高层次应用型人才培养的重要功能，日益沦为大学和院系创收的主要渠道，其主要体现为收费标准远高于学术型学位研究生，生源录取重视规模而轻视质量，培养质量只求达标而不求高水平。第二，在教育思想上，"重学轻术"。套用学术型人才培养模式，致使专业学位研究生的课程设置理论化、学位论文选题与质量评价学术化。第三，在人才培养规格上，与行业实际需要脱节，缺乏特定职业针对性，片面强调科研能力训练，忽视学生实务技能的培养。第四，在教学方式上，侧重学科理论讲解与分析，忽视案例分析、现场研究、模拟训练等实际应用为导向的方法，缺乏对学生研究实践问题的意识和解决实际问题的能力方面的培养。第五，在学位论文写作与答辩环节上，存在降低标准的问题。在学位论文上存在"过于迁就专业学位研究生的'工学矛盾'……导致学位论文形成'事实堆积如山，理论分析肤浅'或'理论阐述拼字数，实证调查造数据'等不良风气"[①]。综上，专业学位研究生教育在人才培养中还未能形成以实际应用为导向，和以满足职业发展需求为目标，最终导致教育质量不高，特色不鲜明，社会对专业学位的认可度偏低。而作为教育接受者，学生则期望所接受的教育质量高，获得的学位含金量高或社会认可度高，这样才能找到更加满意的工作或获得职业晋升的机会，并取得丰厚的投资回报。因此，在大学授予的学位质量与学生的期望之间存在较大的差距，不可避免地存在一定的矛盾或冲突。

（三）在专业学位研究生教育改革权力上的矛盾

学生拥有大学权力的历史最早可以追溯到欧洲中世纪，在博洛尼亚

---

① 王海峰. 我国专业学位研究生教育的"专业性危机"与纾解策略[J]. 江苏高教，2017(4).

大学模式中，学生掌握大学的一切权力，可以决定大学的行政事务、教师的去留等。虽然之后高等教育经历了不同时期、不同理念、不同模式的发展，但是学生作为高校的最核心主体这一点一直没有改变。① 从上章对专业学位研究生教育利益相关者的识别与分类也证明，学生是专业学位研究生培养模式改革的确定型利益相关者，理应享有利益诉求的基本权利。此外，作为教育服务产品消费者，专业学位研究生的身份就明确了他们与大学之间是一种"合同"关系，是一种主体地位平等的民事法律关系，学生理应具有教育事项的"选择权""知情权"与"请求权"等各种合法权利。由于专业学位研究生独自承担了较高的教育成本，在某种程度上已成为经济主体和利益主体，他们会主动地进行利益分析，其民主意识和维权意识都比较强烈。

学生在校期间依法享有的权利之一是，"对学校与学生权益相关事务享有知情权、参与权、表达权和监督权。"②虽然专业学位研究生在法律上具有利益诉求的权利，但法定的利益诉求权利并非事实上的利益诉求权利。在现实中专业学位研究生与大学教师以及学校行政管理者相比，他们还处于一种弱势地位，其正当的利益需求并没有充分实现。在涉及专业学位研究生切身利益的各项教育改革中，学生的参与度很低，缺乏应有的话语权和决策权，正当的利益需求难以实现，不仅容易使学生在心理上产生沮丧、压抑与痛苦，而且在行为上表现为抵制、排斥或抗争。在专业学位研究生教育改革中，学生的话语权、决策权往往被漠视或遮蔽，其具体表现在以下三个方面：

(1)学生缺乏收费标准的制定权。在国家有关政策中明确规定，"全日制研究生学费标准，由省级教育行政部门根据所在地高等学校申请提出意见，经同级价格、财政部门审核并报省级人民政府批

---

① 吴松强. 高校学生利益表达的内涵与限度[J]. 思想理论研究，2018(5).
② 普通高等学校学生管理规定[EB/OL].［2017-02-04］. http://www.moe.gov.cn/srcsite/A02/s5911/moe_621/201702/t20170216_296385.html.

准后执行"①。因此,"我国专业学位研究生教育学费标准的制定权力分配原则是省级行政部门为主,高校为辅,社会严重缺位"②。在学费标准的制定中,学生及其家长作为教育服务产品的直接购买者,却缺乏基本的参与权和话语权,这容易导致专业学位研究生教育收费政策的透明度不高,社会认同度低下。

(2)学生缺乏学习内容的选择权。某类专业学位研究生教育的人才培养方案制定与修改通常是由国务院学位办领导下的教育指导委员会负责。教育指导委员会一般由来自高校、行业和行业组织的专家领导构成。由此可见,学生被排斥在教育指导委员会之外,培养方案的制定与修改难以反映学生的愿望与要求。在实践中,课程怎么设置,选修哪些课程,选择什么教材,课程由谁来主讲,教学计划如何安排等方面有关的学习内容通常是由学校主管领导与教师共同决策,学生没有实质性的遴选权力。

(3)学生缺乏教育质量的评价权。学生是专业学位教育的直接服务对象,他们对教育质量的优劣有更为切身的体会,尤其是在职专业学位研究生,他们来源于职场,本身具有较丰富的工作经验,他们能结合专业实践进行较客观的教育质量评价。因此,学生理应是专业学位教育质量评价的重要主体之一。然而,现行的专业学位研究生教育质量评价主体是由教育行政部门、相关行业主管部门和高校的专家领导构成,而作为教育服务的最直接感受者和购买者——学生却没有最基本的教育质量评价权力,其正当合理的教育利益诉求既无法有效表达,更无法充分实现。

---

① 国家发展改革委 财政部 教育部关于关于加强研究生教育学费标准管理及有关问题的通知[EB/OL].[2013-05-06]. http://old.moe.gov.cn/publicfiles/business/htmlfiles/moe/moe_1779/201305/152217.html.

② 丁瑞常.英国研究生教育学费定价的特点及对我国的启示[J].学位与研究生教育,2016(8).

### (四)在专业学位与行业任职资格衔接上的矛盾

专业学位与行业任职资格的衔接,不仅使专业学位教育更有方向性和目的性,能有效激发专业学位申请者学习的积极性和兴趣,而且有利于推动专业学位研究生培养模式的改革与发展。对问卷中的"你是否希望专业学位与执业(从业)资格、职业认证制度相衔接",92.3%以上的专业学位研究生希望两者"衔接",5.6%的人希望两者"不衔接",2.1%的人回答"无所谓"。为了深入考察专业学位与行业任职资格衔接情况,问卷中还有"如果你希望专业学位与执业(从业)资格、职业认证制度相衔接,那么其最主要的理由是什么(只选一项)"一题,有89.1%的人认为"在职称、职务晋升和社会竞争中有优势",接下来依次是"可提高专业学位的社会认可度"(5.2%),"有助于获得职业资格证书"(3.6%),"可提高学生学习的积极性"(2.1%)。然而,目前在我国,除建筑学专业学士学位和硕士学位与国家建筑师注册制度建立了比较成熟的衔接制度外,其余专业学位与职业任职资格之间存在严重的脱节现象。在"你认为专业学位在职称、职务晋升和社会竞争中有无优势"这个问题上,只有20.5%的专业学位研究生选择"优势很明显"或"优势较明显",高达79.5%的人认为"一般"或"没有优势",如表4-4所示。[1]专业学位与从业资格或职业晋升之间存在明显的脱节现象,这就使得花了大量精力和费用才获取专业学位的学员在任职资格方面毫无优势可言,无疑打击了学员学习的积极性,阻碍了专业学位设置政策的顺利实施。[2]

---

[1] 邓光平. 专业学位与行业任职资格衔接的研究[R]. 2010.
[2] 邓光平. 我国专业学位设置政策的主要问题与建议[J]. 学位与研究生教育, 2007(10).

表 4-4 专业学位在职称、职务晋升和社会竞争中有无优势 （单位：人）

| | 优势很明显 | | 优势较明显 | | 一般 | | 没有优势 | |
|---|---|---|---|---|---|---|---|---|
| | 人数 | 百分比 | 人数 | 百分比 | 人数 | 百分比 | 人数 | 百分比 |
| 学生 | 35 | 4.9 | 112 | 15.6 | 412 | 57.2 | 161 | 22.3 |

专业学位教育自身准确的定位以及人才培养质量的过关，是专业学位与职业资格证书实现衔接的核心所在。然而，在我国专业学位教育实践中，存在三种比较明显的倾向[1]：一是边缘化倾向，就是不把专业学位教育作为研究生教育的主体之一；二是培训化倾向，开大班、满堂灌，一流的教授不上课，纯粹搞成培训班的形式，疏于管理，教学秩序松散；三是营利化倾向，把专业学位教育作为创收手段。近 30 年来，我国专业学位教育在迅速扩大规模的同时，其质量没有得到培养单位和有关部门应有的重视。专业学位获得者在教育、工程、医学、工商管理等广大实践领域还未发挥出突出的管理能力、技能等优势；社会对专业学位的评价不高。这无不说明我们的培养质量不高，还不能以扎实的知识基础、突出的实践能力、较强的解决复杂问题的能力创造出显著的成效来博取雇主的信任，来获得社会的良好声誉。

专业学位教育要彰显其本质与特色，就需要在培养制度上采取符合自身特性的措施。比如，在课程设置上，须从专业学位教育坚持的职业性方向出发，紧密结合实践领域的教学实际，适当压缩马列和英语等公共课的课时比重，有针对性地开设一些专业性强、实践性鲜明的实践型课程，并增加观摩教学等内容。这样才能培养出既有一定理论水平又有突出实践能力的特色鲜明的专业学位硕士研究生。同时要加大实训基地的投资建设，改善物质设备条件，为学生提供良好的实习环境，以其过

---

[1] 吴启迪. 抓住机遇 深化改革 提高质量 积极促进专业学位教育较快发展[J]. 学位与研究生教育，2006(5).

硬的技术技能以捍卫职业资格证书的权威性和含金量。因此，在我国专业学位研究生培养制度改革与创新中，尤其应强调将职业性和研究性更有机地整合起来，实现研究以专业实践为中心，要求学生能对有关专业实践知识而非学术理论性知识作出重大的、原创性的贡献，以适应日益专业化和复杂的职业环境。①

## 第二节 专业学位研究生培养模式改革中利益冲突的双重功能

辩证地认识利益冲突，是分析我国专业学位研究生培养模式改革中利益冲突的理论前提。"利益冲突的影响具有双重性，或者说具有正负功能。利益冲突的正负功能并不是对等的，它受一定的社会利益结构、冲突的性质和程度的影响。"②与其他组织活动的冲突一样，专业学位研究生培养模式改革的利益冲突也具有正功能冲突和负功能冲突两种类型。利益冲突行为对于冲突双方来说都是为了实现自身利益最大化的手段，是符合个体或群体的理性需要。譬如，专业学位研究生培养模式改革中的利益冲突在一定程度上也有助于促进各培养资源的整合，推动人才培养模式改革的进程。但由于当前专业学位研究生教育利益结构存在较严重的失衡，且缺乏行之有效的制度规范，利益冲突的危害性将越来越大。

### 一、专业学位研究生培养模式改革中利益冲突的正功能

利益冲突的正功能，是指利益冲突对专业学位研究生教育持续健康发展所发挥的积极推动作用。利益冲突行为对于冲突双方来说都是为了

---

① 邓光平. 我国专业学位设置的政策分析[M]. 武汉：湖北人民出版社，2014：211-212.
② 孙百亮. 当代中国市民社会的利益冲突与均衡[D]. 西安：陕西师范大学博士学位论文，2010.

## 第二节 专业学位研究生培养模式改革中利益冲突的双重功能

实现自身利益最大化的手段，是符合个体或群体的理性需要。专业学位研究生培养模式改革中利益冲突的正功能主要体现在以下几个方面：

（一）利益冲突有利于推动教育理念的创新与发展

自从 20 世纪 90 年代初我国开始正式发展专业学位研究生教育，尤其是 2009 年以来，我国专业学位研究生教育进入了跨越式发展阶段。然而，我国专业学位研究生教育却面临着利益相关者之间利益冲突越发明显，表现为专业学位研究生教育结构与产业结构不协调，专业学位研究生服务供给与学生需求之间的矛盾，专业学位人才培养规格与行业需求标准之间的矛盾等。近年来，政府针对我国专业学位研究生教育利益结构失衡和利益冲突不断加剧的趋势，开始在对以往的教育发展观进行深刻的反思和对不协调发展的教育理念进行调整的基础之上，提出了专业学位与学术学位并重、合作育人、主动服务社会需求的科学发展观。

（1）专业学位与学术型学位并重的发展观念。20 世纪 80 年代中期，随着我国经济社会的发展，工矿企业对应用型高级专门人才需求的呼声日益高涨，但当时高校培养的学术型研究生无法满足企业对应用型人才的需求。在学位类型和人才培养模式单一与社会需求多样化之间的矛盾趋于激化的时候，我国开始把专业学位研究生教育作为学术型研究生教育的补充加以发展。虽在一定程度上缓解了社会对高层次应用型人才需求的矛盾，但未从根本上实现专业学位研究生教育与社会经济产业结构之间的协调发展。尤其是进入 21 世纪，随着我国产业结构持续调整升级，经济社会发展进入新常态之下，专业学位研究生教育供给与社会需求之间的矛盾日益凸显。为了更好地实现专业学位研究生教育与社会经济协调发展，2010 年国务院学位委员会颁发了《硕士、博士专业学位研究生教育发展总体方案》，它对我国硕士、博士专业学位教育未来十年的发展做出了战略性规划，并指出"到2020 年，实现我国研究生教育从以培养学术型人才为主转变为学术型人才和应用型人才培养并重"①。因此，可以说"专业学位与学术型学位并重"的发展观念是对以往片面重视学术型研究生教育发展理念的重大变革。

（2）合作育人的培养观念。在专业学位研究生人才培养过程中，高校长期在教育主管部门的管治状态之下缺乏行业与行业组织的全程参与，实践基地十分匮乏，更多依赖校内学术型导师独自开展人才培养活动。政府机构、企事业单位和行业组织是专业学位研究生的最终接纳者，它们对人才需求规模、结构和规格与人才培养活动息息相关，它们深刻影响人才培养活动的开端、中端和末端，尤其对人才专业知识、实践能力和职业素养的形成有重要的影响。缺乏行业与行业组织的参与，这势必影响专业学位研究生的实践能力的培养和职业素养的生成。在这种封闭、孤独式的人才培养模式之下，大学对企事业单位究竟需要什么样规格与标准的专业学位研究生根本不闻不问，对学生和家长等利益相关者的意见也根本不理不睬，致使高校根本无法培养出符合行业与行业组织真正需要的应用型人才。因此，大学破除单打独斗、闭门造车的传统观念，确立开放与合作育人的意识就成为专业学位研究生教育改革的必然选择。为了解决大学与企事业单位之间在人力资本供给与需求之间的冲突，在国家颁布的有关政策中指出，"中央和地方政府应通过制定有关政策，引导并鼓励行业、企业与社会团体、行业组织积极介入专业学位教育"②。专业学位研究生培养主体从"一元"走向"多元"，这不仅是思想上的解放，也是理论上的更新。因此，合作育人观念是对以往封闭育人观念的重大变革和调整。

（3）主动服务社会需求的发展观。随着美国赠地运动的兴起，"威斯康星思想"的产生，大学服务社会的理念的形成与全球范围的扩散，大学服务于社会已日益成为现代大学的一项重要职能。"如果大学拥有

---

① 硕士、博士专业学位研究生教育发展总体方案[EB/OL]. [2010-09-18]. http://www.cdgdc.edu.cn/xwyyjsjyxx/gjjl/zcwj/268313.shtml.

② 硕士、博士专业学位研究生教育发展总体方案[EB/OL]. [2010-09-18]. http://www.cdgdc.edu.cn/xwyyjsjyxx/gjjl/zcwj/268313.shtml.

大量的为社会服务的知识，但是缺乏把这些知识用于实践的决心和责任感，那么公众就会认为大学是无用的，失去了存在的根据，因此就不会再为大学提供经费了（沃尔夫，1969；阿诺史密斯，1970）。"①大学放弃自己的服务社会职能，就意味着失去了社会的支持。开展专业学位教育，培养面向实际领域，直接参与社会发展与经济建设的高层次应用型人才无疑就是大学服务社会的一种重要形式。② 长期以来，"我国专业学位研究生在管理体制和运行机制上依然保留着计划经济烙印。现行的专业学位研究生教育管理体制是由中央、地方和培养单位构成的三级管理体制，中央政府权力过于集中、地方政府统筹权较弱、培养单位办学自主权不高的问题依旧存在。"③比如专业设置和新增博士专业学位授权申请必须由国家高等教育行政主管部门组织实施，省级部门只能组织评审新增硕士专业学位的授权申请。地方政府和培养院校的自主权不够，就只能被动适应区域经济和社会需求的变化，却无法及时、灵活地调整人才培养结构、规模或规格。随着全日制专业学位研究生教育规模不断扩大，全日制专业学位研究生的就业压力也就不断增加，一些专业的研究生供不应求，而另一些专业的研究生供过于求，专业学位研究生结构性过剩矛盾比较突出。立足于区域社会经济发展需求，主动服务产业转型升级，这不仅是专业学位研究生教育发展的重要前提，也是专业学位研究生教育发展成败的关键性问题。政府提出要"不断扩大省级学位与研究生教育主管部门统筹区域内专业学位授权点的审核权限，增强专业学位教育为地方经济社会发展服务的能力"④。因此，主动服务社会需

---

① ［美］约翰·S.布鲁贝克.高等教育哲学［M］.杭州：浙江教育出版社，1998：22.
② 邓光平.我国专业学位设置的政策分析［D］.武汉：华中科技大学博士学位论文，2006.
③ 张淑林，崔育宝，裴旭，万明.我国专业学位研究生教育供给与需求的分析［J］.中国高等教育，2017(2).
④ 硕士、博士专业学位研究生教育发展总体方案［EB/OL］.［2010-09-18］.http://www.cdgdc.edu.cn/xwyyjsjyxx/gjjl/zcwj/268313.shtml.

求的专业学位研究生教育发展观是对被动适应经济社会发展观的根本性的调整和转变。

(二)利益冲突有利于推动教育制度创新与完善

"社会冲突犹如一种激发器,它不仅导致冲突各方和整个社会对原来的规范予以重新审视,而且会使旧制度规范不断地改进,新制度规范不断地创设,最终造就冲突各方都能接受并支配他们行为的新制度规范。"①近年来,专业学位研究生教育中利益相关者间的利益冲突愈演愈烈,对专业学位研究生教育的改革与发展造成了较大的冲击。为了更好地协调和规范专业学位研究生教育利益相关者之间的利益关系,我国政府和社会一直在积极努力地推进专业学位研究生教育制度的创新和完善。

(1)制定了专业学位研究生教育发展战略规划。2010年制定的《硕士、博士专业学位研究生教育发展总体方案》是我国专业学位研究生教育发展的第一个十年总体战略构想。在该发展总体方案中,对硕士、博士专业学位研究生教育发展的指导思想、原则、目标、制度建设、人才培养模式改革以及综合改革试点工作等方面进行了整体规划,这对于促进我国专业学位研究生教育的健康发展具有重要的战略意义。

(2)专业学位授权审核政策逐渐完善。针对1996年颁布的《专业学位设置审批暂行办法》在实践中暴露出的诸多问题,并结合新时期我国专业学位研究生教育发展的需要,于2010年正式发布《硕士、博士专业学位设置与授权审核办法》。《硕士、博士专业学位设置与授权审核办法》相对于《专业学位设置审批暂行办法》,主要作了如下修改与完善:①明确了专业学位设置的基本条件。设置的专业学位应具有明确的职业

---

① 龚会娟. 农民工与城市居民冲突的功能[J]. 湘潭师范学院学报(社会科学版), 2005(3).

指向，对应职业领域不仅有较精深的专业知识体系和成熟的职业技能与技术标准，而且还有旺盛的人才需求。②首次明确不以学术性学科授权作为设置专业学位授权点的必要条件。这意味着专业学位授权点将打破长期被学术实力雄厚的院校垄断的格局，一些地方院校和行业特色院校将获得专业学位授权点，从而有利于专业学位研究生教育规模的扩大和良性竞争机制的生成。③扩大了培养院校的办学自主权。学位授予单位可根据自身办学特色及人才培养的实际需要，自主调整硕士专业学位授权点。④扩大了"省级教育主管部门统筹区域内专业学位授权点的审核权限，增强了专业学位研究生教育为地方经济社会发展服务的能力"①。

(3) 构建与完善了专业学位研究生教育的相关配套制度。近30年来，特别是2009年以来，我国专业学位研究生教育的配套政策措施不断出台，制度环境获得了较大改善：①构建全日制专业学位硕士研究生就业服务政策。2010年颁布了《教育部办公厅关于构建全日制专业学位硕士研究生就业服务体系有关工作的通知》，要求相关部门切实将全日制专业学位研究生纳入普通高校毕业生就业总体工作之中，扩宽就业渠道，开展就业指导和服务工作，营造良好的就业环境等，这将有助于消解专业学位研究生的后顾之忧。②建立了全日制专业学位研究生的资助制度。2010年教育部办公厅下发了有关全日制专业学位研究生的资助政策，"将家庭经济困难全日制专业学位研究生的资助纳入全校资助工作范围"②，以保证家庭经济困难学生顺利完成学业③。③完善了专业学位研究生教育投入政策。2013年在《关于完善研究生教育投入机制的

---

① 张晓宁，杨晓江. 构建省级专业学位研究生教育质量保障体系的实践与思考——以江苏省为例[J]. 学位与研究生教育，2013(4).

② 黄宝印. 我国专业学位研究生教育发展的新时代[J]. 学位与研究生教育，2010(10).

③ 教育部办公厅关于切实做好普通高校全日制硕士专业学位研究生资助工作的通知[EB/OL]. [2010-03-17]. https：//yz.chsi.cn/kyzx/zcdh/201003/20100326/68274752.html.

意见》中，要求中央财政从2012年开始"对纳入全国研究生招生计划的中央高校全日制研究生安排生均综合定额拨款，从政策、经费上支持和保障专业学位研究生教育的发展"①。

## 二、专业学位研究生培养模式改革中利益冲突的负功能

利益冲突的负功能，是指利益冲突对专业学位研究生教育的健康发展产生的消极影响。当利益冲突程度超出专业学位研究生教育各利益相关者的心理承受能力时，它对专业学位研究生教育发展所产生的负面作用就可能更大。如果任由这种利益冲突繁衍、蔓延甚至泛滥，就可能对专业学位研究生培养模式改革成效乃至高校的整体发展战略和声誉造成一定程度的损害。在专业学位研究生培养模式改革中，利益冲突的负功能主要体现在以下几个方面：

（一）伤害各方心理，抑制参与的积极性

专业学位研究生教育利益相关者之间的利益冲突不仅会造成冲突双方心理上的不愉快，并进一步拉大双方情感上的距离和隔阂，而且会造成利益相关者对专业学位研究生教育的错误认知，从而抑制了利益相关者参与专业学位研究生培养模式改革的积极性和主动性。在专业学位研究生培养模式改革中，"利益上的冲突往往会导致人们的负面情绪……这些负面情绪容易使人产生心理退缩，而这种心理退缩症状又会严重地影响着人们对组织行为的参与"②。专业学位研究生深度合作培养模式改革的成效有赖于利益相关者的积极参与。专业学位研究生教育利益相关者若缺乏参与改革的积极性，长期游离于专业学位研究生培养模式改革活动之外，其利益需求无法表达，价值取向无法获得应有的尊重，合

---

① 黄宝印，唐继卫，郝彤亮. 我国专业学位研究生教育的发展历程[J]. 中国高等教育，2017(1).
② 孙翠香. 学校变革中的"利益冲突"：表现、成因及其化解[J]. 教育发展研究，2012(4).

法利益也就无法得到有效保障和根本实现,因此,专业学位研究生人才培养模式改革的初衷不仅难以实现,还会引发其他更为严重的消极影响。

1. 地方政府对人才培养模式改革存在部分缺位现象

作为一项培养人的社会活动,专业学位研究生教育的经济效益和社会效益往往具有相对隐性,必须经过相当长时间的积累、沉淀,才可凸显其价值。然而,政府尤其是地方政府更热衷追求那些看得见、摸得着的显性政绩。由此可见,发展专业学位研究生教育和追逐显性政绩之间存在着事实上的利益冲突和矛盾。

在专业学位研究生培养模式的改革中,政府的引导、推动和积极参与是培养院校开展深度合作育人模式的必要条件,也是政府的职责所在。从2010年起政府先后发布了《教育部关于开展研究生专业学位教育综合改革试点工作的通知》和《教育部 人力资源社会保障部关于深入推进专业学位研究生培养模式改革的意见》等一系列推动专业学位研究生培养模式改革的政策,旨在推动专业学位研究生培养模式要从培养目标、招生制度、培养方案、课程教学、实践基地建设等12个方面进行改革。由此可见,当前的专业学位研究生培养模式改革是在中央政府的积极推动下进行的一场自上而下的改革。"中央政府决策,地方政府出钱"的财政管制对地方政府而言无疑是一种较大的财政支出压力,尤其当地方财力严重不足的情况下教育经费无法到位的情况也就屡见不鲜。作为政策的执行者,地方政府需要承担这场改革的政策、资金等方面的保障责任。然而,由于当前的专业学位研究生教育与地方产业结构不匹配,服务区域经济社会的成效十分不显著,加之地方政府在现行的专业学位研究生教育管理体制下统筹权又较弱,因此,在自身利益需求无法实现的情况下,地方政府对参与专业学位研究生培养模式改革的积极性往往不高。比如目前从已公开发布的政策统计发现,只有广东、江苏、浙江、上海等少数经济发达地区出台了财政投入、税收减免等实质性的支持专业学位研究生培养模式改革的政策措施,大部分省份要么未出台相关支持政策要么仅有空乏的政策条文。

2. 行业或企业参与人才培养模式改革的动力不强

为了调动企业或行业参与专业学位研究生教育人才培养工作的积极性,近年来国家出台了相关导向性政策,然而在实施中面临"学校积极,企业冷淡"的尴尬局面,究其原因在于企业与大学在利益需求上的矛盾未能获得很好解决,企业的合法正当利益需求无法实现,从而打击了企业参与专业学位研究生培养活动的积极性与主动性。

(1)企业的参与意愿不强。当前,我国既缺乏对企业参加专业学位研究生教育联合培养工作的硬性的法律规定,更没有对企业参与专业学位研究生教育联合培养工作给予明确的政策激励,若没有实质的利益获取,仅凭高校的主动和企业的社会责任感还难以调动企业的积极性和主动性。政府"制定了游戏规则,企业不仅要安排学生的吃喝住用,而且学生如果有了工伤、出现意外,企业都有责任"①。目前,政府制定的激励措施大多是空洞条文,在市场经济之下,仅凭道德责任无法充分调动企业参与人才培养活动的积极性。

(2)企业参与校企合作的范围较窄、深度不够。目前,大多数专业学位研究生的培养院校与行业或企业之间不仅缺乏合作的组织机构、固定的交流场所与互动合作平台,也缺乏共同的愿景、互惠多赢的利益驱动机制、合作章程和经费保障。高校与企业或行业机构的合作人员之间不仅接触不多、了解更少,而且权责不清、参与的动力不强。这就导致培养院校与行业或企业之间难以开展多层面的实质性沟通交流,更无法充分表达和实现企业或行业机构的正当利益诉求,长此以往,势必挫伤企业或行业机构投身人才培养模式改革的积极性。

当前,全方位、多层次的深度协作育人尚未形成。一方面,大学与企业的合作层次浅、形式较单一。多数大学与企业合作的主要形式是共

---

① 杜艳秋,李莞荷,王顶明. 全日制专业学位研究生实践教学存在的问题与对策——基于专家访谈结果的实证分析[J]. 研究生教育研究,2017(2).

建实践基地,解决学生的实训问题,而订单式人才培养、联合技术攻关等合作形式较少。有些即便成了专业学位研究生教育的实践基地,也是签个合作协议,难以为学生提供有价值的实训机会,仅是参观或走访,流于形式,以应付检查或对外宣传的需要而已。

3. 学生参与人才培养模式改革的热情不高

专业学位研究生的利益需求通常需通过利益表达、利益回应、利益处理等步骤来实现利益诉求。如果学生仅有利益需求,但缺乏表达的渠道,将难以转化成现实的权益。当学生的合法权利得不到尊重和保障,合理利益需求不能充分表达和实现时,就会容易产生强烈的挫折感和不公正感,影响学生参与教育改革的积极性,从而进入不参与教育改革更无法实现利益需求的恶性循环,这将进一步加剧学生与大学之间的利益冲突与矛盾。

在现行的专业学位研究生教育管理体制下,专业学位研究生往往被视为受教育者和被管理者,大学容易忽视其主体地位,使得学生对专业学位研究生教育事务往往仅有绝对服从的义务却没有充分参与的话语权,这就大大降低了学生参与专业学位研究生培养模式改革的积极性和效能感。正如有学者指出,"我国学生权力参与却呈现出一种负向激励的状态,学校奖励的是听话甚至是经常向老师汇报其他同学情况的学生,对主动出面争取学生权益的学生则多采取压制的态度"①。专业学位研究生虽是专业学位研究生教育的核心利益相关者,但与大学的行政管理者、教师相比,无论是专业资历、角色地位还是社会声誉等方面均处于劣势地位。在专业学位研究生模式改革的决策之中,学生权利容易被忽视,学生也就沦为可有可无的"旁听者"或是用来装饰门面的摆设,根本无法与其他权力主体展开平等对话。当前高校、政府和社会看似都非常重视专业学位研究生培养工作,但实际运行之中并没有真正把学生发展和利益需求当一回事。有研究者调查发现,如表4-5所示,"学生

---

① 郭俊. 学生参与大学治理的权力研究[D]. 武汉:华中科技大学,2016.

认为所在学校对学生意见不重视的比例超过了一半,为55%,而学生认为所在的学校重视学生意见的只占了15%"①。"当学生觉得自己的'声音'对教学改革和其他主体完全没有产生影响时,学生就可能选择以一种突然激烈爆发的方式来对抗其他权力主体,出现群体性事件。"②总之,由于专业学位研究生教育其他利益相关者对学生利益的严重挤压,致使学生的真实意愿被忽视,正当利益诉求难以实现,容易导致学生对参与教育改革的积极性不高,对大学的不满情绪增加。

表4-5 你觉得你所在的学校对学生的意见重视吗③

| 选项 | 份数 | 比例(%) |
| --- | --- | --- |
| 重视 | 18 | 15 |
| 一般 | 36 | 30 |
| 不重视 | 66 | 55 |

(二)消耗社会资本,增加改革成本

专业学位研究生培养模式改革成本,是指专业学位研究生培养模式改革者为实现一定的改革目标而耗费的物质财富和社会资本。社会资本,是一种无形的资源或财富。专业学位研究生教育的社会资本,是在专业学位研究生教育活动之中人与人、人与组织以及组织与组织之间在长期交往过程所形成的一套有利于他们合作的非正式价值规范或准则。专业学位研究生教育属于一种准公共产品,其变革必然要考虑成本和效

---

① 张天兴. 大学治理中的学生参与问题研究[J]. 华北电力大学学报(社会科学版),2016(1).
② 郭俊. 学生参与大学治理的权力研究[D]. 武汉:华中科技大学,2016.
③ 张天兴. 大学治理中的学生参与问题研究[J]. 华北电力大学学报(社会科学报),2016(1).

用问题。专业学位研究生培养模式改革中因利益冲突的加剧，不仅消耗了有形的物质财富还消耗了无形无价的社会资本，这必然增加改革的"实施成本"和"摩擦成本"①。

1. 专业学位研究生培养模式改革中的利益冲突增加了实施成本

专业学位研究生培养模式改革的实施成本，是指在专业学位研究生培养模式改革的整个过程中因信息不完全和改革预期不稳定所带来的经济效率损失，以及完成培养模式改革所必需的设计、创新、磨合过程所消耗的资源。"这里的改革实施成本实际上主要包括认识成本和设计成本。"②专业学位研究生培养模式改革中因存在的利益冲突往往会造成利益相关者对培养模式改革问题的认识偏差和内在价值冲突。当培养模式改革措施公示之后，利益相关者会花费一定的时间、精力和财力考量该项改革对于自身的价值，若不符合自身利益需求，通常会不予理睬或消极执行，这就会增加各还方进行利益协商和形成相对一致性意见的难度。为此，改革的决策者就必须进行大量的措施解读和说服工作，这既延缓了改革措施实施的时间，也付出了昂贵的代价，无疑会提升改革措施实施的成本。为了尽快取得利益相关者的信任，改革决策者通常采取先试点或培育典型的方式，让利益相关者认识到改革措施实施的成效。这种方式固然有效，但额外付出的代价和给予被试者的"好处"也就进一步拉高了改革成本。此外，专业学位研究生培养模式改革中存在的利益冲突会导致利益相关者之间的不信任增加，对对方的满意度降低，使

---

① 注：经济学家樊纲，从成本发生原因及特点的角度将改革成本区分为"实施成本"和"摩擦成本"。实施成本是指制度变迁过程开始之后一切由"信息不完全""知识不完全"和"制度预期不稳定"所造成的经济效率损失，是完成旧体制下各种经济组织的结构、功能以及规范组织间关系的各种正式和非正式制度、规则、习惯等向新制度过渡所必需的设计、创新、磨合过程所造成的经济损失，即实施新制度的交易成本。摩擦成本，被理解为由于制度变迁的非帕累托性质造成的利益（经济利益和非经济利益）重新分配而带来的社会上某些利益集团的抵触和反对所引起的经济损失，是非经济领域的混乱、摩擦、动荡影响到生产过程所引起的损失。参见樊纲. 两种改革成本与两种改革方式[J]. 经济研究，1993(1).

② 钟有为. 我国大学教学改革的利益冲突审视[J]. 江苏高教，2014(1).

双方行动的不确定因素增加,这就需对培养模式方案和措施进行再设计或修正,从而又会增加改革的实施成本。

2. 专业学位研究生培养模式改革中的利益冲突增加了摩擦成本

所谓摩擦成本,"又被称作'政治成本',有时又把它同改革'阻力'的概念联在一起,主要源自改革的利益再分配,同反对改革的言论和行为相联系"①。在专业学位研究生培养模式改革中,任何利益关系的调整都会引发利益分配格局的新变化,这就可能使一部分既得利益者的利益受到一定程度的伤害,导致他们对人才培养模式改革产生抵触心理和行为,从而形成专业学位研究生培养模式改革的摩擦成本。

专业学位研究生培养模式改革的"摩擦成本的大小取决于反对者的多少和反对强度"②。如果反对人才培养模式改革的力量超过支持人才培养模式改革的力量,也就意味着专业学位研究生培养模式改革的摩擦成本远超预期收益时,专业学位研究生培养模式改革将不得不终止或重新进行制度设计。对于专业学位研究生培养模式改革而言,摩擦成本既可发生在高校内部,表现为教师和行政管理者存在的焦虑和抱怨导致教育收益或效率损失;也可发生在社会外部,表现为其他利益相关者因利益损失而产生的抱怨、不满或冲突。

在专业学位研究生培养模式改革多元利益博弈与冲突过程中,由于强势利益相关者与弱势利益相关者的力量存在严重不对称,正式的互利互赢、公平合作制度和规范迟迟未能创建,而且已有的一些体现公平合作的制度和规范却得不到严格的遵守,致使实践中的部分正式合作制度效率低下,甚至形同虚设或完全无效率。因此,强势利益相关者与弱势利益相关者之间存在的不对称利益冲突,"既消耗了'制度'社会资本,也消耗了'规范'社会资本"③,这不仅增加了培养模式改革的难度,也

---

① 宁彦锋. 课程改革成本分析[J]. 教育发展研究,2008(22).
② 宁彦锋. 课程改革成本分析[J]. 教育发展研究,2008(22).
③ 孙百亮. 当代中国市民社会的利益冲突与均衡[D]. 西安:陕西师范大学博士学位论文,2010.

增加了改革的摩擦成本。尤其是当专业学位研究生培养模式改革进入"非帕累托变革"阶段而更多具有"零和博弈"的性质时,随着所获利益的差距扩大,利益受损者的心理便会发生变化,其"相对剥夺感"(relative deprivation)会日益凸显,进而会增强对人才培养模式改革的抵触或反对而形成摩擦成本。①

(三)引发专业学位合法性危机

何谓合法性危机?这里的"'合法性'当然不是合乎法律的。有的学者把合法性作'合理性'或'正当性'理解,这完全正确。"②哈贝马斯认为合法性危机"是由一系列社会事实发生变化所造成的,主要是指某一事物(或系统)无法把公众忠诚程度维持在必要水平上"③。根据哈贝马斯的观点,专业学位研究生培养模式改革是否取得所有利益相关者的广泛认同感,将是评价其人才培养模式改革是否存在合法性危机的重要指标之一。专业学位合法性危机主要来自专业学位研究生教育的改革决策者未能有效保护利益相关者的正当利益,致使其利益受损,或者是利益相关者的利益需求未获得实现,从而产生认同、信任等合法性危机。就我国专业学位现状而言,社会对其认同感不高,这主要表现在利益相关者普遍对专业学位的含金量、影响力和特色等缺乏认同。

1. 对专业学位含金量的质疑

我国专业学位研究生培养模式长期存在套用学术型人才培养模式的先天缺陷,致使专业学位演变为缩水版的学术型学位,使其在学术

---

① 钟有为. 冲突与调谐:大学教学改革的基本问题探论——改进大学教学改革的理论构想[D]. 武汉:华中科技大学博士学位, 2009.
② 彭永捷. 关于中国哲学史学科合法性危机问题的再思考[J]. 学术月刊, 2018(2).
③ 张伟. 美国大学教师参与共同治理合法性危机探析[J]. 清华大学教育研究, 2017(2).

上难以达到学术型或研究型学位的水准,实践应用能力又不突出,自然难以彰显专业学位的优势和特色,因而专业学位难以获得社会广泛认同,不可避免地沦落为社会人士和利益相关者所称的"二流学位""第二学术硕士""山寨学位""山寨研究生"或"次等学位"等,如案例4-1所示。其实,专业学位不仅在中国而且在国外也曾同样面临社会质疑和认同的问题。如在澳大利亚,有人将第一代专业博士学位称为"二流学位"①,还有学者形象地将专业博士学位与PhD的地位比喻成"伴娘(bridesmaid)"与"新娘(bride)"②的关系;在美国,"许多院校的教育博士项目被看作是教育哲学博士的'缩水版'(watered down version),教育博士被指责为既不是'鱼类'也不是'禽类',简直是'四不像'"③。在英国,从英国研究生教育协会(UKCGE)对英国大学教师的一项调查显示,没有哲学博士的大学教师中有近30%的人,拥有哲学博士的大学教师中有近50%的人都认为专业博士的社会地位不如哲学博士。④ 因此,专业学位研究生培养机构如果长期忽视学生和行业等利益相关者的利益需求,一味地模仿学术型人才培养模式,或将专业学位研究生教育作为赚钱机器,盲目降低质量标准、低廉地兜售学位证书,专业学位既成不了一种具有真正价值和意义的学位,也难以获得社会广泛认可,还不可避免地面临生存的合法性危机。

---

① Maxwell T. W. The Professional Doctorate: Defining the Portfolio as a Legitimate Alternative to the Dissertation[EB/OL]. [2019-01-07]. http://www.une.edu.au/ehps/resources/pdfs/ tmaxwell/maxwellKrDraft.pdf.

② Margaret Malloch. Professional Doctorates: An Australian Perspective[J]. Work Based Learning e-Journal,2010(1).

③ 褚艾晶."教育博士"培养的合法性危机——基于美国现实面临的问题与挑战[J]. 复旦教育论坛,2008(3).

④ UK Council for Graduate Education (UKCGE). Professional Doctorate[M]. Dudley: UKCGE. 2002: 43.

[案例 4-1]

### 专业硕士如何摆脱"山寨"之名①

**长江大学 2009 级农业推广专业学位硕士生武凯：** 当初是考研失利，服从调剂选择专业学位的。调剂的时候纠结了很久，周围亲戚、朋友一直在质疑，劝我慎重考虑。尤其是当我向一位硕士毕业的姐姐请教时，她想了一会儿跟我说，"嗯，跟在职硕士也还是有点不一样，你们这个叫作'山寨'硕士吧。"虽然知道是个玩笑，但心里真的不好受，这跟普通的硕士到底有什么区别呢？将来找工作时，用人单位会承认我的学位吗？

武凯的担心、顾忌和犹豫，代表了学生、家长、社会公众长期以来对专业学位研究生的普遍认知。目前，一些教育界人士对专业学位研究生也持质疑和担忧的心态。华东师范大学高等教育研究所副教授韩映雄指出，专业学位的招考时间长期游离于全日制的学术学位硕士研究生全国入学统一考试体系之外，这使其产生"假冒"之嫌，因为一般民众只知道每年 1 月前后举行的入学考试是正规的硕士研究生入学考试，而大部分的专业学位研究生是在每年 10 月份参加入学考试。而且专业学位攻读者在培养机构内并不能得到与全日制学术学位硕士研究生同等的待遇。制度上的设计和人们的传统观念使得专业学位的学生产生了很深的"身份认同尴尬"。

华中科技大学教育科学研究院副院长别敦荣教授曾指出，尽管《专业学位设置审批暂行办法》确认了专业学位与学术型学位没有高下之分，但"两股道"区别对待的政策设计，导致专业学位的实际地位不高、社会认同度低，进而使得人们对专业学位研究生教育质量的标准产生疑惑。

---

① 赵婀娜. 专业硕士摆脱"山寨之名"，2015 年擎起半壁[EB/OL]. [2019-07-01]. http://www.jyb.cn/high/gdjyxw/201102/t20110218_414475.html.

2. 对专业学位影响力的质疑

相对于学术型学位的悠久发展历史而言，我国专业学位设置的时间还十分短暂，目前还不足 30 年。专业学位作为新生事物，其社会认可度不高，影响力还非常有限。目前，社会对专业学位的认识上还存在较大的模糊和偏差，诸如专业学位是什么，与学术型学位的区别在哪里，究竟有什么特色和优势等，对这些最基本的常识的了解都还非常有限。在专业学位研究生教育实践中，一方面，绝大多数培养院校尚未打造出有广泛社会影响力的专业学位的品牌；另一方面，专业学位研究生教育对区域经济发展和产业结构升级的贡献度还不十分突出，社会影响力十分有限。正如有学者研究指出，目前我国专业学位研究生教育的"规模结构与经济产业之间、培养模式与社会需求之间、体制机制与市场体系之间还存在着供需不匹配的问题，制约了专业学位研究生教育重要使命的实现"①。

专业学位研究生教育的社会影响力有限，不仅表现在教育品牌的影响力和社会贡献度上，还表现在招生与就业上。在招生上，全日制专业学位硕士研究生教育的招生情况十分不容乐观，绝大多数报考专业学位研究生的学生并非出于自身兴趣和爱好，相当多的考生是因报考学术型硕士在复试环节被淘汰后被调剂到专业硕士的，有的考生则是因感到自身竞争力不足，勉强报考了专业硕士。如案例 4-2 所示，目前政府和各培养院校尽管采取了一系列优惠政策，但专业仍然不受人待见。在就业上，专业学位研究生还未获得用人单位的充分认可，无论是在招聘还是职务晋升等方面专业学位研究生都没有任何优势可言。在课题组的调研中还发现，一些用人单甚至对专业学位研究生存在歧视现象，比如在升职或者评级的过程中因为专业学位而受到诸多限制。

---

① 张淑林，崔育宝，裴旭，万明. 我国专业学位研究生教育供给与需求的分析[J]. 中国高等教育，2017(2).

[案例 4-2]

## 专业型硕士为何"不受待见"?①

一、"专硕"招生指标增加了、优惠大了,但大部分学生仍不买账

记者从各所高校了解到,2013年,大部分高校研究生招生计划都有所增加,如上海理工大学今年招生1600人,明年计划招生1800人,华中农业大学今年招生2000人,明年增加到2200人,南京理工大学也会增加200个招生名额。不少高校增加的名额主要放在专业型硕士上。武汉大学的宋老师告诉记者,武大专业硕士招收人数几乎每年都在以5%的比率增长,去年已经达到了45%。山东师范大学的李老师则告诉记者,他们明年增加了100多个专业硕士的招生名额,而且因为他们是师范类院校,专业硕士和学术硕士一样享受公费就读。

一位不愿透露姓名的老师告诉记者,这些年国家的政策趋势是要将学术硕士以及专业硕士的比例逐渐变成1∶1。而且,为了鼓励大学生报考专业硕士,一些学校也调整了自己的政策,除了之前提过的山东师范是所有专业公费就读,南师大部分专业以及南京工业大学所有专业也实行公费就读政策。"我本科读的是广告学,不过研究生想考新闻传播类的。"小魏是南京邮电大学的学生,他告诉记者,在来咨询会之前自己都没考虑过要报考专业硕士,因为在他的印象中专业硕士"既贵又山寨"。

和小魏想法一致的考生为数不少。扬子晚报记者在咨询会现场调查了20名前来咨询的同学,大多数同学都表示,考研还是冲着学术型研究生去的,因为不论是以后继续读博还是就业,都能获得

---

① 专业型硕士为何"不受待见"?[EB/OL].[2019-07-01]. https://yz.chsi.com.cn/kyzx/zyss/201209/20120924/345009172.html.

认可。

二、"专硕"招生分数相对较低，显得"低人一等"

虽然专业硕士的计划逐年增加，江汉大学的邱老师告诉记者，就目前而言专业硕士在应届生心目中的确有点"不受待见"。他向记者介绍，最开始的时候，专业型硕士是为有工作经验的人设置的。从2009年开始大学生也能报考了，不过相对于传统的学术型硕士，专业硕士却显得"低人一等"。因为报考学术硕士的人，分不够了可以调剂到专业硕士，而先报考专业硕士，则不能再调剂到学术硕士，并且这个情况保持到了现在。

记者了解到，虽然现在专业硕士得到了越来越多的学生以及学校的认可，一些用人单位却不太认同专业型硕士。而且有些专业硕士的招生条件有门槛，要求报考者有工作经验，并且大部分学校专业型硕士的就读费用还是比较高的。因此，考虑到以后的就业、费用等问题，报考专业硕士的学生虽然年年有增加，不过还是学术型硕士占上风。

### 3. 对专业学位特色的质疑

人才培养特色是专业学位研究生教育的生命力和市场竞争力，也是获得社会认可和提升影响力的关键。相对于学术型研究生教育，专业学位研究生教育的特色主要体现在：①在教育思想上，强调以职业需求为导向，以实践应用能力培养为重点；②在教育规格上，强调人才的培养标准与特定行业的用人标准保持一致；③在教育内容上，密切联系行业实际，突出解决实际问题能力的培养；④在教育方法上，以现场教学、模拟训练等培养学生实践能力的教学方法为主；⑤在学位论文选题上，要求来源于行业实践领域，并具有较强应用价值的课题；⑥在质量评价标准上，突出实际应用价值和解决问题的能力。然而，在专业学位研究生教育实践中，出现"自我意识和特色缺失，成为学术学位研究生教育的衍生品、次生品……忽视了自身的特色和优势"①。专业学位研究生教育若盲目与学术型研究生教育保持趋同，忽视先天具有的职业性和应用性强的特色，不仅难以形成比较优势和核心竞争力，而且社会影响力低下，长此以往，甚至会出现生存的合法性危机，面临被市场淘汰的高度风险。

（四）消解了利益主体之间的合作基础

利益冲突"将在其他互动过程中产生的攻击性能量聚集起来，并在冲突的过程中释放出来，这是完全可能的"②。随着专业学位教育利益群体间矛盾与冲突的对抗性不断激化，利益相关者之间的合作将面临越来越严重的挑战与冲击。

1. 利益冲突破坏了利益相关者之间合作的感情基础

专业学位研究生教育利益主体间的同情、信任和包容是不同利益主体间团结合作的重要基础。然而，专业学位研究生教育利益主体间的利益冲突则会使双方拉大情感距离，相互猜疑、互存戒备、互不信任，从而破坏利益相关者之间友好与合作的感情基础。合作伙伴之间的信任是专业学位研究生教育社会网络关系的基础。当专业学位研究生教育的一方利益主体对另一方利益主体作出不信任行为时，另一方也会作出降低对方信任的行为。如果专业学位研究生教育利益主体之间的信任消失，他们之间的合作关系就容易破裂，合作风险随之增加。在专业学位研究生培养模式改革中利益主体之间的不信任具体表现为：培养院校积极主动，行业则不理不睬；中央政府高调推动，地方政府则淡然处之；大学积极探索，社会则冷眼观之。因此，专业学位研究生培养模式改革中利益主体之间的不信任，必然增加合作伙伴关系构建的难度。

---

① 包水梅，顾怀强. 专业学位研究生教育——跨越式发展背后的尴尬及其化解[J]. 中国高教研究，2011(9).

② Lewis. A. Coser: The Function of Social Conflict[M]. London: Free Press, 1956: 57.

## 2. 利益冲突侵害了利益相关者之间合作的利益基础

"任何一种合作的内在动力都来源于共同的利益。"①专业学位研究生教育利益相关者之间的协同育人模式构建也概莫能外。由于自我利益需求的无限性和教育资源的有限性,专业学位研究生培养模式改革中的各利益主体都力图把有限的教育资源用来满足自身的利益需求,这就必然伤害其他利益主体的利益,从而引发利益主体间的对抗性矛盾,甚至导致强势利益主体进一步扩展自身的权力边界,改变教育资源分配原则,以更有利于自身利益需求的实现。各利益主体为了确保自身的利益,在专业学位研究生培养模式改革的目标确立、内容选择和评价标准制定等方面的价值体系上会寻求施加自身的更大影响力,使之更有利于自身利益需要的达成。在教育资源的争夺过程中,势必导致各利益主体在心理上的相互排斥,从而使各方利益主体在教育实践中互不配合,这无疑会增加专业学位研究生培养模式改革进程的阻力。尤其对于改革中那些受益较少或无利可图的利益主体而言,其内心深处更容易产生愤愤不平的失落感,进而影响其与利益主体进行合作的可能性。

## 第三节 专业学位研究生培养模式改革中利益冲突的根源

只有深入探寻利益冲突的真实根源,才能更好地把握利益冲突的实质,从而为科学制定利益冲突治理策略提供重要理论依据。当前学界对利益冲突根源的探析主要遵循两条基本路径:"一条是主体论的思路,即从利益主体本身去寻找利益冲突的根源;另一条是对象论的思路,即从利益对象的角度来探寻利益冲突的根源。"②专业学位研究生培养模式改

---

① 刘文清. 构建利益驱动的校企合作运行机制研究[J]. 教育与职业,2012(5).
② 刘晓. 利益相关者参与下的高等职业教育办学模式改革研究[D]. 上海:华东师范大学博士学位论文,2012.

革中各利益主体间发生的利益冲突,显然也具有主客观两方面的因素:从客观因素上看,主要是利益主体间的关系特点和利益制衡机制的缺失所致;从主观因素上看,主要是各利益主体间的利益表达和权力博弈的失衡所致。分析专业学位培养模式改革利益冲突的主客观因素,有助于我们更好地探寻调适专业学位研究生培养模式改革利益关系的有效路径。

### 一、利益相关者价值取向的不同和利益需求的差异性

在专业学位研究生培养模式改革之中,利益相关者虽在根本利益上具有一致性,但在具体问题上存在价值取向上的较大差异性。由于专业学位研究生教育的利益相关者分属于不同的组织,在人才培养模式改革上往往存在公益性与营利性、长远性与短期性、整体性与局部性等方面的利益需求差异。"利益需求差异产生不同的行为动机,行为动机的不同就会导致冲突行为的产生。"①在各种利益需求差异之中,尤其是经济利益需求的差异大小往往决定利益主体之间冲突的激烈程度。在专业学位研究生培养模式改革中,如表4-6所示,专业学位研究生培养院校是以"立德树人"为行动目标,其利益需求具有公益性、长远性和局部性;企业以"盈利"为行动目标,其利益需求具有鲜明的营利性、短期性和局部性;政府以维护公共权益为行动目标,其利益需求具有公益性、长远性和整体性;行业组织以维护行业整体权益为行动目标,其利益需求具有公益性、长远性和局部性;学生及其家长以个体权益为行动目标,其利益需求具有功利性、长远性和局部性。由此可见,专业学位研究生教育利益主体在利益诉求上的差异性,容易导致利益主体在动机和行为上的冲突和对抗。比如,企业对于合作培养专业学位研究生往往热情不高、动力不强,根源就在于培养院校和企业双方存在较大的利益需求差异。企业的利益需求主要是技术资本、人力资本和社会资本,但是专业

---

① 贾勇宏. 农村学校布局调整过程中的利益冲突与协调[J]. 教育发展研究,2008(7).

学位研究生教育不仅难以实现企业预期的利益回报，而且难以达成企业投资性利益预期。当企业的利益需求无法实现，产生抵触情绪或不愿意配合培养院校协同培养专业学位研究生时，培养院校则认为企业"唯利是图"，从而导致双方的利益需求冲突逐渐升级。

表 4-6 专业学位利益相关者的行动目标和利益需求特性差异

| 利益主体 | 行动目标 | 利益需求特性 |
| --- | --- | --- |
| 培养院校 | 立德树人 | 公益性、长远性和局部性 |
| 企业 | 盈利 | 营利性、短期性和局部性 |
| 政府 | 公共权益 | 公益性、长远性和整体性 |
| 教指委 | 行业权益 | 公益性、长远性和局部性 |
| 行业组织 | 行业权益 | 公益性、长远性和局部性 |
| 学生及其家长 | 个体权益 | 功利性、长远性和局部性 |

## 二、利益相关者之间的权力博弈失衡

主要利益主体间的权力博弈失衡是造成专业学位研究生培养模式改革中利益冲突的一个重要因素。由于权力分配的不均衡，权力强大的利益主体可以凭借手中掌握的信息、资源等优势，通过制定更有利于自身的博弈规则，使其在博弈过程中居于主导地位，从而导致博弈结果是尽量挤占其他群体的利益，以更大程度地满足自身利益需求；而权力弱小的利益主体通常不掌握决定性的资源，其话语权十分有限，在博弈过程中往往处于被支配的地位，从而导致博弈结果是自身利益被挤占，难以满足自身最基本的利益需求。正如有学者指出，"权力是一种实现利益目标的重要资源，权力博弈的根本动机是利益的驱使"①。因此，权力

---

① 饶燕婷. 利益相关者视野中高等教育质量保障多元主体探析[J]. 大学·研究与评价, 2009(7/8).

的大小通常决定权力博弈的过程和最终的结果,权力博弈的失衡势必导致不同利益主体间的利益需求满足程度的差异,进而增加利益主体间的利益矛盾。

(一)作为博弈主体的利益相关者

在权力的博弈之中,利益相关者持有的权力大小往往决定其在制度形成的地位差异和利益满足程度的不同。

(1)利益相关者的构成。笔者所在的课题组运用"'利益-权力'二维象限分析方法"①,如图4-3所示,对专业学位研究生教育利益相关者进行分类。②

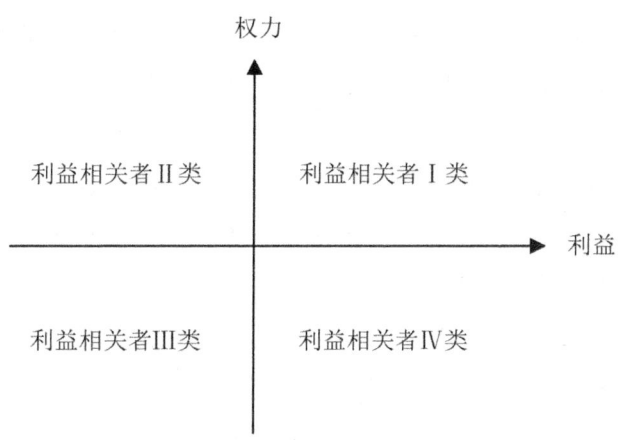

图4-3 基于"利益-权力"的利益相关者二维四象限分析

---

① 姚树伟.职业教育发展动力机制研究[D].长春:东北师范大学博士学位论文,2015.

② 注:①居于第一象限的Ⅰ类利益相关者:利益水平和权力水平都较高;②居于第二象限的Ⅱ类利益相关者:利益水平较低,但权力水平较高;③居于第三象限的Ⅲ类利益相关者:利益水平和权力水平都较低;④居于第四象限的Ⅳ类利益相关者:利益水平较高,但权力水平较低。

(2)处于"优势选择"或"劣势选择"地位的利益相关者。专业学位研究生培养模式改革过程伴随着不断的利益冲突,并直接受利益相关者之间相对力量及冲突的影响。由于教育资源的有限性,权力水平较高的利益相关者因为占有充裕的教育资源,而在制度的博弈过程中占据了"优势选择"地位,如,居于第一象限的Ⅰ类利益相关者与第二象限的Ⅱ类利益相关者;而权力水平低的利益相关者由于不掌握决定性教育资源,在制度的博弈过程中往往处于"劣势选择"的不利地位,如居于第三象限的Ⅲ类利益相关者与第四象限的Ⅳ类利益相关者。①

(二)主要利益相关者的权力博弈分析

"教育制度的创新与变迁……实际上是教育利益分配的制度化。教育改革就是要改变人们之间在教育资源上的利益分配格局和关系。"②当代教育改革其实就是由利益相关者权力相互博弈驱动的。专业学位研究生培养模式改革过程中所有利益相关者都可能成为权力博弈主体,但不同利益相关者由于拥有教育资源和权力大小的不同,实际影响力存在较大的差异。以下将利用前面的象限理论,从专业学位研究生教育利益相关者的主体地位角度进行分析。

(1)政府在权力博弈中的优势选择地位。在我国现行的专业学位研究生教育管理体制之下,政府扮演多种关键性角色,能对专业学位研究生培养模式改革过程和成效施加重要影响,因而它是制定和影响专业学位研究生培养模式改革政策的决定性力量。比如,①政府作为宏观调控者,它通常以立法、拨款、政策支持和信息服务等各种方式对专业学位研究生教育改革的进程施加影响;②政府作为监管者,它代表广大民众的利益,必然要求专业学位研究生培养机构不断提高教育质量,追逐教

---

① 姚树伟. 职业教育发展动力机制研究[D]. 长春:东北师范大学博士学位论文,2015.

② 刘晓. 利益相关者参与下的高等职业教育办学模式改革研究[D]. 上海:华东师范大学博士学位论文,2012.

育公平,从而实现办人民满意教育的夙愿;③政府作为出资人,它势必要求专业学位研究生培养机构最大化地提升教育资源的利用效率和效益。因此,我国专业学位研究生培养模式的重大改革无不与政府在教育政策和制度上的调整与变革有着内在的逻辑关系。在专业学位研究生培养模式改革的权力博弈中,政府通常居于第一象限,即权力和利益水平都较高,是处于优势选择地位的利益相关者。但从促进专业学位研究生教育健康发展来看,政府应进一步放权,承认政府、高校、学生、行业等利益主体在教育权力博弈的合法性,政府逐渐实现由第一象限向第四象限的转换。

(2)大学在权力博弈中的优势选择地位。大学作为人才培养机构,它是专业学位研究生培养改革政策的具体执行者,拥有自身独立的利益需求。在市场经济体制逐步健全,以及全能型政府向有限型政府转变的时代背景之下,我国专业学位研究生教育的大部分资源虽然仍掌控在政府手中,但大学已拥有了一定的自主选择权,不再仅仅是政府政策的被动执行机构。譬如,在国家政策的推动和教育指导委员会的宏观指导之下,专业学位研究生培养院校被赋予了"积极探索硕士、博士专业学位教育发展新模式"①的有限自主权。因此,相对于除政府之外的其他利益相关者,培养院校通常居于权力水平和利益水平较高的第一象限,是处于优势选择地位的利益相关者。但从推动专业学位研究生教育持久健康发展的视角来看,还应逐渐提升培养院校的权力水平,进一步增强其话语权与影响力,巩固其在第一象限的地位。

(3)用人单位在权力博弈中的劣势选择地位。从理论上分析,用人单位作为专业学位研究生教育产品的最终消费者,它需要高校提供高层次应用型人才支撑和技术服务支持,以提升其行业竞争力。专业学位研究生教育的质量、效率等将直接影响用人单位的切身利益。然而,在现

---

① 硕士、博士专业学位研究生教育发展总体方案[EB/OL]. [2010-09-18]. http://www.cdgdc.edu.cn/xwyyjsjyxx/gjjl/zcwj/268313.shtml.

行的专业学位研究生教育管理体制下，行业或企事业单位往往被排斥在政策活动之外，其利益诉求渠道又不畅通，利益回应机制缺乏。从我国的教育实践来看，专业学位研究生教育长期套用学术型人才培养模式，人才培养标准与行业需求标准之间存在较大差距，专业学位研究生教育对行业的生存与发展还未产生实质性的影响。因此，在专业学位研究生培养模式改革的权力博弈过程中，用人单位通常居于第三象限，即权力水平和利益水平都较低，它无疑是处于劣势选择地位的利益相关者。若要切实保障用人单位的正当利益需求，就需通过政策、法规等手段确立用人单位在专业学位研究生教育的主体地位，并提升其权力水平，努力推动它由第三象限向第一象限转变，这样才可能真正调动企事业单位参与专业学位研究生教育的积极性。

（4）学生在权力博弈中的劣势地位。专业学位研究生作为教育服务产品的消费者，理应具有教育事项的"选择权""知情权"与"请求权"等各种合法权利，但在现实中专业学位研究生还处于一种弱势地位，其合法利益诉求往往被边缘化甚至被忽视，常常沦为"沉默的大多数"。因此，在专业学位研究生培养模式改革的权力博弈过程中，学生通常居于第四象限（即权力水平虽较低，但利益水平较高），它无疑是处于劣势选择地位的利益相关者。因为学生是专业学位研究生教育服务产品的消费者，是专业学位研究生院校存在的根本理由，人才培养模式改革的各项政策措施理应以学生利益诉求为主要依据，所以从"以生为本"推动专业学位研究生教育健康发展的视角，政府、高校应采取各种切实的、合法的措施，帮助学生大幅提升其权力水平，努力实现其由第四象限向第一象限的快速转变。

（5）教指委在权力博弈中的优势选择地位。专业学位研究生教育指导委员会，即教指委是国务院学位委员会、教育部、人力资源和社会保障部领导下的专家组织，主要负责指导人才培养机构的相关教育教学活动。因此，在专业学位研究生培养模式改革的权力博弈过程中，教指委通常居于第二象限（即，利益水平虽较低，但权力水平较高），它是处于优势选择地位的利益相关者。然而，作为指导全国专业学位研究生教育工作的专家组织，教指委主要由高教领域学术专家和少量实践界的人员组成，其独立性差、代表性不强，而且缺乏与相关行业协会的必要联系和合作，因而无法全面真实反映社会各界的利益诉求，更无法体现各类认证结果的公正、开放与高效。① 因此，教指委应扩大开放性，增加成员来源的广泛代表性优势，实现其由第二象限向第一象限的合理转变。

（6）行业组织在权力博弈中的劣势选择地位。所谓行业组织，又称行业协会，是由来自本行业的成员在自愿的基础上组成的一种具有民间性、非营利性的社会团体，它承担着加强行业自律、协调行业内外关系、促进行业发展等职责。② 行业组织作为非营利性的自治性组织，它代表行业的整体利益，承担着加强行业与政府、行业与大学之间的联系桥梁和纽带。然而，目前行业组织还未深入参与到我国专业学位研究生教育之中，培养院校与行业组织之间还缺乏广泛的交流与联系。因此，在专业学位研究生培养模式改革的权力博弈过程中，行业组织通常居于第三象限，即，权力水平和利益水平都较低，是处于劣势选择地位的利益相关者。由于专业学位实质是职业性学位，对其进行质量评估自然属于职业能力鉴定的范畴，在专业学位研究生的培养过程中理应有行业协会的广泛参与。③ 因此，在法律的框架下，政府应积极扶持行业协会的发展，提升其自治水平和代表的广泛性，赋予更大的参与权和话语权，逐步实现其由第三象限向第一象限发展。表4-7为主要利益相关者在专业学位研究生培养模式改革权力博弈的状况。

---

① 邓光平. 美国行业组织与第一级专业学位教育的质量保障——以ABA在J.D学位计划中的作用为例[J]. 高等教育研究，2010(7).
② 邓光平. 美国行业组织与第一级专业学位教育的质量保障——以ABA在J.D学位计划中的作用为例[J]. 高等教育研究，2010(7).
③ 邓光平. 美国行业组织与第一级专业学位教育的质量保障——以ABA在J.D学位计划中的作用为例[J]. 高等教育研究，2010(7).

表4-7 主要利益相关者在专业学位研究生培养模式改革权力博弈中的状况

| 利益相关者 | 地位 | 象限类型 | 权力、利益水平 |
| --- | --- | --- | --- |
| 政府 | "优势选择"地位 | 第一象限Ⅰ类 | 权力和利益水平都较高 |
| 大学 | "优势选择"地位 | 第一象限Ⅰ类 | 权力和利益水平都较高 |
| 用人单位 | "劣势选择"地位 | 第三象限Ⅲ类 | 权力和利益水平都较低 |
| 学生 | "劣势选择"地位 | 第四象限Ⅳ类 | 权力较低,但利益水平较高 |
| 教指委 | "优势选择"地位 | 第二象限Ⅱ类 | 权力较高,但利益水平较低 |
| 行业组织 | "劣势选择"地位 | 第三象限Ⅲ类 | 权力和利益水平都较低 |

### 三、利益相关者之间的利益表达不均衡

"利益主体提出要求的过程称为利益表达。"①由于专业学位研究生教育的利益主体具有多元化,其利益需求自然就具有多样性。各方利益主体向专业学位研究生培养模式改革决策与培养机构提出自身教育利益诉求的过程就是专业学位研究生教育利益表达。专业学位研究生教育利益表达主要包括以下五种类型②:①各方利益主体基于对专业学位研究生教育存在的利益关系和利益状况的感受,并用情绪或语言的方式向社会所进行的表述;②各方利益主体依据自我在专业学位研究生教育中所处的利益现状,向专业学位研究生教育有关决策机构公开提出自己的利益诉求;③各方利益主体对涉及专业学位研究生教育利益的有关政策法规所进行的公开表态,并试图对教育决策机构产生影响的各种言行;④各方利益主体基于维护自身在专业学位研究生教育中的利益所进行的各种合法性诉求;⑤各方利益主体借助大众传媒或其他合法途径,面对处

---

① 曾勤.论我国社会转型期的高等教育利益表达与利益综合[J].教育研究与试验,2016(4).

② 曾勤.论我国社会转型期的高等教育利益表达与利益综合[J].教育研究与试验,2016(4).

于专业学位研究生利益对立面的群体所进行的交涉、协商等各种行为。当各方利益主体的利益表达完成之后,有关专业学位研究生教育的决策机构理应对各方利益主体的多样化利益诉求作出及时回应。

利益主体间的利益表达失衡是造成专业学位研究生培养模式改革中利益冲突的又一个重要因素。在政策科学中,"利益表达是与政府沟通交流、表达偏好的过程,潜在的利益需求只有表达出来,才有可能进入政策过程而得到满足"①。因而,重视利益表达是提升专业学位研究生培养模式改革政策与措施科学化、可接受度的重要前提。此外,"利益表达的需求总是产生于利益失衡或利益冲突的时候,这时如果不开启表达的大门,利益矛盾不得到解决且会日积月累,从而酝酿出更严重的危机。"②因此,注重利益表达既是促使各利益相关者形成和谐的利益关系的保障,也是顺利推进专业学位研究生培养模式改革的内在要求。目前,我国专业学位研究生培养模式改革中存在较明显的利益冲突,无不与利益相关者的利益表达失衡有着直接或间接的关系。这种利益表达失衡主要体现在以下三个方面:

(一)利益表达主体能力上的差异性

所谓"利益表达能力",是指专业学位研究生教育利益主体在进行利益诉求过程中所体现出来的实际影响力。专业学位研究生教育利益主体具有的利益表达能力高低,是决定其利益表达是否顺利完成的重要前提条件。此外,利益表达能力不仅直接影响着专业学位研究生教育利益主体的利益表达成效,还涉及其利益的实现程度。专业学位研究生教育利益主体的表达能力通常受信息获取能力、组织化程度、占有教育资源的多寡等多种因素的制约。

(1)信息获取能力上的差异性。"信息是参与的'眼睛',开放的信

---

① 定明捷.试析我国利益表达结构的转型[J].求实,2008(10).
② 孙立平.和谐社会:用制度规范利益表达[J].理论参考,2006(2).

息是有效参与的前提。"① 由于政府在有关专业学位研究生教育信息公开中通常存在不及时或者信息内容滞后、信息公开不全面、信息公开缺乏有效性等问题,作为权力博弈之中处于"劣势选择"地位的学生、家长、用人单位、行业组织等专业学位研究生教育利益主体,他们既不能及时获取与自身利益相关的有效政策信息,也无法及时掌握完整全面的政策信息,从而导致他们对专业学位研究培养模式改革政策的无知以及对政府行为的不信任。例如,在颁布教育硕士专业学位设置政策时,尽管教育行政主管部门下发了红头文件,但据我们调查了解,文件很难逐级传达,不少中小学教师对教育硕士专业学位的了解和认识,主要是从非正式渠道获得的,这容易导致他们对此学位认识的偏差或知之甚少,难以把握其学位的性质和弄清我国设置此学位的意义,因而该学位很难获得他们的认同与支持。② 在专业学位研究生培养模式改革实践中,大多数培养院校在启动人才培养模式改革之前,很少重视其他利益主体的利益表达,往往把改革信息源仅仅局限于政府政策文本、教指委的指导、少数行政领导者的经验和部分资深教授的建议上,而很少广泛征询行业、学生、家长等其他利益相关者的意见。而对于权力博弈之中处于"优势选择"地位的政府、大学和教指委,由于他们直接参与了专业学位研究生教育相关政策的制定,对政策信息了如指掌,从而更有利于维护自身利益和满足自身利益需求。因此,强势利益主体与弱势利益主体在获取专业学位研究生培养模式改革信息能力上的差距,直接导致了两个利益群体之间在利益表达能力上的差距,进而影响两个利益群体在利益实现程度上的差异。

(2)利益表达组织化程度上的差异性。"分散的、未经组织化的利益参与行政过程,不仅使参与的成本大大增加,而且在参与过程中容易

---

① 王锡锌. 行政正当性需求的回归——中国新行政法概念的提出、逻辑与制度框架[J]. 清华法学,2009(2).

② 邓光平. 我国专业学位设置的政策分析[M]. 武汉:湖北人民出版社,2014:140.

被忽视"①。分散的主体往往人微言轻,即便参与到专业学位研究生培养模式改革实践中也难以产生多大的成效。分散化的利益主体只有借助组织化的力量,才可能充分表达其利益诉求,即"组织化利益表达"。"所谓组织化利益表达,亦称团体式利益表达,主要是指公民通过组成社团或者利益集团来表达自己的利益"②。由于组织具有单个个体所无法比拟的动员、组织、影响等方面的集体行动能力优势,分散的个体利益组织化所形成的组织化利益表达,就可以显著提升专业学位培养模式改革实践中弱势利益主体的影响力,从而更好地维护和实现自己的利益。因此,专业学位研究生教育利益主体的利益表达能力很大程度上取决于利益表达的组织化程度。

在专业学位研究生培养模式改革实践中处于弱势地位的企事业单位、学生和家长等利益主体,要么缺乏固定的组织形态与共同行动的能力,要么其社团组织化程度较低,缺少相应的制度保障。比如,代表企事业单位利益的行业组织,其发展中大多存在能力低下的问题。有学者研究表明:"不少行业组织……在行业内缺乏必要的影响力和公信力;一些行业组织……缺乏必要的管理制约;还有一些行业组织……维持自身日常运作都难以为继。"③又如,代表专业学位研究生利益的学生组织发展存在工具化和不独立的问题。目前大多数高校通过规章制度,将团委、研究生会、社团联合会等学生组织工具化,所有活动都处于研究生工作部的领导之下,学生组织职能被异化为行政管理职能的延伸。因此,专业学位研究生活动的自主性往往受到研究生工作部管理体制的强制约束,学生组织演变为学校利益的代表而非学生利益的代表,学生组

---

① 王锡锌. 行政正当性需求的回归——中国新行政法概念的提出、逻辑与制度框架[J]. 清华法学, 2009(2).
② Gabriel Almond, Comparative Politics Today: A World View[M]. New York: Longman, 2000: 12.
③ 陈吉彦, 梁军. 行业组织参与职业教育的机制和模式研究[J]. 教育与职业, 2015(17).

织缺乏真正意义上的自治,也就难以反映广大学生的利益诉求。

综上,在专业学位研究生培养模式改革实践中,当政府、高校、教指委等利益群体在实质上已结成比较稳定的强势利益集团时,他们已能够通过正式有效的通道和途径表达其利益诉求。而由学生、企事业单位、家长、校友等构成的弱势利益群体仍处于孤立的个体或少数人聚合的分散状态,其利益诉求要么难以表达,要么以极其分散的形式表达,难以影响专业学位研究生培养模式改革的政策和措施。因此,专业学位研究生培养模式改革实践中,强势利益集团与弱势利益集团在利益表达组织化程度上的差异性,无疑决定了他们之间利益表达能力和表达效果的差异性。

(3)教育资源占有上的差异性。"有钱有势的人拥有大量接触政府的途径,而穷人和没有组织的人们却没有如此的通道,可以说,有时正是这种状态导致了暴力。"①社会资源占有的巨大差异性往往决定了利益冲突行为的产生。专业学位研究生教育利益主体间表达能力的差异除了源于获取信息能力的差异、利益表达组织化程度的差异之外,还与各自所拥有教育资源的多寡有密切关系。专业学位研究生教育资源主要包括教育信息资源、教育资金资源、教育人力资源、教育物力资源、教育权威资源、教育组织资源等。专业学位研究生教育利益主体在教育资源上掌控的多寡不仅能影响其他利益主体的行为,而且直接决定其自身利益表达质量与效能。在专业学位研究生培养模式改革实践中,政府、高校、教指委等强势利益群体能将手中掌握的丰富的教育资源转变成政治资源和文化资源,进而对人才培养模式改革决策产生重要影响;而由学生、企事业单位、家长、校友等构成的相对弱势利益群体,他们通常缺乏影响人才培养模式改革决策所需要的教育资源,在人才培养模式改革活动之中处于失声状态。因此,与拥有较少专业学位研究生教育资源的

---

① 姚望.当代中国利益表达的失衡及矫正路径选择[J].理论月刊,2009(9).

弱势利益主体相比,拥有较多专业学位研究生教育资源的强势利益主体通常具有更强的利益表达意识和更频繁的利益表达行为;在专业学位研究生教育资源上占有的差异性,最终决定了各方利益主体的利益表达效果。

(二)利益表达渠道上的差异性

所谓"利益表达渠道",是指专业学位研究生教育利益主体在表达利益诉求时所采取的路径。专业学位研究生教育利益表达渠道主要包括制度化渠道和非制度化渠道两种类型。在现实中制度化渠道包括各种决策咨询制、教职工代表大会、学生代表大会、听证会等;非制度化渠道中较为典型的是报刊、电视、网络等大众传媒。相对于非制度化渠道而言,制度化渠道传递信息更为高效,表达的意见更容易被决策者所重视,影响决策输出的可能性也就更大。当制度化渠道不健全、不畅通时,被阻碍了的利益表达信息就会选择各种非制度化渠道进行传递和处理。如果说制度化表达需要成本,那么非制度化表达则充满不确定性风险。专业学位研究生教育利益表达成功的重要前提是利益主体能够获取利益表达的有效渠道或途径。目前,在专业学位研究生培养模式改革实践之中,不同利益群体所采用的利益表达渠道方面存在较大的差异,主要体现在以下两方面:

(1)专业学位研究生教育的强势利益群体全面把持制度化利益表达渠道,弱势利益群体则缺乏必要的利益代表。制度化渠道虽给弱势利益群体的专业学位研究生教育利益表达提供了合法的平台,但制度化渠道具有鲜明的精英化倾向,弱势利益群体在体制内的利益代表十分稀少。在专业学位研究生培养模式改革决策之中,学生参与组织发展滞后并缺乏话语权,即便参与其中也仅是形式性的,容易演变为学生"被代表参与",其身份和角色通常被导师或辅导员所替代;家长、用人单位和校友等利益相关者所能获取的培养院校有关人才培养模式改革的信息十分有限,对于改革的意见和要求常常缺乏正式的反映渠道;行业组织参与大学人才培养模式改革的路径、方式与权限等方面还缺乏明确的政策或法规保障。因此，对于专业学位研究生教育弱势利益群体而言，制度化利益表达渠道供给的狭窄性、稀缺性和精英化倾向直接导致弱势利益群体的利益表达渠道不畅通，影响了他们专业学位研究生教育利益表达的成效，日积月累，容易激发不同利益主体之间的利益冲突与矛盾。

（2）非制度化利益表达渠道受到诸多管制，弱势利益群体的利益表达意愿难以达成。相对于制度化利益表达渠道准入门槛高的特性，非制度化利益表达渠道更容易被专业学位研究生教育中的弱势利益群体所利用。在信息网络化时代，大众媒体可以"不通过任何中介、避免信息失真的情况下将群众的利益诉求直接传达到决策中枢，实现有效的利益表达"①。目前大众传媒已成为公众进行利益表达的高效、便捷的信息平台，也是专业学位研究生教育弱势利益群体进行利益表达的重要渠道之一。然而，近年来我国各级政府部门对报刊、电视、网络等大众传媒的审批和监管机制逐渐加强，导致大众传媒逐渐丧失了为公众提供利益表达服务的独立性和自主性，也就难以达成专业学位研究生教育弱势利益群体进行利益表达的意愿。

（三）利益表达有效性的差异性

所谓"利益表达有效性"，是指专业学位研究生教育利益主体的利益表达内容能被教育决策系统及时接收和采纳的过程。利益表达的有效性不仅仅是表达过程的有效性，更是表达结果的有效性。在一般情况下，专业学位研究生教育利益的有效表达必须具有两个必要的前提条件："①利益诉求能够顺利传递到政府决策层，中间不会被过滤或者遭到扭曲；②利益诉求在被政府决策层接收后能够对其形成压力，从而得

---

① 张喜红. 社会公众利益表达机制的问题及其应对[J]. 湖北社会科学，2015(12).

到决策层的积极关注和回应。"①在专业学位研究生培养模式改革实践之中，由于强势利益群体与弱势利益群体在利益表达能力、渠道等诸多方面存在的巨大差异，导致他们在表达有效性上存在较大差异。以政府、大学和教指委为代表的强势利益群体，"运用掌握的各种资源，其利益诉求可以顺利地传给决策部门"②，并运用自身的强势话语权，对专业学位研究生培养模式改革的决策产生重大的影响；以学生、行业组织、家长和校友等为代表的弱势利益群体，通常缺乏有效的机制来充分表达其正当的教育利益诉求，即便部分得以表达的正当利益诉求也未能得到专业学位研究生培养模式改革决策部门的重视和及时回应，因此，这就导致人才培养模式政策决策不可避免地倾向于强势利益群体，其执行结果难以达到预期效果，这会加剧教育利益的失衡和冲突。

综上，主要利益群体间的利益表达不均衡缘于各利益群体在利益表达能力、利益表达渠道和利益表达有效性等方面存在的差异性。在各利益群体间利益表达失衡的状态下，由于专业学位研究生培养模式改革的大部分执行者没有合法的路径参与政府部门和大学对人才培养模式改革政策的制定过程，难以反映和维护自身的合法正当利益需求，因而，他们不可避免地会消极抵制那些别人制定的且不符合自身利益的人才培养模式改革政策与改革实践，这不仅增加了人才培养模式改革的摩擦成本，而且还会加剧不同利益群体之间的矛盾与冲突。

---

① 吴群芳，曾奕婧. 当前我国群体性事件频发背景下弱势群体利益表达有效性问题研究[J]. 北京电子科技学院学报，2014(3).
② 王高贺. 沉与浮：我国弱势群体利益表达困境及其突破[J]. 理论导刊，2012(4).

# 第五章 国外专业学位研究生培养模式改革的经验与启示

纵观世界发达国家的专业学位研究生教育发展历史,不难发现美国、英国、澳大利亚等国家在专业学位研究生培养模式改革方面已颇具成效,积累了较丰富的理论与实践经验,并探索出了适合本国国情的专业学位研究生教育培养模式。因此,笔者所在的课题组在探讨专业学位研究生教育培养模式时,就有必要从国际的视野、比较的角度来系统研究世界发达国家的培养模式,以期科学借鉴国外专业学位研究生培养模式的改革经验,从而准确把握专业学位研究生培养模式改革的特征与发展趋势。本章以专业学位研究生教育发达的美国、英国和澳大利亚为例,主要运用比较分析法,从利益相关者的理论视角探讨其培养模式改革的具体措施,并归纳出对我国专业学位研究生培养模式改革的若干启示。

## 第一节 澳大利亚专业学位研究生培养模式改革的经验与启示

### 一、澳大利亚专业博士生教育发展历程

澳大利亚历史上设置的第一个专业博士学位可追溯到 1984 年卧龙贡大学(the University of Wollongong)设置的创造艺术博士(Doctor of Creative Arts)。随后,埃迪斯科文大学(Edith Cowan University)设置了科学教育博士学位(DScEd)。1989 年,法律/司法科学博士学位开始出现在澳大利亚。然而,直到 20 世纪 90 年代初,专业博士学位才在澳大利亚高等教育中获得了全面、持续的发展。这阶段发展以 1991 年墨尔本大学(the University of Melbourne)设置的教育博士学位(EdD)为开端。截至 1996 年,澳大利亚大学已开设 47 个专业博士学位项目,涉及健康科学、法律、社会科学、商业与经济、工程和创意艺术等领域,主要包括教育博士、工商管理博士(DBA)、心理学博士(PsyD)、护理博士(DNurs)、司法科学博士(SJD)、公共管理博士(DPA)、环境设计博士(DEnvDesign)、公共卫生博士(DPH)等。

自 1996 年以来,澳大利亚高等教育的专业博士学位项目获得了显著增长。根据麦克斯韦尔(Maxwell)和沙纳汉(Shanahan)(2001)的数据计算,1996 年至 2000 年按行业划分的专业博士学位增长特别显著的是,心理学领域增长了 267%,健康领域增长了 250%,管理领域增长了 200%。在这一发展阶段,澳大利亚不仅专业博士学位项目的种类有明显增加,而且提供专业博士学位项目的大学数量和注册的学生数量也有了较大幅度的提高。按照学科领域的分布情况来看,教育学科设置的专业博士学位项目最多,随后依次是健康、心理学、商业、科学、法律、艺术和建筑环境工程;按照学生注册学科领域的分布情况来看,登记入学最多的学科领域是教育,随后依次是商业、艺术、健康、科学、心理学和法律。这种入学趋势反映在按学科划分的毕业生平均人数上,教育和商业排名第一和第二,其次是科学、法律、健康和心理学。总体而言,1995 年大约有 937 名学生在澳大利亚攻读专业博士学位;2000 年,在麦克斯韦尔和沙纳汉选取的 72 个专业博士学位项目研究样本中共有 1659 名学生攻读专业博士学位。[①] 2000 年,澳大利亚大学设置的专业博士学位项目共有

---

① Felly Chiteng Kot, Darwin D. Hendel. Emergence and Growth of Professional Doctorates in the United States, United Kingdom, Canada and Australia: A Comparative Analysis[J]. Studies in Higher Education, 2012(5).

105个，到2011年增加到202个，增长了97个，增长比例为92.38%。①

在30余年里，澳大利亚专业博士学位无论是设置的种类还是招生人数都获得了较快发展，其重要原因在于传统哲学博士学位持有者无法胜任非学术职业岗位的需要，是知识经济的发展、高等教育的角色转变，以及政府政策干预等多种力量共同作用的结果。其中，澳大利亚政府的改革举措，特别是20世纪80年代的道金斯改革（Dawkins Reform）和白皮书的发布，为澳大利亚博士教育的变革提供了第一推动力，深刻影响了专业博士教育的发展。1987年，澳大利亚教育部在《高等教育白皮书》中强调了高等教育的重要作用，指出"高等教育系统在通过发展具有国际竞争力的制造业和服务业来重组澳大利亚经济结构方面发挥着至关重要的作用"。1989年，澳大利亚政府报告提出了与这些观点相一致的建议，并坚持要求大学发展与专业环境更相关的研究生项目，以满足学生、专业机构、行业和雇主不断变化的需求。这些建议被后来的道金斯改革所采纳。

道金斯改革始于1988—1989年，旨在使澳大利亚能够在日益全球化的市场中保持竞争力。教育政策改革是道金斯改革的重要范畴之一。教育政策改革主要从国家经济利益的角度对高等教育进行了变革和界定，投资主要面向人力资本发展，改革的重点则是构建大学、工业和政府之间的"三螺旋"关系。因此，道金斯大学的改革通过界定问题和构建策略，重塑了高等教育的性质和形态，而专业博士学位的发展成为最重要的举措之一。这一变革发挥了三个主要作用：支持职业地位、构建行业能力和改变大学教学实践。

影响澳大利亚专业博士学位发展的第二个主要政策是1999年的肯普（Kemp）白皮书。与导致澳大利亚高等教育发生重大转变的道金斯改革不同，肯普白皮书是对道金斯政策改革的重大调整。其中一项调整是

---

① T. W. Maxwell. Australian Professional Doctorates: Mapping, Distinctiveness, Stress and Prospects[J]. Work Based Learning e-Journal, 2011(1).

强调大学必须提高效率和成效，特别是需要鼓励和最大化博士生的完成率。联邦政府将从过去的根据入学状况转变为根据完成率来资助高等教育机构。因此，澳大利亚政府制定了基于绩效的资助方案，其中包括三个要素：完成学位的研究生人数，机构研究能力和研究成果。三个要素设定的比重为：完成学位的研究生人数占50%，研究收入占40%，出版成果占10%。这一新的高等教育研究经费资助框架旨在为与工业界的合作提供更强的激励，建立新的质量保证体系并提供更好的质量培训。与道金斯改革一样，新政策对专业博士学位的扩展有着直接的深远影响。它强调以完成率、研究和培养质量的绩效为基础的资金支持，以及大学和行业之间的关联，旨在促进澳大利亚大学创建职业导向的博士学位项目以回应经济社会发展的需要。①

## 二、澳大利亚专业博士生培养模式的演变及启示②

自从 1984 年卧龙贡大学设置澳大利亚历史上第一个专业博士学位——创造艺术博士以来，经过 30 余年的持续创新，澳大利亚专业博士生教育获得了长足发展，并积累了较丰富的实践经验，初步形成了自身的人才培养特色。追溯澳大利亚专业博士生培养模式演变的历程，把握它的内涵，探究变迁的动因，总结经验教训，可以为当下我国专业博士生培养制度的改革与创新提供一定的借鉴意义。

### （一）第一代专业博士教育：学术主导的"课程学习+学位论文"培养模式

在澳大利亚，以教育博士学位为代表的第一代专业博士学位诞生于 20 世纪 80 年代末、90 年代初。"绝大多数早期的专业博士生都明显地

---

① Felly Chiteng Kot, Darwin D. Hendel. Emergence and Growth of Professional Doctorates in the United States, United Kingdom, Canada and Australia: A Comparative Analysis[J]. Studies in Higher Education, 2012(5).

② 邓光平. 澳大利亚专业博士生培养模式的演变及启示[J]. 中国高教研究, 2010(9).

以学术为主导，实行'课程学习+学位论文'的培养模式。"①在学术传统深厚的文化土壤之中，这一代专业博士生的培养模式与传统哲学博士生之间并没有表现出本质上的差异，仍然是以学科为取向，只是在课程设置上略有不同。在学位论文方面，专业博士生的论文选题并没有限定于实践领域的具体问题，仅在字数上略少于哲学博士学位论文而已。在1990—1993年，新英格兰大学设置的EdD计划中学术研究占75%，课程学习占25%。学术研究部分由大约7万字的学位论文代替，课程学习通常包括三个单元，其中高深研究方法是必修的课程。②

澳大利亚第一代专业博士学位的产生动因与英国颇有相似性，都是由于产业界抱怨当时的PhD持有者缺乏相关的技能，尤其是批评他们缺乏工作实践经验和执行工作项目的能力。与英国经验明显不同的是，澳大利亚政府和各方利益相关者都强烈地要求高等教育机构设置非传统PhD，包括专业博士学位。③ 在社会各界的强烈要求和推动下，澳大利亚专业博士学位在20世纪90年代获得了较大的发展。为了规范专业博士生的培养过程，澳大利亚研究生院院长与主任理事会于1998年6月制定了《专业博士生培养指南》(*Guidelines on Professional Doctorate*)，对专业博士生的培养过程做了明确规定④：①培养计划应有利于学生从事以工作场所为重点的研究和学术活动；②申请入学者应拥有丰富的专业实践经验，或正在实践领域就职；③课程可包括科研方法训练或以工作场所为重点的研究活动；④应要求学生研究与学习的问题明显有利于专

---

① T. W. Maxwell. From First to Second Generation Professional Doctorate [J]. Studies in Higher Education, 2003(3).

② T. W. Maxwell. From First to Second Generation Professional Doctorate [J]. Studies in Higher Education, 2003(3).

③ Jeroen Huisman, Rajani Naidoo. The Professional Doctorate: From Anglo-Saxon to European Challenges[J]. Higher Education Mangement and Policy. 2006(2).

④ Council of Australian Deans and Directors of Graduate Studies. Guidelines: Professional Doctorates, June 1998[EB/OL]. [2010-06-07]. http://www.ddogs.edu.au/files?folder_id=1238321968.

业实践；⑤从事专业博士生教学计划的管理与教学人员，应在学生学习领域有丰富的专业实践与研究经验。《专业博士生培养指南》的制定，无疑为澳大利亚的诸所专业博士生培养机构提供了一个基本的培养计划参照。从以上专业博士学位设置的原始动机与政策制定者的意图不难看出，专业博士学位是非常强调应用性和实践性的，与注重学术性的 PhD 有很大差异。但遗憾的是，澳大利亚最初设置的专业博士学位从一开始就背离了这种初衷，很多开展专业博士生教育的院校都有意或无意地淡化了它与研究型博士生教育的区分。《专业博士生培养指南》中指出，当时"许多专业博士生培养计划中学术研究部分占到 2/3 或更多"①。究其原因，这无不由"早期专业博士学位根植于学术传统文化土壤，与 PhD 或教学型硕士学位之间的关系非常密切"②所决定。

第一代专业博士生教育由于过多地移植了研究型博士生的培养模式，与研究型博士具有较高的趋同性，本质上仍然体现为重学术轻专业、重理论轻实践的价值取向。正如有学者所言，当时专业博士生培养中普遍存在"学术知识、成果优于专业知识与成果"③的观念。这样第一代专业博士生培养模式的先天缺陷使其在学术上难以达到哲学博士学位的水准，在实践上应用能力又不突出，自然难以彰显专业博士学位的优势和特色，因而难以获得社会广泛认同，因此，"专业博士学位不可避免地沦落为二流学位。"④如何凸显专业博士生专业知识深厚、应用能

---

① Council of Australian Deans and Directors of Graduate Studies. Guidelines：Professional Doctorates，June 1998［EB/OL］.［2010-06-07］. http://www.ddogs.edu.au/files? folder_id=1238321968.

② Practice-led Professional Doctorates：The Potential for Kent & Medway.Kent and Medway Lifelong Learning Network［EB/OL］.［2010-05-18］.http://www.gohigher.org.uk/documents/attachment465.pdf.

③ T. W. Maxwell. From First to Second Generation Professional Doctorate［J］. Studies in Higher Education，2003(3).

④ T. W. Maxwell. The Professional Doctorate：Defining the Portfolio as a Legitimate Alternative to the Dissertation［EB/OL］.［2010-06-07］. http://www.une.edu.au/ehps/resources/pdfs/tmaxwell/maxwellKrDraft.pdf.

力突出等方面的特性？这是专业博士生培养制度改革面临的重要课题。

（二）第二代专业博士教育：职业导向的"P/W/U三维协作"培养模式

何谓第二代专业博士学位？赛当（Seddon）通过对西悉尼大学（UWS）开展的教育博士项目的研究，概括出第二代专业博士学位所具有的一些共同特征："基于实践的研究，与工作场所的合作，以及多元的评估方法。"①赛当进一步指出："从主要依赖课程学习和个体指导的培养方式到提供支持多样化自学环境的变化，这就是从第一代向第二代专业博士生培养模式的转变。"②也就是说，第二代专业博士生培养实现了从重视纯学术氛围向职业环境的转变。

第二代专业博士生培养模式，实质上是建立在"模式2的知识生产"（Mode 2 knowledge production）的原理基础之上的。黎（Lee）等人认为，"模式2的知识生产于应用之中，具有跨学科、多样性、等级性、临时性以及对社会负责与反思性等特征"③，因此在处理有关这类知识问题时，更需要不同类型的实践者通过合作来解决。在此基础上，黎等人在2000年国际专业博士研讨会上正式提出了专业博士生的P/W/U三维协作培养模式，即专业博士生培养活动的场所就是专业（profession）、工作场所（workplace）和大学（university），简称P/W/U，三者交叉组合成一个共同体。在P/W/U培养模式下，课程形式通常采用的是混合课程（hybrid curriculum），又称三维课程模式，即候选人的专业、具体的工作场所和大学三者在特定的组织中以特定的方式组合在

---

① Graham Stew. What is a Doctorate for? [EB/OL]. [2010-06-09]. http://www.ukcge.ac.uk/OneStopCMS/Core/CrawlerResourceServer.aspx?resource=6AF7323E-7670-41F4-80D3-F2B079F52F26&mode=link&guid=675787ab7e6c4c89836817b8ff6c9e29.

② T. W. Maxwell. From First to Second Generation Professional Doctorate [J]. Studies in Higher Education, 2003(3).

③ T. W. Maxwell. From First to Second Generation Professional Doctorate [J]. Studies in Higher Education, 2003(3).

一起，共同为专业博士生的发展服务。在专业场所里，学生获得的不仅有专业知识和技能，而且还有职业操守的养成；在工作场所里，学生通过工作场所的现场感受，能了解真实的人际交往关系、实际的资源及其利用状况①；在大学里，学生学习的不再是单纯的学术型知识，还有大量的应用型知识。在质量评价上，P/W/U三维协作培养模式广泛使用公事包(portfolio)评价模型，而非学位论文形式。公事包，其实就是多项短小的研究报告以论文形式联结起来的综合体。与传统的学位论文相比，它的选题不再局限于精深、狭窄的学术领域，而来源于更广阔的专业实践领域，旨在解决工作场所中的现实问题，学生可在非常灵活的时间内以不同的写作类型或视频、音频形式完成公事包。因此，公事包项目深受那些工作繁忙的在职学生的欢迎。② 由此可见，P/W/U三维协作培养模式的实施，会大大地弱化专业博士生培养中的学术性，鲜明地彰显职业性和应用性。

20世纪90年代后期以来，知识经济对大学和雇主产生了深刻的影响，知识生产开始由以学科为基础的大学转向工作场所，即知识产生于应用之中。大学如何创造应用性知识，以回应市场的迫切需求？这对大学的人才培养模式提出了巨大的挑战。第一代专业博士生培养过程中存在的大学与专业界、产业界严重分离的弊病越来越凸显，深化专业博士生培养模式改革就成为澳大利亚政府与社会各界的迫切愿望。1998年，比尔·格林(Bill Green)教授与新英格兰大学教师一起提出了"混合课程模式"的构想，并把它介绍给EdD利益相关者。在2000年的培养方案改革中，新英格兰大学同意将混合课程模式作为新教育博士培养计划的

---

① T. W. Maxwell. From First to Second Generation Professional Doctorate[J]. Studies in Higher Education, 2003(3).

② T. W. Maxwell. The Professional Doctorate: Defining the Portfolio as a Legitimate Alternative to the Dissertation[EB/OL]. [2010-06-07]. http://www.une.edu.au/ehps/resources/pdfs/tmaxwell/maxwellKrDraft.pdf.

关键部分,并付诸教育实践,同时也影响了其他大学专业博士生的培养活动。同年,麦克斯韦尔和沙纳汉运用黎等人的"P/W/U 三维协作"培养模式理论,考察了澳大利亚和新西兰 72 个专业博士项目(总计为 109 个)的实施状况,调查表明,有 37 个专业博士项目以不同的方式把黎等人的模式作为培养的核心,有 20 个左右的专业博士项目明确地把工作场所、专业以及大学三者结合起来,形成新的协作培养模式。① 因此,有迹象表明第二代专业博士生培养模式在澳大利亚高等教育界已获得了认可。②

第二代专业博士生培养模式整合了大学与专业、工作场所的知识生产体系,密切了大学与专业界、工作场所的联系,增强了专业博士生教育的职业导向,从而根本上改变了学术知识优先于专业知识的传统,形成了一种完全不同于研究型博士的培养模式。但在实践中仍然面临一系列的问题,比如,在管理方面,如何激励大学之外的专业人士有效参与专业博士生教育的监管?在课程与研究的关系方面,课程设置如何与研究保持有机联系?在考试方面,学者与专业人士之间如何正确配置人员才能科学地考察专业博士生的学业?在公事包方面,如何才能使研究项目更为严谨?③

(三)第三代专业博士教育:职业性与研究性并重的"以学生为中心的实践导向"培养模式

第三代专业博士学位,又称为从业者博士学位(practitioner doctorate),实践导向博士学位(practice-led doctorate)或以工作为基础的博士

---

① T. W. Maxwell. From First to Second Generation Professional Doctorate [J]. Studies in Higher Education, 2003(3).

② T. W. Maxwell. From First to Second Generation Professional Doctorate [J]. Studies in Higher Education, 2003(3).

③ T. W. Maxwell. From First to Second Generation Professional Doctorate [J]. Studies in Higher Education, 2003(3).

学位（work-based doctorate），具有跨学科、研究性与职业性并重的特征，其设置的目的是为了更好地处理那些复杂的专业、组织和社会问题。①第三代专业博士教育则是以实际问题为导向，以"模式2知识"或应用性知识为基础，采用以学生为中心的实践导向培养模式。这类培养模式的构建充分吸取了以下三类传统理论的合理内核：② 一是实用主义哲学，它以行动为基础，强调知、行的相互依赖关系；二是建构主义和现象学，他们认为学习就是学习者从个体和自主的立场对情景的理解；三是行动研究哲学或实践导向哲学，他们关注的是在探究问题的进程中进行创造和学习。因此，与第二代专业博士生培养模式相比，第三代专业博士生培养模式的特色主要体现在：首先，它更明确地限定于"模式2知识"或应用性知识领域，寻求与工作场所更紧密的联系；其次，尤其关注那些代表较高专业水准的学术成就所产生的实际成效③；再次，尊重学生学习的主体性与创造性，候选人的培养计划就是在自己参与协商和主导下制定与实施的。④

从理论上讲，第二代专业博士教育的产生迎合了知识经济或知识社会对专业技能、管理型高级专门人才的需求，但它并没有成为知识创造的有效工具，无法应对21世纪这一快速变革的社会所带来的诸多挑战。⑤ 进入21世纪以来，澳大利亚专业博士教育受到了工作环境、职业迅速变化等带来的挑战。如何更有效地提升专业博士生的专业水准和研究能力，使其在社会实践领域发挥更大的影响？这已成为学

---

① Stan Lester. Conceptualising the Practitioner Doctorate[J]. Studies in Higher Education，2004，29（5）.

② Carol Costley, Stan Lester. Work-based Doctorates：Professional Extension at the Highest Levels[EB/OL]. [2010-05-09]. http://www.sld.demon.co.uk/wbdocs.pdf.

③ Stan Lester. Conceptualising the Practitioner Doctorate. Studies in Higher Education，2004，29（5）.

④ Carol Costley, Stan Lester. Work-based Doctorates：Professional Extension at the Highest Levels[EB/OL]. [2010-05-09]. http://www.sld.demon.co.uk/wbdocs.pdf.

⑤ Stan Lester. Conceptualising the Practitioner Doctorate[J]. Studies in Higher Education，2004，29（5）.

者、专业人员和政策制定者研究的重要课题。2004 年，第 5 届专业博士学位国际会议就以"专业博士学位对专业界和工作场所的影响"①为主题，反映出社会各界对专业博士教育改革与发展的期盼。随后，有学者研究指出，"以专业学习型博士学位或专业实践型博士学位为代表的第三代专业博士学位，已在英国、澳大利亚的一些大学中诞生。"②第三代专业博士学位项目，虽然要求与哲学博士学位一样有同等水准且严格的博士论文，却有不同的内涵③，因为它主要强调的是专业领域的成就。在南澳大利亚大学，第三代专业博士生培养模式在突出职业导向、学生中心的同时也加强了研究能力的训练。该校要求学生的研究能对有关专业实践知识而非对学术性知识作出重大或原创性贡献，研究的原创性主要体现在：①能发现当前实践中的新问题；②用新的方式处理现有问题，以改进系统、提高性能；③调查研究先前忽视的文献；④对于其他研究者已考察过的问题，能提供新颖且有意义的见解；⑤开发调查问题的新技术；⑥运用切实的方法解决新问题；⑦开发出将现有知识运用于实践的新方式。④ 由此可见，南澳大利亚大学第三代专业博士生培养模式所强调的研究都是与职业实践密切相关的，主要解决的是实践中的具体问题，这无疑有助于专业博士生提高专业水准和增强应对职业环境变化的适应能力。

---

① T. W. Maxwell. Professional Doctorates: Working toward Impact [EB/OL]. [2010-07-09]. http://www.deakin.info/arts-ed/research/education/conferences/publications/prodoc/doc/1Introduction.pdf.

② Practice-led Professional Doctorates: The Potential for Kent & Medway. Kent and Medway Lifelong Learning Network[EB/OL]. [2010-05-18]. http://www.gohigher.org.uk/documents/attachment465.pdf.

③ John Stephenson, Margaret Malloch, Len Cairns. Towards a Third Generation of Professional Doctorates Managed by the Learners Themselves? [R]. Deakin Conference on Professional Doctorates, 2004.

④ Practice-led Professional Doctorates: the Potential for Kent & Medway. Kent and Medway Lifelong Learning Network[EB/OL]. [2010-05-18]. http://www.gohigher.org.uk/documents/attachment465.pdf.

第三代专业博士生培养模式实行以学生为中心、职业性与研究性整合的教育方式,更加密切了大学与专业界、工作场所之间的协作,并充分反映与满足了候选人、行业组织或客户要求提高专业水准的强烈愿望,更加从容地应付了实践领域中复杂和富有挑战性的情境。但在未来的发展中,还面临着诸如"职业和组织的变化对专业博士教育究竟产生了怎样的影响,专业博士教育如何为从业者提供更适切的智力资本"①等一系列的问题,它们值得我们深入地研究。

(四)对我国专业博士生培养制度创新的几点启示

澳大利亚专业博士教育尽管发展的历史不长,还处于不断探索与变革之中,也有其问题,但它毕竟在改革与创新中形成了自己鲜明的特色,基本反映了专业博士学位的本质和实践界的需求,有些经验对于我国专业博士生培养制度的创新与完善不乏借鉴意义。

(1)专业博士生培养制度的创新应从专业博士学位自身的特性出发,并根据社会需求的新变化作出及时的变革。从澳大利亚三代各具特色的专业博士生培养模式生成与发展的动因可以看出,专业博士生的培养模式不能一成不变地固守传统,必须在遵从专业博士学位本身特性的基础上,根据外部环境所提出的新要求而不断创新与变革,才能获得持久的生命力。专业博士学位作为一种应用型高级学位,是在面向市场、适应社会需求中产生与发展的。在不同时期,社会科技发展水平和职业专业化程度不同,对同一行业或职位所需人才的职业素养和能力要求自然有差异,因此,专业博士生的培养目标、方式,课程设置和评价标准等方面应随环境的变化作出相应的变革与调整。

(2)整合职业性与研究性,彰显专业博士学位应有的优势与特色。

---

① Carol Costley, Stan Lester. Work-based Doctorates: Professional Extension at the Highest Levels[EB/OL]. [2010-05-09]. http://www.sld.demon.co.uk/wbdocs.pdf.

从澳大利亚专业博士学位产生与发展的历史经验与教训来看，专业博士学位有其特有的内涵和存在的价值，即以其职业性区别于研究型博士学位的学术性，又以其研究上的独创性不同于专业硕士学位；任何试图抹杀专业博士学位的职业性或研究性的做法，都将使专业博士学位的发展走向歧途，最终自贬其身价，失去存在的根本意义。目前，我国专业博士生培养存在的最主要的问题是长期移植学术型博士生的培养模式，致使专业博士生培养与行业技能的要求相脱节，不能有效解决实践领域中的具体问题。因此，在我国专业博士生培养制度改革与创新中，尤其应强调将职业性和研究性更有机地整合起来，实现研究以专业实践为中心，要求学生能对有关专业实践知识而非学术理论性知识作出重大的、原创性贡献，以适应日益专业化和复杂的职业环境。

（3）创设良好的制度环境，引导大学与专业界、工作场所的深度合作。在专业博士生的培养过程中，大学与专业界、工作场所等利益方的合作，既是提升专业博士教育内涵、凸显专业博士学位特色，推动专业博士学位健康发展的重要途径，又是一种既实现各方利益共享又符合专业博士教育规律的先进培养模式。从第二代专业博士教育开始，澳大利亚大学有意识地强化了与专业界、工作场所之间的合作，整合了各利益方的资源优势，增强了专业博士教育的职业导向，从而全面提高了专业博士学位的质量。目前，在我国专业博士生培养制度中虽已认识到校企合作的重要性，但对于如何激发各方合作的积极性，如何保护各方的正当利益，如何协调、监督、考核各方的合作行为等方面明显缺乏有效的制度安排，致使这种合作仅流于形式，无法发挥应有的作用。对此，在政府的主导与推动下，大学、专业组织和企业等共同构建基于多赢、诚信、融通基础上的合作机制已是迫在眉睫。通过合理的制度安排，明确各方在合作中的权利与义务，充分调动各方利益主体积极参与到专业博士生培养过程之中，以共同为培养高质量的应用型专业人才作出贡献。

### 三、澳大利亚深度合作培养专业博士生的创新探索①

如前文所述，在澳大利亚，以教育博士学位为代表的第一代专业博士学位采用的是"课程学习+学位论文"培养模式。这种培养模式"本质上仍然体现为重学术轻专业、重理论轻实践的价值取向"②。第一代专业博士学位具有的先天缺陷自然难以获得社会的广泛认同，甚至面临生存的合法性危机。因此，为了彰显专业博士学位的优势与特色，变革培养模式就成为 21 世纪初澳大利亚专业博士教育发展的必然趋势。澳大利亚是专业博士教育最发达的国家之一，研究改革的成功经验，无疑对我国专业博士教育的改革与发展具有重要的借鉴价值。

（一）澳大利亚深度合作培养模式的内涵与特征

"专业博士教育，旨在密切专业和学术知识之间的关联。尤其是，它的目的是产生一种以研究为基础的方法，既能解决有关专业或行业机构的实际问题，又能激发出一种收集分析和解释数据的一套系统方法。因此，预备学生须寻求相关专业组织、雇主或行业机构能在特定研究领域探索给予的必要支持。"③基于以上对专业博士教育内涵的理解，并结合专业博士教育长期存在的诸多弊病，澳大利亚学者们提出了深度合作培养模式的新理念。专业博士教育深度合作，主要是指大学、专业组织与行业机构之间的合作不仅是"点""线""面"的合作，更是"全方位"的立体合作，三者在专业博士教育上通过资源共享、优势互补，以期形成互利多赢的格局。冉斯登（Ramsden）和毕格斯（Biggs）将专业博士教育

---

① 邓光平. 澳大利亚深度合作培养专业博士的创探索——新英格兰大学的 P/W/U 三维协作培养模式为例[J]. 高等教育研究，2016(8).

② 邓光平. 澳大利亚专业博士生培养模式的演变及启示[J]. 中国高教研究，2010(9).

③ The Professional Doctorate—UNDA Course Code Varies Depending on Discipline [EB/OL]. [2016-03-20]. https：//www. nd. edu. au/_data/assets/pdf_file/0018/118044/Prof-Doc-Flyer-Sep—2012-Sydney-Campus.pdf.

培养过程中大学、专业组织与行业机构之间的合作水平划分为"浅层"(surface)与"深度"(deep)①两种类型。在此研究基础上,麦克斯韦尔和泰勒(Taylor)进一步对这两种合作水平类型的特征作出了系统的归纳与总结。如表5-1所示。

**表 5-1　专业博士教育中浅层合作与深度合作的特征比较②**

| 浅层合作 | 深度合作 |
| --- | --- |
| 特定行业或行业机构既是专业博士教育的生源地,又是毕业生就业的主阵地 | 协作关系的构建是由特定的行业机构或专业组织所驱动的(例如,权威的行业机构往往会框定教育活动的性质,以及影响人才技能或特性的养成) |
| 大学正在尝试邀请来自行业机构或专业组织的非学术人士参与专业博士教育的授课、指导或评估活动(这有可能是有限和临时的) | 在专业博士学位项目的制定与监管中行业机构与专业组织是一种合作伙伴关系,并由此在大学、合作者与外部机构之间形成了资金分配制度 |
| | 在专业博士学位项目的评价与认证过程中,行业机构与专业组织发挥着重大作用 |
| 基于工作场所进行研究和开展研究活动 | 研究成果的性质和形式都有利于行业或专业合作伙伴 |
| 专业博士学位项目的价值是针对特定职业进行市场营销 | 围绕专业博士项目的发展需要,构建包括学术与非学术人士共同参与的学习型团队 |

---

　　① Sharon Kemp. Professional Doctorates and Doctoral Education[J]. International Journal of Organisational Behaviour, 2002(4).

　　② Sharon Kemp. Professional Doctorates and Doctoral Education[J]. International Journal of Organisational Behaviour, 2002(4).

由表 5-1 可见,专业博士教育过程中,大学、专业组织与行业机构之间的深度合作培养模式与浅层合作或一般性的校企合作培养模式相比,在合作的主体、动力、目标和领域等方面都有较大的差异,主要呈现如下特征:①合作主体对等互补。由于高校、行业机构和专业组织各方都是基于自身特定发展需要,精心选择协作伙伴,因而他们所构建的利益共同体通常具有合作地位对等和资源优势互补性强的特征。②合作动力持续强劲。大学、行业机构和专业组织之间展开的合作都是建立在双向选择与自愿的基础上,拥有共同发展的需求与愿景,他们之间的合作容易产生强大的推动力,并具有持久性。③合作目标互利多赢。利益既是大学、行业机构和专业组织产生合作驱动力的根本源泉,又是维系深度合作良性运转的纽带。④合作领域深入全程。大学、行业机构和专业组织之间展开的合作不仅是针对教育认证、人才培养、执业资格考试或应用技术研发等某个单一的方面,而是根据三方教育资源优势,以互利多赢的合作目标尽可能地拓展合作领域。

(二)澳大利亚深度合作培养专业博士生的理论基础

1994 年英国学者迈克尔·吉本斯(Michael Gibbons)等 6 人在《知识生产的新模式:当代社会科学与研究的动力学》一书中,论述了知识生产和科学研究范式正在发生转型,提出了知识生产的模式 1 和模式 2 理论。相对于模式 1 理论所体现出来的基于学科的,由学术兴趣所主导的同质性、等级制等特征,模式 2 理论彰显了以实践应用知识生产方式转型的新态势。① 吉本斯等学者的知识生产的模式 2 理论暗含了其对专业博士生培养模式改革的建议,为现有人才培养模式的改革提供了新的理论依据。正如麦克斯韦尔等人研究认为,"模式 1 知识与第一代专业博士学位具有一致性","模式 2 知识与第二代专业博士学位之间

---

① [英]迈克尔·吉本斯,卡来耶·利摩日,黑尔佳·诺沃提尼,西蒙·施瓦茨曼,彼得·斯科特,马丁·特罗. 知识生产的新模式:当代社会科学与研究的动力学[M]. 陈洪捷,沈文钦,等译. 北京:北京大学出版社,2011:3.

更为一致"①。第二代专业博士生培养模式，实质上是建立在模式 2 知识生产的原理基础之上，实现了从重视纯学术氛围向职业环境的重大转变。

（1）知识生产的情境化，使专业博士生的培养活动彰显鲜明的应用语境性。吉本斯等学者认为，知识生产更多地置身于应用的情境中，强调从应用的角度来生产和学习知识。"有用的知识"成为时代的诉求。从此，"知识不再局限于智力活动，而是进入了生产过程，并且在应用的过程中不断再创造"②，这意味着教育宗旨的确立、研究问题的选择、学习成果的推广都将受制于应用情境。在知识生产的模式 2 理论的语境下，专业博士教育应以专业实践为导向，将实用知识的创造与使用作为重要的人才培养理念；专业博士生不应仅仅拘泥于成为知识的接受者，而应努力成为实用知识的创造者和使用者。

（2）知识生产的跨学科性，使专业博士生的培养活动彰显鲜明的开放性。模式 2 知识生产更多地源于实际问题，这就打破了学科之间的界限与壁垒，强调多学科知识资源的整合及相互作用，具有高度的开放性。知识生产成为一个开放的系统，不仅预示着不同学科之间的合作，还预示着科研是一种开放性的活动。在新的知识生产语境下，专业博士生培养活动不能囿于原有大学封闭的办学体系框架，而要有新的制度安排。这要求大学逐步实现从学科规范下的封闭人才培养系统转变为与社会环境良性互动的开放体系。专业博士教育过程只有置身于动态互动的开放体系之中，主动走出校门，加强与社会的务实合作和互动，才能培养出完全适应日益专业化和复杂的职业环境所需要的高层次应用型专业人才。

（3）知识生产的异质性与组织多样性，使专业博士生培养的深度合

---

① T. W. Maxwell. From First to Second Generation Professional Doctorate [J]. Studies in Higher Education，2003(3).

② [英]杰勒德·德兰迪. 知识社会中的大学[M]. 黄建如，译. 北京：北京大学出版社，2010：127.

作形式成为一种新的教育模式。模式2理论以问题为导向,在问题的指引下,不同的研究者参与到问题研究中来,形成一个知识生产组织。在这一组织中,大学不再是生产知识的唯一机构,社会研究中心、政府的专业部门、企业的实验室、智囊团、咨询机构等都将参与知识生产过程中。不同场所之间围绕某一应用语境,通过各种途径的沟通与交流,在合作中解决问题。在新的知识生产语境下,专业博士生培养从目标设定、课程设置、质量控制等环节都不再仅仅是大学自己的事情了,需要社会多方面的深度参与。因此,构建多方力量积极参与、深度合作培养专业博士生的教育模式应运而生,并将逐渐成为一种新的主流的人才培养模式。

(三)澳大利亚深度合作培养专业博士生的改革措施

在1998年道金斯白皮书倡导大学加强与行业机构联系的政策环境影响下,新英格兰大学在2000年专业博士生培养方案改革中,正式采纳了黎等人提出的P/W/U三维协作培养模式新理念。即专业博士生的培养场所和研究空间就是专业、工作场所和大学三者深度合作的交叉之处。[①] P/W/U三维协作培养模式改革达成的重要目标之一,就是要整合大学与专业、工作场所的知识生产体系,全面提升大学与行业机构、专业组织的合作水平。在P/W/U三维协作培养模式下,新英格兰大学与行业机构、专业组织通过构建务实与高效的合作机制,全面深入到专业博士教育全程,对专业博士生培养制度的改革产生了广泛且深刻的影响。

(1)在入学资格审查过程中的深度合作。在专业组织与行业机构的积极参与下,新英格兰大学制定了与其教育培养目标相一致的、完备合理的入学资格审查政策与制度,它不仅注重对申请者学术方面的考察,

---

[①] T. W. Maxwell. From First to Second Generation Professional Doctorate [J]. Studies in Higher Education, 2003(3).

而且还注重对行业机构或专业背景和能力方面的资格规定。更为重要的是，在入学资格审查的过程中，尤其注重大学与行业机构和专业组织的协作，共同对入学申请者的资格进行有效的监管。根据新英格兰大学培养政策的规定，申请攻读专业博士学位的人，首先，在入学之前就须确认一名来自相关行业机构或专业领域的导师，这名导师自愿和有能力对其以后的学习计划提供咨询建议。申请者除非已确定一名行业机构导师，否则不能取得入学资格，更不能开始学习计划。其次，在入学之前，还须获得来自申请者所在组织或行业机构对攻读专业学位明确支持的正式信件。最后，一旦获得录取通知书，就须与他的责任导师进行联系，旨在讨论与导师组成员的学习计划安排，以确保候选人完成正式的在线专业博士学位入学资格审查过程。在资格审查期间，候选人需认同与导师组联系方式的安排，并与导师组的所有成员保持定期的面对面的沟通或在线联系。① 大学导师与行业机构、专业组织进行合作，旨在对申请人的专业素质与学术潜力进行全面审查，以选拔真正符合特定职业发展需要的申请者。

（2）在课程设计与教学活动中的深度合作。根据新英格兰大学培养制度的规定，来自大学与行业机构的导师将合作承担课程设计与教学等工作，共同为专业博士的发展服务。新英格兰大学为专业博士开设的课程主要分为四个单元②，包括：①专业工作场所的文化和学习单元。该单元旨在让学生通过关注专业设置的文化背景，以期探究当下工作场所的本质。②专业实践单元。该单元要求学生能对专业知识的本质进行概念化，并对专业实践进行分析和对自己工作场所中的实际情况进行反思。该单元旨在让学生更深入地理解专业的性质以及与专业工作场所的

---

① Why study the Professional Doctorate for Industry/Professions at UNE?［EB/OL］.［2015-10-26］. https：//my. une. edu. au/courses/2014/courses/PDIP.

② Neil Taylor, T. W. Maxwell. Enhancing the Relevance of a Professional Doctorate：The Case of the Doctor of Education Degree at the University of New England［J］. Asia-Pacific Journal of Cooperative Education, 2004(1).

相互作用。以上两个单元具有跨学科性质,这与改革前的以学科为中心的专业博士项目具有本质的差异。③专业档案袋方案单元。该单元是建立在前两个单元学习的基础之上,主要强化学生将专业工作场所作为研究场域的意识。④应用研究方法。这个单元主要向学生介绍一系列研究方法和相关的定量和定性数据分析程序,培养学生根据具体研究问题正确选取与运用研究方法的能力。以上四个课程单元的设置,密切了大学与专业组织、具体工作场所的协作关系,不仅为来自行业机构与专业领域的导师参与专业博士培养全程提供了正式的制度安排,进一步巩固了多方利益主体参与深度合作的基础,而且课程所彰显的跨学科性、开放性与应用性,更好地将理论知识与实践知识融为一体,从而提高了学生解决实际问题的意识与能力。

(3)在科学研究与档案袋创作指导中的深度合作。专业博士的档案袋,是由一系列与研究主题相关的论文构成的集项。按照新英格兰大学的规定,学生进行的研究活动和档案袋创作必须是在导师组的指导下进行的,以确保创新和研究成果具有较高的学术水准和专业化程度。校方通常会依据学生所提交的档案袋创作项目说明书来确认导师组成员,以选择符合学生研究方向的校内外导师。导师组一般由2名大学教师和1名来自行业机构或专业组织的专业人员构成。要求至少1名大学教师有指导研究生的经验,1名大学教师将被提名为主导师,负责日常联系与协调工作。来自行业机构或专业组织的专业人员由学生提名,并能获得英格兰大学校方的兼职聘任,从而承担正式的合作导师职责。[①] 行业机构或专业组织导师须对学生所在的研究领域拥有十分丰富的专业经验,以便进行有效的专业指导。导师组对学生科研与档案袋创作的合作指导主要包括:①要求学生选题不能局限于精深、狭窄的学术领域,而应来源于更广阔的专业实践领域,并期望能对专业知识发展作出重大或原创

---

① Why Study the Professional Doctorate for Industry/Professions at UNE? [EB/OL]. [2015-10-26]. https://my.une.edu.au/courses/2014/courses/PDIP.

性贡献。②共同监控学生的研究过程。如果学生的档案袋创作计划进展不理想或未取得满意的阶段成果,导师组成员将共同会诊学生存在的问题,寻求解决的措施。③对学生最终形成的档案袋质量严格把关。导师组成员将对学生最终形成的档案袋的学术内容与专业内容的创新性进行充分讨论,以确保参与评价的档案袋质量。

(4)在档案袋质量评价活动中的深度合作。根据专业博士协调员的建议,院长和主导师将指定3名正式的档案袋质量评价专家和1名备用评价专家,其中至少有2名专家来自校外。按照新英格兰大学专业博士生培养制度的规定,学生的导师组成员以及那些有可能影响评价结果客观性的人员不允许担任其档案袋评价专家。一般情况下,档案袋评价的正式专家分别来自三个不同领域①:一是拥有博士学位的校内学者;二是来自相关行业机构、专业、工作场所或政策语境中公认的专业带头人、从业者或政策专家;三是拥有博士学位,既有学术经验或经历,也有行业机构、专业或政策背景的跨界人(如,持有博士学位的行业机构或专业带头人,在专业或行业机构工作的学者,拥有专业或行业机构工作经验的学者,专业或行业机构研究人员)。每位评价专家将对档案袋的优劣单独作出书面报告,最后由学位委员形成一份汇总建议书。这份汇总建议书将成为是否授予学生学位的重要依据。档案袋评价活动中学术专家、行业机构专家以及具有双重身份的专家将从自身的学术、专业或学术与专业相结合的视角对学生的档案袋质量进行评价。这种多元的、全方位的评价视角能更好地保障档案袋具有较高的学术性和专业性,从而使专业博士学位彰显出研究性和职业性高度整合的鲜明特征。

(四)对中国专业博士生培养模式改革的启示

我国专业学位研究生教育起步较晚,目前仅在临床医学、口腔医

---

① Why Study the Professional Doctorate for Industry/Professions at UNE? [EB/OL]. [2015-10-26]. https://my.une.edu.au/courses/2014/courses/PDIP.

学、兽医、教育和工程领域设置五种专业博士学位。在发展专业博士学位教育中，还存在理论与实践经验的双重欠缺。通过对澳大利亚专业博士培养模式改革的考察与分析，参照我国的实际，我们可从中获得以下几点启示：

(1) 树立深度合作的教育新理念。2010年《硕士、博士专业学位研究生教育发展总体方案》确定了"积极引导、鼓励行业机构、企业及社会力量支持、参与专业学位教育"的人才培养模式改革的重大方向。专业学位研究生培养模式改革的核心内容就是打破高校作为唯一教学、管理机构和单一权利中心的现状，实现培养主体的多样性和利益的多元化。在当下开展的许多校企合作中，高校往往以自我利益为中心，未能构建校企合作的多赢互利机制，忽视了企业的合理诉求与正当利益的满足，致使企业参与程度不高，人才培养的质量受到严重影响。其实，在专业博士教育过程中，高校、行业机构和专业组织虽隶属于不同的社会机构，有不同的价值追求、目标与任务，但它们之间却存在共生共荣的相互依赖关系。没有高校，行业机构将难以获得持续发展所必需的高层次管理与新技术开发人才；没有行业机构，高校将丧失人才就业的主阵地；没有专业组织，高校将难以把握专业人才培养的具体规格与标准，更无法实现与行业机构的有效对接。因此，麦克斯韦尔指出："大学与行业机构、专业组织之间的深度合作，理应是专业博士教育未来改革与发展的方向。"[①]

(2) 构建深度合作的运行机制。深度合作伙伴关系的形成，其关键在于构建一种良性的运行机制。第一，建立多赢互利的利益驱动机制。在政府的积极鼓励和强力的政策支持下，专业博士教育应以充分满足高校、行业机构与专业组织的三方利益为出发点，将三方利益结成多赢互利的纽带，维系持久健康的深度合作关系。第二，建立多元联动的参与

---

① Margaret Malloch. Professional Doctorates: An Australian Perspective [J]. Work Based Learning e-Journal, 2010(1).

机制。在市场经济体制下，兼顾行政主体、实践主体和社会不同群体利益诉求的最有效形式就是建立多元联动参与机制，形成政府、高校、行业机构和专业组织多元化的专业博士教育的管理主体和共同的组织管理体制，如在院校层面创建多元参与、相对比较独立的专业博士教育合作指导和管理机构，使专业博士的招生、培养、质量评价等过程完全置于多元共管之下。第三，建立优势互补的资源整合与共享机制。高校、行业机构和专业组织三者在培养计划制订、课程开发、人才培养、应用研究与技术服务、实训基地共建共享等方面进行密切合作，将三者不同的优势资源进行激活和有机整合，促进三者在管理、技术、设备、人才与文化等方面的良性互动与渗透。

（3）建立、健全深度合作的保障体系。专业博士教育的深度合作，不仅需要共同的愿景和良性的运行机制，而且需要高效的组织机构、健全的管理制度和充足的经费等方面的有效保障，以切实提升人才培养质量。第一，建立高效的组织机构。按照高校、行业机构与专业组织深度合作的要求，重建教学科研组织，以作为专兼职教师互动和指导专业博士学习与科研活动的重要平台。第二，健全管理制度。三方要制定可操作的合作章程，明确各方在合作中的权利与义务，以及相应的考核与奖惩等一系列管理制度，切实解决以往校企合作中存在的职责不清、运行不畅等矛盾。第三，建立充足的经费保障机制。高校需设立专业博士教育合作专项资金，积极支持高校与行业机构、专业组织深度合作活动的开展和人才培养基地的建设。

## 第二节　英国专业学位研究生培养模式改革的经验与启示

英国的学位教育制度在"二战"后尤其是近年来发生了较大变化。英国现行的研究生学位体系，是在传统的学位基础上增加了许多面向实践领域的新型学位。尽管专业学位起初受到多方责难，然而，由于现代许多职业逐渐走向精深化之后,已有的传统哲学学位因长期忽视或无法满足非学术性职业对高深知识和技能的需求的弊端日益凸显,在政府、社会等多种合力的作用下,作为代表社会需求与学位教育发展新方向的专业学位必然成为社会与学术系统内部变革的新诉求。①

### 一、英国专业博士学位的内涵与特征

何谓专业博士学位(professional doctorate,PD)？根据英国研究生教育委员会(UKCGE)的界定,专业博士学位是一种高级学习和研究计划,同时符合大学授予的博士学位标准,旨在满足大学之外的专业团体的特殊需求和发展个体在专业背景中工作的能力。尽管专业博士学位类型多样,但有一些共同的特征。英国研究生教育委员会认为,专业博士学位有三个显著的特征：①授予的专业博士学位名称是以学科领域命名的；②专业博士计划是在职业领域实施的,而非纯学术领域；③专业博士计划包含扎实的教学基础。② Hoddell(2002)认为,专业博士学位倾向于：包括教学要素；以学科领域的名称命名授予的学位类型(例如教育博士学位)；关注在专业领域内的知识开发及其应用。③ Fell等人在此基础上对专业博士学位的特征进行了扩张,认为其主要包括：①是以实践为基础,而不是以制度为重点；②从事专业博士学位学习的通常是具有较丰富的专业经验和专业知识的在职人员；③学习过程通常置身于候选人的工作情景之中；④对专业实践和实践知识作出原创性贡献,从而导致专业或组织变革；⑤主要关注产生于实践的

---

① 邓光平. 我国专业学位设置的政策分析[D]. 武汉：华中科技大学博士学位论文,2006.
② Stephen Hoddell. The Professional Doctorate and the PhD-Converging or Diverging Lines, A Presentation to the Annual Conference of SRHE[R]. Leicester：University of Leicester, 2000：1.
③ Hoddell, S. Professional Doctorates[M]. Staffordshire：UK Council for Graduate Education, 2002.

知识，以便将其应用于实践。① 英国职业研究与咨询中心（CRAC）在广泛深入研究已有文献的基础上，提出专业博士学位有一些不同于其他类型博士学位的独特方面：①在设置目标上，旨在通过研究培养学生具有对专业实践作出重大原创性贡献的能力，使他们成为在专业场景中工作的专业研究人员和执业者；②在研究重点上，直接涉及并植根于候选人的专业实践，其研究成果不仅要对知识发展作出贡献，而且要对专业实践有重大影响；③在项目结构上，专业博士学位项目在教学模块、导师指导与群组学习经验方面，比其他 PhD 项目更具系统性。② 然而，随着其他结构化博士学位项目，尤其是协作型和基于群组的博士生培养计划的发展，这种差异性正逐渐缩小。

## 二、英国专业博士学位的发展历程与动因

### （一）英国专业博士学位的发展历程

在充满激烈竞争的知识经济背景下，为了回应来自行业、专业机构和专业人士对相关学习、技能和资格的需要，在 1989 年，英国历史上诞生了第一个作为职前培训的专业博士学位——临床心理学博士（DClinPsy）③，开创了英国发展专业博士教育的先河。但与 1920 年哈佛大学设置美国历史上第一个专业博士学位——教育博士相比，英国设置专业博士学位的时间整整晚了美国近 70 年。

在 20 世纪 90 年代初，在密德萨斯大学（Middlesex University）诞生了英国历史上第一个旨在为在职人员提供进一步培训的专业博士学位项

---

① Fell, T., Flint, K., Haines, I. Professional Doctorates in the UK 2011[M]. Staffordshire: UK Council for Graduate Education, 2011: 62-70.

② Careers Research, Advisory Centre. Provision of Professional Doctorates in English HE Institutions[R]. 2016.

③ Scott, D., Brown, A., Lunt, I., Thorne, l. Professional Doctorates: Integrating Professional and Academic Knowledge[M]. Maidenhead: Open University Press, 2004.

目。1992年，布里斯托尔大学(Bristol University)设置了英国历史上第一个教育博士学位。同年，沃里克大学(Warwick University)、曼彻斯特大学(Manchester University)和威尔士大学(Wales University)开设了英国历史上第一个工程博士学位。随后，英国专业博士学位获得了持续增长。根据布尔纳等人的报告，截至"1998年，英国教育大学共设置了109个专业博士学位课程，涉及19个学科领域，其中几乎80%分布于教育、心理、医学、工商管理与工程共5个学科领域"①。2005年英国设置的专业博士学位项目为308个。② 据英国高等教育机构2009年的一项调查进一步表明，英国71个教育机构的专业博士学位呈现增长态势，总共有7882名在册专业博士学位候选人，分布于308个专业博士学位项目之中。③ 有研究指出，教育专业博士是所有专业博士项目中规模最大的博士项目。2015年，英国有86个教育机构共设置了320个专业博士学位项目。如图5-1所示，1998—2015年，英国专业博士学位项目获得了持续增长，尤其在2005—2009年，英国专业博士学位项目进入高速增长态势，短短5年时间增长了117个项目。近年来，除了传统学科领域设置的专业博士项目呈现增长态势之外，在一些新型学科和新专业领域也不断涌现出新的专业博士学位项目，例如在计算机与信息科学领域设置了数据科学专业博士学位、数字媒体专业博士学位，在社会科学与犯罪学领域设置了刑事司法专业博士学位、犯罪学和刑事司法博士学位、公共政策博士学位等，在艺术与人文科学领域设置了设计博士学位、创意艺术博士学位、美术博士学位、应用语言学专业博士学位等，如表5-2所示。经过20余年的持续发展，英国专业博士教育不仅

---

① 朴雪涛. 英国专业博士学位教育发展的特征及启示[J]. 教育研究，2005(5).

② Careers Research, Advisory Centre. Provision of Professional Doctorates in English HE institutions[R]. 2016.

③ Brown, K. Cooke, C. Professional Doctorate Awards in the UK[M]. Staffordshire: UK Council for Graduate Education. 2010: 9.

规模巨大、国际影响深远，而且形成了自身独特的人才培养模式。

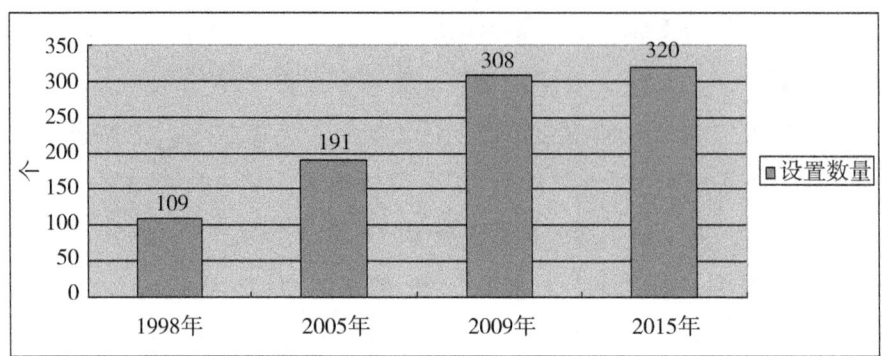

图 5-1　1998—2015 年英国设置的专业博士学位项目情况①

表 5-2　近年在新型学科或专业领域增加的专业博士学位项目②

| 不同学科专业博士学位项目名称 | 英文名称缩写 |
| --- | --- |
| 相关科学：| |
| 建筑、设计和建造环境专业博士 | DArch |
| 农业与食品专业博士 | DAgriFood |
| 生物医学专业博士 | DProf |
| 科学技术专业博士 | DProf |
| 兽医学专业博士 | DVet |
| 计算机与信息科学：| |
| 数据科学专业博士 | DDataSci |
| 数字媒体专业博士 | DProf |

---

①　Careers Research, Advisory Centre. Provision of Professional Doctorates in English HE Institutions[R]. 2016.

②　Careers Research, Advisory Centre. Provision of Professional Doctorates in English HE Institutions[R]. 2016.

续表

| 不同学科专业博士学位项目名称 | 英文名称缩写 |
|---|---|
| 社会科学与犯罪学： | |
| 刑事司法专业博士 | DCrimJ |
| 犯罪学和刑事司法博士 | DCCJ |
| 应用犯罪学专业博士 | DAppCrim |
| 安全风险管理专业博士 | DSyRM |
| 警务、安全和社区安全专业博士 | |
| 社会科学博士 | DSocSci |
| 公共政策博士 | DPP |
| 政策研究与实践专业博士 | DPRP |
| 艺术与人文科学： | |
| 设计博士 | DDes |
| 创意艺术博士 | DCreative |
| 美术博士 | DFA |
| 应用语言学专业博士 | DAppLing |
| 遗产博士 | DHeritage |
| 其他专业领域： | |
| 精英表演专业博士（运动） | DProf |
| 体育和运动专业博士 | DSE |
| 神学： | |
| 牧师神学专业博士 | DPT |
| 神职博士 | DMin |
| 实践神学专业博士 | DPrac Theol，DThM |

## （二）英国专业博士学位发展的动因

英国专业博士学位的设置与发展动因与国际上其他国家发展专业博

士学位面临知识经济、职业专业化发展等有相同的因素之外,还有两个特殊因素需引起高度注意:

(1)人才市场需求的变化给专业发展和大学人才培养模式造成了巨大压力。培养大学教师和科研人员是传统大学研究生教育的首要目标,然而当大学与科研机构对高层次人才的短缺得到缓解之后,培养在大学和研究机构之外从事各种实际工作的高级专业人才,就成为研究生教育的发展趋势和一项重要目标。① 据相关资料表明,1992年英国哲学博士毕业生中大约有45%在工商企业和政府部门等非学术机构就业。② 英国的专业人士曾指出,大学需要进一步促进专业发展、可转化技能和能力的培养,以及更高学历教育的发展。③ "人才市场对博士学位教育日益多样化的需求,客观上诱发了英国大学博士学位教育模式的改革"④。其中,1992年在布里斯托尔大学设置的EdD,就是为了回应教育专业人士对更高专业发展的需求。

(2)政府通过公共政策加强对高等教育发展的干预。20世纪80年代以后,为了迎接知识经济的挑战,英国政府对高等教育的宏观调控不断强化,"高等教育的控制全面地从'自下而上,不干涉'的政策走向正式的国有化系统一般特有的'自上而下,干涉'的政策"⑤。1987年,英国政府发布了一份白皮书,强调高等教育在社会和经济增长中的重要作用。该政策文件强调了高等教育在帮助解决国家社会经济问题方面的关键作用,并将高等教育的核心作用定义为更有效地为经济服务。这可能

---

① 邓光平. 英国专业学位设置的政策分析[J]. 中国高教研究, 2005(11).

② Osmo Kivinen, Sakari Ahola, Paivi Kaipainen. Towards the European Model of Postgraduate Training[R]. University of Turku, RUSE Report 50, 1999.

③ Felly Chiteng Kot, Darwin D. Hendel. Emergence and Growth of Professional Doctorates in the United States, United Kingdom, Canada and Australia: A Comparative Analysis[J]. Studies in Higher Education, 2012(3).

④ 朴雪涛. 英国专业博士学位教育发展的特征及启示[J]. 教育研究, 2005(5).

⑤ 朴雪涛. 英国专业博士学位教育发展的特征及启示[J]. 教育研究, 2005(5).

是最早的影响英国高等教育变革的政策之一。

20世纪90年代初,由于政府日益认识到研究生教育与经济增长的相关性,英国研究生教育的公共政策开始从"善意忽视政策转向政治导向系统"①。英国政府一般通过立法、拨款、科研资助等形式制定一些具有导向性的政策和建议来引导研究生教育的发展方向,从而使研究生教育更好地服务于经济建设。② 1993年,英国发布了一份关于研究政策的白皮书,指出"传统的PhD是为学术研究和工业试验室培养后备人才的,而不是为其他职业性工作而设置的"③。英国政府强烈期望研究生教育更符合劳动力市场雇主的需求。英国研究基金委员会也指出,研究生教育"要为当今社会培养完全合格(catch-all qualification)的劳动力"④,这无疑反映出了当时英国研究生教育应肩负的重大使命。⑤ 因此,英国专业博士学位的出现和扩展可以解释为英国政府对博士学位狭隘性关注的回应,以及对创建更多与专业相关和实践导向的研究生项目的需要。⑥ 20世纪90年代后,英国政府着力促进大学的市场化,有意减少了政府投资的份额。"为了筹集不足的教育经费,各大学都积极拓展教育服务的项目,其中有着广泛市场需求的专业博士教育计划理应成为新的拓展项目之一。"⑦由此可见,政府机构(如研究理事会)在英国专业博士学位设置与扩张方面发挥了决定性作用。

---

① Becher, T., M. Henkel, M. Kogan. Graduate Education in Britain[M]. London: Jessica Kingsley, 1994: 28.
② 邓光平. 英国专业学位设置的政策分析[J]. 中国高教研究, 2005(11).
③ 朴雪涛. 英国专业博士学位教育发展的特征及启示[J]. 教育研究, 2005(5).
④ Tony Becher, Mary Henkel, Maurice Kogan. Graduate Education in Britain[M]. London and Bristol, Pennsylvania: Jessica Kingsley Publishers, 1994.
⑤ 朴雪涛. 英国专业博士学位教育发展的特征及启示[J]. 教育研究, 2005(5).
⑥ Felly Chiteng Kot and Darwin D. Hendel. Emergence and Growth of Professional Doctorates in the United States, United Kingdom, Canada and Australia: A Comparative Analysis[J]. Studies in Higher Education, 2012(3).
⑦ 朴雪涛. 英国专业博士学位教育发展的特征及启示[J]. 教育研究, 2005(5).

## 三、英国专业博士学位的分布特征

### (一)不同类型大学间的分布比例不均衡

如表 5-3 所示,在 1992 年以前创办的 41 所传统大学之中,有 37 所大学(包括 18 所罗素集团成员)设置了 136 个专业博士学位项目,设置专业博士学位项目的大学占全部大学的比例高达 90.24%;1992 年后创办的 61 所大学之中,有 41 所大学设置了 172 个专业博士学位项目,设置专业博士学位项目的大学占全部大学的比例为 67.21%;在 21 所专科院校中,有 8 所大学设置了 12 个专业博士学位项目,设置专业博士学位项目的大学占全部大学的比例仅为 38.10%。由此可见,1992 年以前创办的传统大学设置专业博士学位项目的比例明显高于 1992 年后创办的新大学和专科院校。

表 5-3  2015 年英国不同类型大学设置专业博士学位项目分部情况①　(单位:个)

| 大学类型 | 设置项目数量 | 设置专业博士学位大学数量 | 大学总数量 | 设置专业博士学位大学占大学总数量的比例(%) |
|---|---|---|---|---|
| 1992 年前创办的大学 | 136 | 37 | 41 | 90.24 |
| 1992 年后创办的大学 | 172 | 41 | 61 | 67.21 |
| 专科院校 | 12 | 8 | 21 | 38.10 |
| 合计 | 320 | 86 | 123 | 69.92 |

### (二)不同学科间的分布比例不均衡

如表 5-4 所示,2015 年英国大学设置的专业博士学位项目涉及的学

---

①　Careers Research, Advisory Centre. Provision of Professional Doctorates in English HE Institutions[R]. 2016.

科领域包括健康与社会保健、医学与牙科、心理与心理治疗和教育等多学科领域,其中设置专业博士学位项目数量排名前三的学科领域是健康与社会保健(共有37所院校,设置了81个专业博士学位项目)、教育(共有54所院校,设置了72个专业博士学位项目)和心理与心理治疗(共有35所院校,设置了58个专业博士学位项目)。然而,在创意与表演艺术和一般学科领域,不仅设置的院校数量很少,而且设置的项目数量也不多。

表5-4 2015年英国各学科领域设置专业博士学位项目的数量及其院校数量① （单位:个,所）

| 学科领域 | 设置的项目数量 | 设置的院校数量 |
| --- | --- | --- |
| 健康与社会保健 | 81 | 37 |
| 医学与牙科 | 13 | 10 |
| 心理与心理治疗 | 58 | 35 |
| 商业与管理 | 48 | 38 |
| 教育 | 72 | 54 |
| 社会科学与法律 | 12 | 10 |
| 人文学科(包括神学) | 12 | 10 |
| 创意与表演艺术 | 7 | 6 |
| 其他科技 | 14 | 13 |
| 一般学科 | 3 | 2 |
| 合计 | 320 | 86 |

(三)不同学科的学生规模分布不均衡

英国CRAC抽查的100个专业博士学位项目学生规模分布情况如表

---

① Careers Research, Advisory Centre. Provision of Professional Doctorates in English HE Institutions[R]. 2016.

5-5 所示,教育学科领域的学生规模最大,总注册人数达 899 人,每个项目的平均人数达到 36 人;其次是商业与管理学科领域,学生总注册人数达 592 人,每个项目的平均人数达到 37 人;再次是心理与心理治疗学科领域,学生总注册人数达到 485 人,每个项目的平均人数达到 30 人。这三个学科领域的项目平均人数都超过了总项目平均 26 人的规模。然而,健康与社会保健和其他学科领域的项目平均人数都未达到总项目平均人数的规模。

表 5-5　英国各学科领域学生数量分布情况①　　（单位：个，所）

| 学科领域 | 总注册人数 | 项目数量 | 项目平均人数 |
| --- | --- | --- | --- |
| 教育 | 899 | 25 | 36 |
| 商业与管理 | 592 | 16 | 37 |
| 心理与心理治疗 | 485 | 16 | 30 |
| 健康与社会保健 | 337 | 22 | 15 |
| 其他 | 287 | 21 | 14 |
| 合计 | 2600 | 100 | 26 |

### 四、英国专业博士生培养模式的特征

在英国,不同的院校尽管基于不同的目的和市场需求,在专业博士项目的规定上存在较大的差异,导致专业博士发展呈现多样性态势,但在英国质量保障机构(QAA)的资格框架,以及遵循专业博士教育自身发展规律的约束之下,英国专业博士培养模式却又存在一些共同的特征。

---

① Careers Research, Advisory Centre. Provision of Professional Doctorates in English HE Institutions[R]. 2016.

## （一）学习过程：强调实践研究能力培养，侧重于应用

尽管不同院校和不同类型的专业博士学位项目都是为了回应社会特定的市场需求，在专业博士学位项目的具体结构设计上存在较大差异性，但大多数专业博士项目都有一个相似的教学结构安排，即将专业博士的学习计划分为课程学习、科研活动与论文写作两个阶段，每个阶段都需分别完成相应的学分，总共需完成 QAA 规定的 540 个学分，其中研究要素的学分要远远多于教学要素的学分。学生通过讲座、研讨会和工作坊等形式进行学习，旨在培养从事原创性研究活动的能力和专业实践相关的技能。

1. 课程学习阶段

在这阶段的学习内容大多与高级实践和研究方法密切关联，一般包括教学模块、研究训练模块、评估与组群学习模块。鉴于专业博士项目的生源主要来源于一线实务部门，考虑到学生既要一边学习还要一边进行全日制工作的实际情况，专业博士项目采纳的课程学习模式明显不同于传统的学习模式，通常被描述为混合模式，即面对面、自学和远程学习方式相结合。比如，相当多的专业博士项目规定教学部分课程只能在在线或远程教育平台上学习，尤其是新设置的专业博士项目，通常要求学生参与在线互动或讨论；面对面的学习方式是一种混合课程，它由培养机构组织的为期 1 周的街区活动学习和数天的结构化会议学习构成。学习模块或单元的评价形式可能是考试、实践演示或课程论文。大部分课程内容安排在第一学年。学生通常需要经过 2 年（也有的专业博士学位项目是 18 个月）的课程学习，并要求完成 180 个学分，也有少数专业博士项目只要求完成 160 个学分，甚至有的博士项目只要求完成 120 个学分。

2. 科研与论文写作阶段

只有成功完成第一阶段的课程学习之后，方可开始第二阶段的科研与论文写作活动。在这阶段的学习内容包括独立的研究、论文写作和口试。一般需要 2~5 年的时间去从事课题研究和论文写作。各院校对学

生在这一阶段需完成的学术学分的规定存在较大差异,通常是 360 个学分,也有的是 420 个学分,最多的是 540 个学术学分,最少的是 300 个学术学分。

(二)教学内容:注重专业知识和学术知识的整合与平衡

由于专业博士学位项目的教学内容是针对特定专业背景设计,以满足特定职业的需要,各专业博士学位项目的教学计划与内容都存在较大差异。① 整体而言,各类专业博士学位项目的教学内容一般是由特定学科的学术内容与技能发展模块构成的,并注重专业知识与学术知识间的平衡。技能,通常是指与研究相关的技能,但在某些情况下还包括专业技能。虽然不是所有专业博士项目都存在相同的技能发展模块,但绝大多数专业博士学位项目的技能发展模块大致包括如下主题:①阅读和评论文献的技能;②学术写作技能(在一些专业博士项目中,针对行业读者,往往需要运用非学术体裁进行写作)与其他表达技巧;③批判性思维能力;④研究哲理;⑤特定场景的数据收集方法;⑥分析方法和技能,包括定性和定量数据分析技术和工具;⑦运用理论和理论家的观点评估数据;⑧因果关系的自返性能力;⑨提出一个研究问题;⑩撰写研究计划。此外还有一些旨在开发专业技能或专业素质的模块,如职业道德、反思实践(反思性实践者)。由此可见,英国专业博士项目的教学内容涵盖了学科知识、研究技能、研究方法、更广泛的知识转化能力以及学科特定能力等方面,这不仅有助于增强学生对行业问题的研究能力,而且有助于提升学生解决行业实际问题的应用能力。

(三)研究成果:形式多样,突出应用价值

专业博士教育的根本目的是通过研究训练来培养学生对专业实践作

---

① UK Council for Graduate Education (UKCGE). Professional Doctorate[R]. Dudley:UKCGE,2002.

出重大原创性贡献的能力，使他们成为在特定职业背景下工作的研究型专业人士而非学术研究者或大学教师，因此，专业博士候选人的研究成果更强调其在特定行业领域的应用价值。这主要体现在以下三方面。第一，在研究领域上，要求直接关联和根植于学生的专业实践和工作情景。专业博士候选人的研究项目选题不能像 PhD 那样局限于精深的学术领域，而应来源于自身工作实践领域，具有特定的行业背景，以使他们能解决工作中遇到的技术开发或管理上的难题，从而更好地满足自身的专业兴趣和所在行业机构的利益需求。第二，在研究成果形式上，具有多样性。一般因专业博士项目的类型而定，既可以是学位论文、档案袋，还有可能是个别面试，而且篇幅与字数要求上也更为简短。如对于表演艺术类学生可以提交一篇书面评论，对于艺术和设计类学生可以提交一系列作品集构成的档案袋，对于戏剧研究、舞蹈或音乐类学生可以提交一个或多个表演片段。学位论文的长度通常缺乏统一的标准，主要因各培养院校对专业博士项目的要求而定，但一般认为专业博士学位论文长度较认可的字数范围是 3 万~8 万。由此可见，专业博士候选人研究成果形式的多样性不仅符合不同类型的专业博士学位项目的特殊性质，而且为学生从事科研活动提供了时间和空间上的便利性。学生能更有效地利用现实的人力、有效的时间和可用的资源，在灵活的时间和特定的场景中完成研究任务。第三，在研究成果质量评价上，不仅要求对专业知识发展作出贡献，而且要直接对专业实践产生重大影响。专业博士候选人从事的是应用型研究，必须做到理论与实践的紧密结合，其研究成果不仅要反映对专业性知识的探索与贡献，还要使研究成果达到实际的目的和效果。

（四）培养方式：强调高校与工商业界、专业组织间的沟通与协作

在英国，专业博士教育被视为满足行业或雇主对高级技能型人才需求的重要途径，大学设置专业博士学位的重要动机就是为了实现与特定行业雇主或当地雇主更密切合作的战略意愿，以便拓展研究活动范围，

并获得社会的资金支持。在专业博士生培养过程中，英国大学都比较重视与工商业界、专业组织之间的沟通与协作，以更好地培养符合行业标准的专业人才，具体表现在以下几方面：

1. 采取人才合作培养形式

一般是由工商企业单位先提出培养人才的规格、要求，然后由大学和工商企业单位指定的双方导师根据其规格、要求，共同指导学生选课、确立与完成科研课题及学位论文。① 根据英国 CRAC 的调查抽样，30 名专业博士学位候选人和校友中大约有一半的人反映雇主曾参与专业博士教育决策，有 1 人反映雇主在专业博士教育决策中发挥过积极作用，有 1 人反映除校内导师之外还有 1 名来自行业的导师参与指导其学习，另外还有部分人反映他们定期与一位专业同事进行非正式的交流②，以了解行业发展的最新动态和实践中的实际问题。

2. 专业组织参与人才培养过程

在专业学位设置、课程设置、学位授予、从业资格等方面，专业组织发挥着重要作用。"专业组织通过鉴定合格的方式来对授予适合专业成员的学位施加他们的影响，这已经形成了一种惯例。对开设课程的审查及其学位的确认而不是对个体申请专业人员资格的审核，明显地影响着未来课程的设置。"③在英国许多开设专业学位的大学的学位"制度上仍然保持专业学位认证委员会由校内外的学术成员、被邀请的专业组织和国家认证机构代表组成的传统"④。

3. 雇主给予专业学位博士生经费资助与学习时间支持

英国工商业界对专业博士学位候选人的资助，主要是通过科学和工

---

① 邓光平. 英国专业博士学位设置的政策分析[J]. 中国高教研究，2005(11).

② Careers Research, Advisory Centre. Provision of Professional Doctorates in English HE Institutions[R]. 2016.

③ Hammick, Marilyn. Validation of Professional Degrees: The Micropolitical Climate and Ethical Dilemmas[J]. Quality Assurance in Education, 1996(4).

④ Hammick, Marilyn. Validation of Professional Degrees: The Micropolitical Climate and Ethical Dilemmas[J]. Quality Assurance in Education, 1996(4).

程研究委员会与工业部门联合设置多种研究生奖学金项目进行的。① 尽管近年来学生自筹学费的比例越来越高,但仍然有相当比例的专业博士学位项目的学生获得了雇主的资助。根据英国 CRAC 的抽样调查,"在 30 名专业博士学位候选人和校友中,几乎有一半的人完全是自筹资金,包括 DBA、EdD 项目的候选人。其余由雇主资助的人中,大约一半的人是由雇主提供全部资金资助,另外一部分人由雇主和个人共同承担学习经费。"② 此外,在大多数情况下,雇主都会给予专业博士学位候选人一定的时间补贴,以支持他们顺利完成学习计划。最常见的是,专业博士学位候选人被允许以较灵活的方式适应他们的专业博士学位研究计划。

4. 研究项目以特定行业为依托,需要雇主的合作参与

由于专业博士生的研究项目被要求以应用为导向,研究的问题直接面向工作中的技术开发或管理中的难题,专业博士生通常需要寻求雇主的密切配合,共同开发解决实际问题的技术、方法和方案。通过研究项目的开展,不仅有利于工作情景问题的解决,而且进一步提升了大学、工商业界和专业组织之间的合作水平,对劳动力研究、组织水平、管理和领导技能等方面的发展也作出了积极贡献。

(五)人才培养成效:对专业实践和职业发展产生了积极影响

在英国,大量的文献研究表明,专业博士学位候选人都期望从他们想要探索的专业实践中的"问题"开始学习。通过这种基于工作为基础学习而开发的知识,有助于专业情景的变革;基于工作情境问题的高度关注,还有利于专业博士学位候选人的专业发展;此外,以行动导向的研究也促进了专业实践的发展与变革。③ 有学者研究指出,通过专业博

---

① 邓光平. 英国专业博士学位设置的政策分析[J]. 中国高教研究,2005(11).

② Careers Research, Advisory Centre. Provision of Professional Doctorates in English HE Institutions[R]. 2016.

③ Careers Research, Advisory Centre. Provision of Professional Doctorates in English HE Institutions[R]. 2016.

士项目的学习,从外在维度来看,不仅提高了学生开发新产品、系统、政策或实践的能力,而且增强了实施或管理其组织或工作环境变革的能力;从内在维度来看,增强了与人合作的能力,包括激励他人的能力,以及改善自我组织和领导能力,即可转化技能。① 此外,英国 CRAC 的研究也证明,学生参与专业博士学位项目,部分是为了"解决"他们工作实践中迄今尚未获得有效解决的特定问题。通过专业博士学位项目的学习培训和研究主题,他们与雇主一起开发出了一套实施方法和解决方案,从而实现了行业生产力和盈利能力的切实提高。② 此外,专业博士学位持有者都获得了较丰富的职业相关收益。例如,一位 DBA 校友报告说,因为持有 DBA,他不仅变得更有影响力,为组织做出了更好的决策,而且在组织中各方面都取得了较显著的进步;对众多 EdD 候选人而言,获得博士学位本身就是强有力的激励因素,因为博士学位是进入某一工作岗位或取得资历水平的必备条件。③

综上,通过专业博士学位项目的学习,并获得专业博士学位,不仅有助于行业实现创新,增强对新知识、技术的接纳能力,提高盈利能力和生产力,而且有助于个人收益的实现。

### 五、对我国专业博士生培养模式改革的启示④

英国专业博士学位设置政策尽管出台历史不长,也处于不断地探索与变革中,也有其问题,但它毕竟获得了很好的贯彻并且有着自己鲜明的特征,有些经验对我国专业博士生培养模式的改革创新不乏借鉴

---

① Doncaster, K., Lester, S. Capability and its Development: Experiences from a work-base Doctorate[J]. Studies in Higher Education. 2002(1).
② Careers Research, Advisory Centre. Provision of Professional Doctorates in English HE Institutions[R]. 2016.
③ Careers Research, Advisory Centre. Provision of Professional Doctorates in English HE Institutions[R]. 2016.
④ 邓光平. 英国专业博士学位设置的政策分析[J]. 中国高教研究, 2005(11).

意义。

(一)政府应积极引导专业博士学位的健康发展

英国专业博士学位研究生教育的成功已充分表明：政府的公共政策引导着博士学位研究生教育的改革方向，专业博士学位研究生教育的发展离不开政府的积极参与。在我国，专业博士学位研究生教育起步较晚，目前只在临床医学、口腔医学、兽医学、教育、工程和中医共六个领域设置并开展，远不能满足社会对各类高层次应用型人才的需求，而政府对近年来部分高校尝试开展新的专业博士学位研究生教育的呼声还没有给予应有的关注。笔者认为，特别是像在我国这样实行国家学位制度的国家里，政府应更加主动地创设良好的政策环境，积极引导有条件的高校试办社会急需的各类型的专业博士学位研究生教育，这样我国的专业博士学位研究生教育才有可能实现健康持续发展。

(二)注重加强与专业组织和工商业界之间的沟通与协作

专业博士学位研究生教育面向社会实践领域，强调实践性，其培养人才的规格与质量根本上要受社会实践领域的影响和检验。专业组织掌握着专业人员的入会资格，对专业人员有特定的知识、能力与伦理要求。而工商业界则是专业博士生就业与创业的主要领域，工商业界需要什么样的人才将直接影响大学人才培养的规格。因此，作为培养准专业人员和面向实践领域的专业博士学位研究生教育，应在培养目标、课程设置、评价标准等方面虚心听取来自专业组织与工商业界的有益建议，充分发挥高校、企业和专业组织各自的优势，密切合作才能培养出符合社会实践领域真正需要的高级应用型专门人才。

(三)宽容对待专业博士学位研究生教育发展中的问题

专业博士学位相对于有200多年发展史的哲学博士而言，仅有短暂的发展历史。自从世界第一个专业博士于1921年诞生在美国哈佛大学以来，直到20世纪90年代专业博士学位研究生教育才逐渐被世界各国重视。作为新生事物，专业博士学位研究生教育无论是在理论还是实践上都显得较为欠缺。它要形成自己的鲜明特色，必然有一个漫长的探索过程；要博取社会的信任，必然有一个逐渐认同的过程；要获得人才市场的青睐，必然有一个逐步提高培养质量的过程。因此，对于专业博士学位研究生教育发展中存在的问题，社会各界应持宽容的态度，给予宽松的制度环境，让其在发展中逐渐更新教育理念，强化培养模式、评价制度等方面的改革，而不能因其一时的问题就将其扼杀于摇篮中。

(四)鼓励高校制度创新，不断探索完善政策体系的新举措

由于我国专业博士学位研究生教育起步很晚，在专业学位设置政策的制定与实施中还面临着诸如规模与质量远不适应社会需要、培养模式单一、评价制度不健全等问题。这些问题的存在已严重制约着专业博士学位研究生教育的进一步发展。对此，政府一方面应鼓励有条件的大学在专业化程度较高、社会需求旺盛的工程、法律、企业管理、教育等职业领域进行专业博士学位研究生教育试点工作，积累经验；另一方面应做好对已有的专业博士学位研究生教育的制度创新，优化培养过程，探索新型的培养模式和教学方法。

# 第三节　美国专业学位研究生培养模式改革的经验与启示

## 一、美国专业学位研究生教育发展的历史与原因

(一)美国专业学位研究生教育发展的历程

早在1908年，美国哈佛大学商学院为了培养能够胜任工商企业和经济管理部门高层管理工作需要的务实型、复合型和应用型高层次管理

人才，率先开展工商管理硕士培训计划。如前文所述，1921年哈佛大学授予了美国历史上第一个专业博士学位——教育博士学位，它也是全球最早设置的专业博士学位。与英国和澳大利亚等国相比，美国的专业博士学位项目是"职前"而非"在职"培养高级专业人才发展计划。①1930年哈佛大学又开设了商业博士学位。随后其他大学在药学、社会科学、公共卫生学等领域也授予了专业博士学位，从而呈现出职业性与学术学位并存、共生的格局。②1936年哈佛大学校长科南特（J. B. Conant）设置了人类历史上第一个教育硕士学位，美国的教育硕士学位研究生教育已有80余年的发展历史，逐渐形成了一套理论和教学、培养、管理体系，取得了一系列的成功经验，形成了独特的教育特色，成为世界各国开展教育硕士学位研究生教育的典范。

特别是1960年以来，美国的工业和科技获得了飞跃发展，工业与科技的发展又大大刺激了对高层次应用型人才的需求。在这一时期，专业博士学位受到重视，呈现出蓬勃发展的态势，但主要分布在具有鲜明职业背景的学科领域，如，教育、心理、工程、医学、法律和商业管理等领域。"这些领域博士生增长快的重要原因是科技进步引起的产业结构的变化对人才需求的变化。"③20世纪60年代，护理科学博士学位（DNS／DNSc）开始产生。1965年全美工程检查员协会（NCEE）通过了一项决议，敦促高等院校发展工程博士计划，并指出发展这些教育计划需要聘用具有现代工程实践经验的教师。1967年，美国底特律大学率先设置工程博士学位。工程博士是一种专业博士学位，它与哲学博士在培养目标、培养模式、评价标准和要求等方面都有显著差异。工程博士

---

① Felly Chiteng Kot, Darwin D. Hendel. Emergence and Growth of Professional Doctorates in the United States, United Kingdom, Canada and Australia: A Comparative Analysis[J]. Studies in Higher Education, 2012(3).

② 邓光平. 国外专业博士学位发展的历史与启示[J]. 比较教育研究, 2004(10).

③ 邓光平. 国外专业博士学位发展的历史与启示[J]. 比较教育研究, 2004(10).

学位教育特别强调应用、设计和工程实践能力的培养，由大学导师和专业工程师联合指导学习，课程突出实用性和综合性，并须经历至少一年的工业见习期，最后往往以一篇有创新性的设计论文来获得工程博士学位，毕业生主要在工商业界和政府部门从事设计开发和管理工作。随后，德州农机大学、加州大学伯克利分校、哥伦比亚大学纷纷设立工程博士计划，培养博士水平的专业工程师。① 1968年心理学博士学位最初在伊利诺伊大学(University of Illinois)设置。随后，1970年诞生了神职博士学位(DMin)，1979年诞生了理疗博士学位(DPT)，1994年首次在贝勒医学院(Baylor College of Medicine)设置听力学博士学位(AuD)，1995年在克雷顿大学(Creighton University)率先设置职业心理治疗博士学位(OTD)。② 20世纪60年代以来，美国的专业博士学位教育获得了很大的发展，据1987年统计，全美有500多个学科领域可授予博士学位，除传统的哲学博士以外，有47种专业博士学位。③ 如表5-6所示，2007年抽查的美国32所院校设置专业博士学位项目的情况表明，32所院校总共设置了33种不同类型的专业博士学位；每所院校设置的专业博士类型数量为0~16种，平均为4.7种。53%的院校设置了1~4种不同的专业博士学位，44%的院校设置了5~16种不同的专业博士学位。在美国专业博士学位的持续增长之中，EdD不仅是设置院校数量最多的，而且招生和毕业的人数也是所有专业博士学位项目中规模最大的。毫无疑问，EdD是最受欢迎的专业博士学位项目，有81%的院校设置了该类项目，接下来是依次是JD、MD(50%)、DMA(31%)。在这33种专业博士学位中，至少有13个被美国国家科学基金会(NSF)认定为研究博士学位，或者等同于PhD。这些专业博士学位，包括EdD、

---

① 顾建民，王沛民. 美国工程博士及其培养的研究[J]. 上海高教研究，1993(4).

② Felly Chiteng Kot, Darwin D. Hendel. Emergence and Growth of Professional Doctorates in the United States, United Kingdom, Canada and Australia: A comparative Analysis[J]. Studies in Higher Education, 2012(3).

③ 孙沉鲁. 美国研究生教育及其对我国的启示[J]. 广西大学学报(哲学社会科学版)，2000(2).

DBA、DESc、DDes、DHL、DM、DMA、DME、DNSc、SJD、DPA、DPH 和 DSc 每年都会被纳入已授予博士学位调查(SED)之中。SED 旨在收集美国研究博士学位获得者的信息,并认可了除 PhD 之外的 23 种类型的研究博士学位。①

表 5-6　2007 年抽查的 32 所大学专业博士学位设置情况　(单位:所)

| 专业博士学位名称 | 设置的大学数量 | 专业博士学位名称 | 设置的大学数量 |
| --- | --- | --- | --- |
| 教育博士学位(EdD) | 26 | 职业心理治疗博士学位(OTD) | 2 |
| 法学博士学位(JD) | 16 | 验光博士学位学位(OD) | 2 |
| 医学博士学位(MD) | 16 | 心理学博士学位(PsyD) | 2 |
| 音乐艺术博士学位(DMA) | 10 | 科学博士学位(DS) | 2 |
| 听力学博士学位(AuD) | 9 | 临床科学博士学位(CScD) | 1 |
| 理疗博士学位(DPT) | 9 | 设计博士学位(DDes) | 1 |
| 药学博士学位(PharmD) | 7 | 健康科学博士学位(DHSc) | 1 |
| 兽医博士学位(DVM) | 7 | 希伯来文学博士学位(DHL) | 1 |
| 护理实践博士学位(DNP) | 6 | 婚姻与家庭治疗博士学位(DMFT) | 1 |
| 司法科学博士学位(DJS) | 5 | 医学博士学位(DMSC) | 1 |
| 公共卫生博士学位(DPH) | 5 | 音乐教育博士学位(DME) | 1 |
| 牙科医生博士学位(DDS) | 4 | 护理学博士学位(DNSc) | 1 |
| 牙科医学博士学位(DDM) | 3 | 规划与发展研究博士学位(DPDS) | 1 |
| 骨科医学博士学位(DO) | 3 | 植物医学博士学位(DPM) | 1 |
| 工商管理博士学位(DBA) | 2 | 公共管理博士学位(DPA) | 1 |
| 工程科学博士学位(DESc) | 2 | 语音语言病理学博士学位(SLPD) | 1 |
| 音乐博士学位(DM) | 2 | | |

---

①　Felly Chiteng Kot, Darwin D. Hendel. Emergence and Growth of Professional Doctorates in the United States, United Kingdom, Canada and Australia: A comparative Analysis[J]. Studies in Higher Education, 2012(3).

(二)美国专业学位研究生教育发展的原因

除了社会各界对 PhD 以及持有传统博士学位人员就业能力的批评,加上知识经济的快速发展和高等教育的角色发生重大转变等多种因素之外,还有以下几个重要因素深刻影响了美国专业学位研究生教育的发展。

1. 高度的学术自治与学术自由①

美国在学位管理体制上奉行的高度学术自治与学术自由,使得高校拥有较大的学位自主权,这无疑成全了美国专业学位的诞生,推动了专业学位研究生教育的快速发展。在美国,由于学位是学校学位而非国家学位,大学在专业学位的设置、培养、评价等方面享有自主权。这样美国大学就能有效抵御来自以传统学术为价值取向的势力的干预,从而根据社会对高层次应用型人才的需求变化及时灵活设置地相应的专业学位。正如赵炬明对哈佛大学教育博士学位发展史的研究认为,"学术自治与学术自由成全了哈佛大学教育学院发展教育专业化的梦想,推动了美国教育事业的发展。此事要是发生在当时的英、法、德等国,EdD 极可能胎死腹中"②。

2. 行业组织对职业入门学位的规定

在美国,作为行业声誉和职业专业化水平的重要维护者,行业组织往往把持职业的入职资格和深刻影响人才的培养标准。在 20 世纪 60 年代,理疗职业的入门资格仅仅是学士学位,随着 20 世纪 70 年代硕士学位的建立与发展,入门资格在 20 世纪 90 年代末和 21 世纪初期则提升为硕士学位。目前,博士学位是主导趋势,美国理疗协会(APTA)已确定到 2020 年理疗服务将仅由理疗博士(DPT)的持有者提供。APTA 统

---

① 邓光平. 我国专业学位设置的政策分析[D]. 武汉:华中科技大学博士学位论文,2006.

② 赵炬明. 学科、课程、学位:美国关于高等教育专业研究生培养的争论及其启示[J]. 高等教育研究,2002(4).

计数据也反映了入门资格要求发生变化的影响。例如,2006 年,APTA 的会员中有多达 260 名博士生,仅有 29 名硕士生。在听力学中也可以发现类似案例。1989 年,美国听力学基金会(AFA)成立,将听力学职业转化成博士化职业。三年后,美国语音语言听力协会(ASHA)特设委员会建议将专业学会认证的听力学博士学位(AuD)作为该职业的入门级学位,并于 2001 年实施。随后,ASHA 和美国听力学学会(AAA)共同确定 2012 年毕业生必须持有临床博士学位,方可获得执业资格。此外,职业心理治疗职业也遵循了类似的发展轨迹。20 世纪 80 年代学士学位是入门级学位,20 世纪 90 年代硕士学位变成了入门级学位,然而今天博士学位则成了入门级学位。因此,不断变化的职业入门学位要求深刻影响了美国专业博士学位项目的设置与扩展。例如,在理疗方面,2001 年仅有 8 个经过认证的 DPT 项目,然而到 2002 年,这一项目就激增到 49 个。[①]

3. 有适宜的社会文化制度

社会文化制度的内核是文化价值观。美国文化所崇尚的则是实用主义哲学。实用主义作为美国唯一真正土生土长的生活哲学,广泛而又深刻地影响着美国人生活的方方面面,成为其行动的指南。在文化知识方面,由于美国人没有欧洲崇尚纯学术知识、貌视实用价值知识的文化传统,在 19 世纪以来迅速的工业化浪潮中更加重视即刻有用的知识。该思想反映在教育领域,就是美国"赠地运动"的兴起、"威斯康星思想"的产生、大学服务社会理念的形成、大学为实践服务的信念是美国高等教育传统中最有价值的核心。开展专业学位研究生教育,培养面向实际领域并直接参与社会经济建设的高层次应用型人才就是大学服务于社会的一种重要形式。美国文化中所崇尚的实用主义哲学,无疑为美国研究生教育指明了发展方向,使美国的研究生教育从一开始就比较重视应用

---

[①] Felly Chiteng Kot, Darwin D. Hendel. Emergence and Growth of Professional Doctorates in the United States, United Kingdom, Canada and Australia: A Comparative Analysis[J]. Studies in Higher Education, 2012(3).

型学科专业学位教育的发展。可见,制定以强调实践性为取向的专业学位设置政策,是与美国文化制度及其价值观相合拍的,具有很强的社会文化可行性。①

### 二、美国专业学位研究生教育发展特征②

(一)专业学位类型多样化

自1908年,哈佛大学开始开展工商管理硕士培训计划以来,美国专业学位研究生教育获得了很大的发展,设置的专业学位逐渐涉及教育、管理、商业、公共卫生、城市规划、工程、医学等广泛领域。就硕士专业学位类型而言,专业学位种类甚至远远超过传统的研究型学位。据1987年统计,全美硕士学位名称超过660种,其中专业学位占85%,学术学位仅占15%。③ 而就同一类型的专业学位而言,通常也涵盖诸多领域,如MBA通常涉及如下领域(专业):会计(Accounting)、商业计算机信息系统(Business Compute Information Systems)、商业教育和行政管理(Business Education and Office Administration)、管理与财政(Management and Finance)、市场和普通商业(Marketing and General Business)。

(二)专业学位层次的多样化

美国专业学位研究生教育早已形成了以硕士为绝对主体,包括学士、硕士、博士三级完整的学位教育体系。在美国大学的专业学院一般

---

① 邓光平.我国专业学位设置的政策分析[M].武汉:湖北人民出版社,2014:149-150.
② 邓光平.我国专业学位设置的政策分析[M].武汉:湖北人民出版社,2014:151-152.
③ 孙沉鲁.美国研究生教育及其对我国的启示[J].广西大学学报(哲学社会科学版),2000(2).

设置有各种专业学士、硕士和博士学位。常见的专业学士学位有建筑学士、神学学士和法学学士等。一些院校允许学生在大学三四年级时就进入专业学院学习，这些学生一般要花5年以上的时间来取得他们的专业学士学位。多数院校规定，只有文学学士或理学学士学位获得者方可攻读神学学士和法学学士学位，修业时间为3年。在硕士层次，专业学位种类十分丰富，如教育硕士、工商管理硕士、工程学硕士、建筑学硕士等。一般而言，美国硕士专业学位研究生教育的课程设置较紧凑，管理很严格，声誉较高。在博士层次，所授予的专业学位反映出的是高层次的职业水准而非学术水准。全美有500多个学科领域可授予博士学位，除传统的哲学博士以外，有47种博士专业学位。① 如教育学博士、按摩学博士、牙科学博士、法学专业博士、验光配镜学博士、神学博士等。

(三) 专业学位研究生教育形式的多样化

美国专业学位研究生教育为满足社会实践人员的多样需要，在学制上实行弹性学制，既有全日制(full-time)又有非全日制(part-time)，并根据专业的实际情况确定不同的年限。例如MBA全日制脱产学习时间一般为2年，只有少数学校为1年，而非全日制半脱产学习可以安排在晚上或集中时间进行教学，所需时间一般为3～4年。在教学形式上采用多样化教学。随着现代信息技术的飞速发展，突破了传统教学以校园为主、采用面授的单一形式，很多新技术手段被广泛应用于教学中，例如通过电话、网络、广播电视、录音录像、卫星传送和交互式计算机等为非住校学生提供专业学位课程。师生之间、学生之间可通过电子邮件、网络讨论组进行研讨交流，以及在实践环节中进行广泛深入的教学交流。

---

① 孙沉鲁.美国研究生教育及其对我国的启示[J].广西大学学报(哲学社会科学版)，2000(2).

### 三、美国行业组织参与专业学位研究生培养过程①

所谓行业组织,又称行业协会,是由来自本行业的成员在自愿的基础上组成的一种具有民间性、非营利性的社会团体,它承担着加强行业自律、协调行业内外关系,促进行业发展等职责。在社会诸多职业走向专业化的背景下,由于高校已成为繁衍专业人员的最有效路径,专业人员的质量直接关涉行业的专业化水平与声誉,因此,人才培养活动势必备受行业组织的关照。正如美国学者罗伯特·斯蒂文斯指出,美国律师界认为"只有杜绝不符合资格要求的人进入律师界,律师职业才能成为一个享有较高声誉的职业,否则它就会成为外界嘲笑和批评的目标"②。在美国,行业组织通过制定一套比较完备而严格的行业规章,并采取一系列有效的举措,对第一级专业学位(first-professional degree)的质量保障发挥着关键性的作用。③

**(一)主导专业认证,确定第一级专业学位研究生教育的基础性质量标准**

在美国,"专业认证"是一种由专业性认证机构对专业性教育学院及专业性教育计划进行的评价,是对符合认证标准的专业给予的资格证明,是确保专业教育质量符合专业协会和行业协会要求的有效举措。这

---

① 邓光平. 美国行业组织与第一级专业学位教育的质量保障——以ABA在J.D学位计划中的作用为例[J]. 高等教育研究,2010(7).

② 韩慧. 论律师界对美国职业性法律教育之影响[J]. 山东行政学院学报,2008(3).

③ 根据美国教育统计中心的界定,第一级专业学位是授予完成规定的学术要求,并有能力在法律、医学、神学等专业领域执业的学位,它实质上是取得某一职业资格的基本学位要求。它属于专业学位类型。目前,美国主要在涉及人的生命、权利的医学(M.D.)、法律(l.l.B.或 J.D.)等10个职业领域设置了相应的第一级专业学位。

种专业认证主要关注"那些被公认为进入某特定专业或职业做准备的教育计划的质量"①,其目的是为进入专门职业界工作的预备教育提供质量保证。因此,通过专业认证的专业,就能向社会和用人单位提供信心保证,而未获得认证资格的专业,往往被认为缺乏质量保证。美国第一级专业学位的质量就是通过专业认证制度来加以保障的,具体是由非官方的行业协会或专业权威机构按照行业执业的要求来制定评价标准,对专业学院开展办学资格认证,以确保设置第一级专业学位的专业学院在生源质量、办学条件、教学水平、师资力量等方面达到最基本的要求。专业认证标准的确立,为第一级专业学位研究生教育的实施和发展规定了边界性的条件,保证了第一级专业学位研究生教育的质量是在一个明确的标准之内。此外,专业认证有一定时间期限,专业认证的标准随职业专业化程度的提升而逐步更新,这样就能引导第一级专业学位研究生教育不断向前发展,从而实现第一级专业学位研究生教育质量的持续改进。

1. 认证的主体与程序

在行业协会的主导之下,参与专业认证的成员来源十分广泛,主要由各利益集团的代表构成。例如,美国律师协会(American Bar Association, ABA)下设的专业认证理事会由21名选举产生的代表构成,其中10人是法学院院长或专业教师,其他成员还包括法官、执业律师,1名法学院学生和至少3名公众。认证理事会主席通常是在法官、专业学者和执业律师中轮流产生。② 代表来源的多样性,不仅更便于表达各自的利益诉求,而且还有利于认证活动的开放、公正与高效。美国开展法律

---

① Lenn, M. P. Accredititation, Certification, and Licensure[J]. New Direction for Higher Education, 1987(1).

② 美国律师协会成立于1878年,是一个由律师自愿组织的全国性行业组织。目前美国律师协会的目标是服务会员,提升专业水准,消除歧视与尊重多样性,推动法规科学。美国律师协会在审核法学院的资格、法学院的课程、职业道德以及促进法律教育的发展等方面起着重要作用。

博士③教育计划的机构，通常要经历临时认证和全面认证两个阶段①：（1）临时认证（provisional approval）。临时认证是正式认证的前提。法学院成立一年之后就需向 ABA 申请临时认证。只有法学院证实符合 ABA 标准的所有条件，方可授予临时认证。如果在获得临时认证之后五年仍然未取得全面认证，该法学院已获得的认证资格将自动取消。（2）全面认证（full approval）。法学院若证实其开展法律博士学位计划的条件完全符合 ABA 认证规则的每条标准，并且获得临时认证不少于两年的，才能进行全面认证。通过全面认证的法学院，每年必须全面完成涉及认证标准继续遵守情况的年度问卷表，此外，在认证后的第三年和每隔 7 年的休假年里还将分别进行一次全面的现场评估。专业认证具有一定的时间期限，这就要求培养机构必须不断提高培养质量，这无疑建立了一种长效的监控机制，保障了教育质量的持续提高。

2. 认证的内容与标准

作为行业的代言人，行业组织会按照该行业的执业能力要求，对培养机构的教育内容、方式、师资、图书设备以及教学水平等方面提出统一的标准。设置法律博士学位的法学院大致包括以下几个考察重点：②①必须给教师较低的教学负担；②必须有较高的师生比；不过对于刚成立的法学院，师生比要求比较低，然后再逐渐提高；③教师要有轮休；④有较多的行政人员；⑤昂贵的法学院设备，包括老师的研究室、图书馆设备等；⑥繁重的实务练习课程；⑦实质性的法学院资源；⑧免于受到系属大学干涉的运营自主权。

---

① American Bar Association. 2009—2010 ABA Standards for Approval of Law Schools. Abanet ［EB/OL］. ［2010-03-12］. http://www.abanet.org/legaled/publications/compguide2000/cgchart4.html.5/22/01.

② American Bar Association. 2009—2010 ABA Standards for Approval of Law Schools. Abanet［EB/OL］.［2010-03-12］. http://www.abanet.org/legaled/publications/compguide2000/cgchart4.html.5/22/01.

3. 认证结果的影响

由于专业认证能对第一级专业学位人才的培养发挥重要的导向与质量控制作用，所以这种认证的结果直接关涉到专业学院的生存与发展。美国的法学院若未通过认证，至少将在三个方面受到影响：

(1)政府不予补助。美国教育部尽管对没有通过认证的专业学院没有任何处罚机制，但它会利用这个认证的结果，作为是否补助相关院校的参考。

(2)学生执业考试资格丧失，招生困难。由于各州的法律不同，教育方式也不同，为了确保来自其他州的考生具备一定的能力，所以大部分的州就会要求，必须通过 ABA 认证的法学院的毕业生，才有资格应考。目前全美国有 45 个州在律师考试时要求必须是 ABA 认证学校的毕业生才有资格报考。① 没有通过律师协会认证的专业学院还可继续招收学生，但毕业后将无法参与律师考试。这样的后果，就可能使这些学院的招生逐渐困难，最终难以生存。

(3)学生无法办理贷款。教育部补助的学生贷款，也会以此认证结果作为参考，若未通过认证的专业学院的学生则无法申请贷款。

(二)指导人才培养，监控第一级专业学位研究生教育的过程

为了确保培养质量，使专业学院所培养的人才全面符合职业界的用人需求标准，美国行业组织通常会主动参与到专业学院的教育活动中去，这给第一级专业学位制度的改革与发展产生了广泛且深刻的影响。

1. 规定入学资格

行业协会通常要求专业学院制定与其教育培养目标相一致的、完备合理的招生政策与制度，它不仅注重对申请者的学历、学习能力、工作经历等方面的考察，而且还注重对将来从事职业时的性格、资质等职业

---

① Marina Lao. Discrediting Accreditation? Antitrust and Legal Education [M]. Wash. U. l. Q., 2001：79.

素质的测试。申请攻读法律博士学位的人，首先须是来自经教育部认可的学位授予机构，要么已获得学士学位，要么已完成一个学士学位所要求的3/4的学业。若不具备以上条件，申请人须证实自己拥有从事法律学习研究的能力。第二，申请者须参加一项入学测试，旨在评估其是否具备完成学业的能力。第三，法学院应在学生参加入学考试之前，就告知他们将来从事律师职业所必备的身体素质、性格以及其他方面的资质；在入学考试之后，还须告知已获得录取的学生在性格、健康以及其他资质方面进行测试的必要性。① 专业学院对申请人素质进行全面的了解和审查，以便于及时排除不适合特定职业的申请者，这不仅严格控制了攻读第一级专业学位的入门关，而且也为在校期间有针对性地引导学生养成和提高职业道德与职业素质提供了基本的依据。

2. 制定课程设置标准

行业组织要求专业学院开展的教学计划，要有助于学生的职业素养与能力的生成，以便为学生进入职业领域做好充分准备。在课程设置上，行业组织通常会对第一级专业学位人才培养提出比较具体的要求，包括知识结构、课程体系以及核心课程的设置。ABA规定，法学院开设的课程必须能有效、充分地满足培养法律博士研究生的法律分析和逻辑推理能力、法律研究能力、解决实际问题能力、口头表达能力以及其他与法律职业相关的专业技能等多方面的需求。此外，法学院要通过各种方式为学生提供现实客户经验或其他实际执业经验，以满足专业技能教学的要求。② 在ABA的指导下，美国法律博士学位的课程设置以培养律师和法官为旨向，重实践，强调职业性而非学术性。法律博士学位

---

① American Bar Association. 2009—2010 ABA Standards for Approval of Law Schools. Abanet[EB/OL].[2010-03-12]. http://www.abanet.org/legaled/publications/compguide2000/cgchart4.html.5/22/01.

② American Bar Association. 2009—2010 ABA Standards for Approval of Law Schools. Abanet[EB/OL].[2010-03-12]. http://www.abanet.org/legaled/publications/compguide2000/cgchart4.html.5/22/01.

课程教学的重点就是教学生按照律师或法官的习惯进行思维,锻炼学生对案件的分析和对法律的理解能力。由此可见,美国第一级专业学位课程的设置,彰显出重实践课程设置的鲜明特点,这与第一级专业学位本身强调实践性与操作性的特性是相一致的。

3. 参与师资建设

教师是第一级专业学位计划的执行者,教师的数量和素质将深刻影响人才培养质量和水平。为提高专业教育的质量和水平,美国行业组织不仅规定了专业学院教师的资格、规模、教学任务,而且还规定了教师的结构及其福利等。例如,ABA 规定:法学院教师应在教育、教学或执业经验、教学效率、学术研究及写作等方面具备相当高的水准;学生/专职教师比例应等于或小于 20∶1;法学院应当将经验丰富的执业律师和法官纳入教学资源,并为其提供方向、指导、监督和评估,使其为法律博士教学计划发挥实质性的作用。[①] 来自实践领域的教师通常会利用其擅长的职业工作经验和材料进行教学,这无疑强化了第一级专业学位教育的职业取向,有利于学生职业素养和能力的生成。

4. 重视图书馆和信息资源建设

在第一级专业学位教学计划实施中,图书馆建设是一个十分重要的环节,因为它在培养高质量专业人才方面发挥着不可替代的作用。在美国,无论是 ABA 对法学院的认证还是权威机构对法学院的排名,图书馆都是其中的一项重要指标,建设一个符合标准的法律图书馆是开办法学院以及设置法律博士学位的必备条件。在 ABA 制定的《美国法学院认证规则》中,就以专章形式对法学院图书馆的基本原则、行政管理、馆长、馆员、服务及藏书等方面进行了专门规定。ABA 要求法学院图书馆应具备持续充足的资金来源,以支持法学院的教学、学术、研究以及

---

① American Bar Association. 2009—2010 ABA Standards for Approval of Law Schools. Abanet [EB/OL]. [2010-03-12]. http://www.abanet.org/legaled/publications/compguide2000/cgchart4.html.5/22/01.

服务工作。① 因此,美国判断一所法学院及其设置法律博士学位质量高低的一个重要标准就是看其图书馆的好坏。

(三)参与执业资格考试工作,评定第一专业学位研究生教育的结果

在美国,学生在执业资格考试中的通过率既是专业学院教育质量的衡量指标,更是专业学院能否通过专业认证的重要条件。学生只有通过执业资格考试才能获得从事特定职业的资格。有学者研究指出,"执业资格考试既是学生接受第一专业学位研究生教育的结果的总结和评定,又是学生迈进社会实践领域的前提和基础。"②因此,职业资格考试在美国第一专业学位研究生教育中具有举足轻重的地位。在美国,有关执业资格考试资格的认定、考试标准的制定等活动,则是通过立法的形式授权委托给专业协会来承担和实施,因为他们认为专业人员的执业资格所涉及的考试标准、评价体系等都是专业性很强的问题,一般人将难以准确理解与掌握这套复杂的科学知识系统和技能,另外,由专业组织来开发和创建专业教育和本行业选拔的测试基准,有利于增强对行业标准与行为规范的有效控制,从而选拔出行业真正需要的人才。

1. 规定参加执业资格考试的条件

根据 ABA 和全美律师考试委员会(NCBEX)的规定,律师资格考试的报名资格包括大学教育要求与法学教育要求两方面。大学教育要求每位申请人在开始法学教育之前,应在一所被认可的院校成功地完成攻读专业学士学位至少 3/4 的学业。法学教育则要求申请者必须获得 ABA

---

① American Bar Association. 2009—2010 ABA Standards for Approval of Law Schools. Abanet[EB/OL]. [2010-03-12]. http://www.abanet.org/legaled/publications/compguide2000/cgchart4.html.5/22/01.

② 吕宫思. 美国律考:百里挑一吗——关于美国律师资格考试制度的考察报告[J]. 中国律师, 2000(8).

认可的法学院所授予的法律博士学位或法学学士学位，方可取得律师考试资格和毕业后从事法律职业。无论是自学、类似的学习或律师事务所培训，还是年龄与实践经验如何，都不能替代法学院的教育。① 如果申请者不是毕业于 ABA 所认可的法学院，则通常对实践经历有更为严格的要求，如在新墨西哥州，若申请者毕业于非 ABA 认可的法学院，申请者须在其他州注册从事法律业务、有好的名望，并在过去的 6 年中有 4 年从事法律业务。② 在美国，通过行业协会认证的专业学院则是有质量保障的象征。ABA 和 NCBEX 对参加律师资格考试资格的规定，无疑提高了行业准入的门槛，使专业人员的素质有了基本保障。

2. 制定执业资格考试的目的与内容

行业协会制定规范的职业能力标准，是对从业人员的技能水平或职业资格进行的客观、公正、科学、规范的评价和鉴定。这不仅为第一级专业学位人才培养机构提供了专业界认可的教学标准，能够客观地评价学生的专业知识水平和能力，而且也为学生提供了一个具有权威性的执业资格证明。ABA 和 NCBEX 规定律师考试主要测试申请人三个方面的能力：①在实践中遇到法律问题的辨别能力；②对法律问题的理性分析能力；③运用基本的法律原理提出一个合理解决方案的能力。③ 由此可见，美国律师考试是根据律师执业能力进行设计的，其基本理念不是检测考生记忆了多少法律知识，而是看其是否能够运用法律知识解决实际问题，强调的是考生的实务能力。

美国律师考试的内容由两部分构成。第一部分是有关联邦法律的内容，包括多州资格综合考试（MBE）和法律职业技能考试（MPT）两部

---

① National Conference of Bar Examiners and American Bar Association Section of Legal Education and Admissions to the Bar[R]. Comprehensive Guide to Bar Admission Requirements 2010, 2010：Pvii.

② Bar Admissions [EB/OL]. [2009-10-28]. http://www.abanet.org/legaled/publications/compguide2000/cgchart4.html.5/22/01.

③ National Conference of Bar Examiners and American Bar Association Section of Legal Education and Admissions to the Bar[R]. Comprehensive Guide to Bar Admission Requirements 2010, 2010.

分，这部分试卷由 ABA 负责出题和评卷，考的是联邦统一法和通行普通法。MBE 考试的科目包括合同法、侵权法、宪法、刑法与刑事诉讼法、证据法以及财产法共六个科目，其目的是测试考生对基本法律原则、法律原理的掌握。① MPT 测试的内容包括法律分析、事实分析、问题解决、沟通、律师业务的组织设计等，主要是测试申请者在模拟真实情况下的基本职业技能。各州自行决定采用某一部分或全部内容。② 第二部分则是各州法律的内容，主要涉及公司法、证券法、继承法、信托法、税法、州民事诉讼法等，它由各州律师资格考试委员会负责出题和评卷。此外，"除这两部分内容外，ABA 还准备了有关律师职业道德和执业纪律方面的试题，供各州选择使用"③。一个人通过了某一州的律师资格考试以后，再通过品行测试和道德行为测试，就可以在该州的最高法院登记注册，在该法院司法辖区内从事法律业务。

尽管专业学院不是执业资格考前辅导班，但为了充分激发学生的学习兴趣，确保学生顺利获得执业资格，专业学院就不得不主动加强与实务部门之间的联系，严格遵照职业资格考试要求的知识和能力来设计教学计划，开展职业道德教育，加强实训，不断探索提高学生执业能力和创新能力的有效途径。

**四、对我国专业学位研究生培养模式改革创新的启示**④

目前，我国设置的专业学位都各自建立了教育指导委员会，分别负责各专业学位研究生教育工作，然而它们并没有完全参与到专业学位的

---

① National Conference of Bar Examiners. MBE 2010 Information Booklet [R]. 2010.
② National Conference of Bar Examiners. MPT 2010 Information Booklet [R]. 2010.
③ 吕宫思. 美国律考：百里挑一吗——关于美国律师资格考试制度的考察报告[J]. 中国律师，2000(8).
④ 邓光平. 美国行业组织与第一级专业学位教育的质量保障——以 ABA 在 J.D 学位计划中的作用为例[J]. 高等教育研究，2010(7).

改革和发展之中，即便《专业学位设置审批暂行办法》赋予了其制定培养方案和评估标准的职责，但由于权威性不够、功能较单一和沟通不畅等原因，还没有对专业学位人才培养水平与规格产生实质性影响。通过对美国行业组织在第一级专业学位质量保障中作用的探讨，我们至少可获得以下几点启示：

（一）提升行业组织的权威性与独立性，深化对专业学位研究生教育的影响力

美国行业组织在第一级专业学位计划中所具有的权威性与独立性，一是来源于相关法规的授权，二是来源于行业组织参与专业认证、执业注册等活动中所发挥的独立、公正、科学的"行业权威"。这种"行业权威"主要体现在所提出的质量保证意见符合社会公众的要求，对第一级专业学位质量改进的意见切实有效。目前，我国各类专业学位建立的教育指导委员会是国务院学位委员会办公室下属的专家组织，主要由高教领域学术专家和少量实践界的人员组成，其独立性差、代表性不强，而且缺乏与相关行业协会的必要联系和合作，因而无法全面真实地反映社会各界的利益诉求，更无法体现各类认证结果的公正、开放与高效。

由于专业学位的实质是职业性学位，对其进行质量评估自然属于职业能力鉴定的范畴，在专业学位研究生的培养过程中理应有行业协会的广泛参与。因此，在法律的框架下，政府应积极扶持行业协会的发展，鼓励那些具有民间性质的行业协会机构参与专业学位研究生教育的培养过程、质量标准的制定和执业资格的认证活动，这样专业学位的职业性特色才会更加突出，社会的接受度和认可度才会更高。

（二）充分发挥行业协会的监督与指导作用，强化专业学位研究生教育过程的职业取向

美国专业学位发展的历程都已充分证明，行业组织在专业学位研究

生教育质量保障中具有不可替代的地位。如何进一步密切行业组织与专业学位研究生教育的联系，形成行业组织参与专业学位研究生教育的长效机制将是我们亟待解决的课题。作为行业准入标准的制定者，行业协会清楚地了解行业中各岗位所需知识、技能的要求，以及各类新技术的运用状况，因此，培养院校应尽快打破封闭性、学术性人才培养模式，积极主动地加强与行业协会的合作，充分听取实践界的呼声和有益建议，以便及时准确地将行业岗位的执业能力标准、技能标准作为培养方案改革和整个培养过程重新设计的基本依据。这样培养院校就能更好地遵照一个行业的整体素质要求，有针对性地培养高级专门应用型人才，使学生真正能学有所用、用其所长。

（三）行业主导、政府保障，完善国家资格证书制度，增强专业学位人才培养的行业需求导向

从美国的实践经验来看，实现专业学位人才培养的行业导向最有效和可行的路径，就是使专业学位研究生教育与职业资格相衔接，用行业的标准和执业能力标准来规范专业学位研究生教育过程。专业学位的设置本应面向行业，具有明显的职业针对性。然而，我国现有许多专业学位对应的行业还缺乏统一、明确的职业标准体系，市场准入机制还未建立。专业学位人才的培养与行业技能的需要脱节，许多专业学位的设置与培养目标跟行业的准入标准和职业要求的素养相分离，难以彰显专业学位应有的职业优势和特色。对此，在我国专业学位研究生教育改革中，应以行业为主导，政府提供保障，逐步完善职业能力标准，推行国家统一的资格证书制度。在行业协会主导下制定的行业标准和执业能力标准，无疑有助于消除以往专业技能要求的空洞化，既能为培养机构提供教学计划设计、课程安排等教学依据，也能为专业学位质量评价提供基本的参照体系，使教育机构的人才培养目标、课程结构、能力标准、教学模式等方面均以行业需求为导向。这样就使专业学位研究生教育有

了明确的培养目标、能力要求、就业岗位，等等，消除了学用脱节的现象，实现了教育以获得能力并且在工作事务中展示能力为目的的教育理念，使学生毕业后能迅速成长为技术创新与开发应用的骨干力量和出色的管理者。

（四）构建认证、培养与任职资格相互衔接的机制，全面监控专业学位人才培养质量

在美国，专业认证制度是对专业技术人才的培养过程加以监控，执业注册制度则是对专业技术人员的水平加以保证，两者之间又是完全挂钩的（即获得经专业认证的第一级专业学位通常是参加执业资格考试和从业的必备条件），从而构成了一个相对完整的质量监控体系，共同为第一级专业学位人才的培养发挥了积极的作用。由于专业认证制度和执业注册制度都存在着明确的目标和具体的要求，并有明确的责任主体（通常是行业师协会）来严格规范和约束培养机构和毕业生的行为，而且在这个过程中，行业协会还为培养机构和毕业生提供了具有针对性的指导和帮助，这对于帮助培养机构改进教学内容、提高教学质量，以及帮助攻读第一级专业学位的毕业生迅速适应工作环境、快速达到执业基本要求都起到了重要的保证作用和促进作用。同时，由于专业认证和执业注册都有一定的时间期限，这就要求培养机构必须不断提高培养质量，专业技术人员必须不断接受新的知识和技能培训，以定期接受再考核，从而形成了一个促进培养机构和专业技术人员水平不断提高的循环机制，这对于长期保证培养机构和专业技术人员的质量起到了重要作用。因此，积极探索专业认证和执业注册等相关制度的建立和完善，构建"认证—培养—任职资格"相互衔接的机制，对于解决我国专业学位人才培养中所存在的诸如社会认可度不高、与行业领域实际脱节、毕业生后期成长缺乏必要的责任主体和引导路径等问题都是非常必要和紧迫的。

## 第四节　国外专业学位研究生培养模式改革的共同趋势

### 一、创设良好的制度环境，引导大学与专业界、工作场所的深度合作

在专业博士生的培养过程中，大学与专业界、工作场所等利益方的合作，既是提升专业博士学位教育内涵、凸显专业博士学位特色、推动专业博士学位健康发展的重要途径，又是实现各方利益共享的一种符合专业博士学位教育规律的先进培养模式。从第二代专业博士学位教育开始，澳大利亚大学有意识地强化了与专业界、工作场所之间的合作，整合了各利益方的资源优势，增强了专业博士学位教育的职业导向，从而全面提高了专业博士学位的质量。[①]

英国专业博士学位教育改革中尤其强调了高校与工商业界、专业组织间的沟通与协作，以更好地培养符合行业标准的专业人才，其具体表现为，一是采取人才合作培养形式。一般是由工商企业单位先提出培养人才的规格、要求，然后由大学和工商企业单位指定的双方导师根据其规格、要求，共同指导学生选课、确立与完成科研课题及学位论文。二是专业组织参与人才培养过程。在专业学位设置、课程设置、学位授予、从业资格等方面，专业组织发挥着重要作用。三是雇主给予专业学位博士生经费资助与学习时间上的支持。英国工商业界对专业博士学位候选人的资助，主要是通过科学和工程研究委员会与工业部门联合设置多种研究生奖学金项目进行的。四是研究项目以特定行业为依托，需要雇主的合作参与。由于专业博士生的研究项目被要求以应用为导向，研

---

[①] 邓光平. 澳大利亚专业博士生培养模式的演变及启示[J]. 中国高教研究，2010(9).

究的问题直接面向工作中的技术开发或管理中的难题，专业博士生通常需要寻求雇主的密切配合，共同开发解决实际问题的技术、方法和方案。

美国专业学位研究生教育改革中特别重视行业组织对人才培养全程的参与。在美国，行业组织通过制定一套比较完备而严格的行业规章，并采取一系列有效的举措，对专业学位研究生教育的质量保障发挥着关键性的作用，其具体表现为：一是主导专业认证，确定专业学位研究生教育的基础性质量标准；二指导人才培养，监控专业学位研究生教育的过程；三是参与执业资格考试工作，评定专业学位研究生教育的结果。

## 二、搭建全方位沟通平台，实现人才培养规格与行业用人标准的一致

社会需求是衡量人才质量的一条重要指标。专业学位要获得社会的广泛认同与真正接纳，其培养的人才就得以其特有的优势满足职业领域的需求。从以上的分析可知，美国、英国和澳大利亚专业学位研究生培养院校，都非常注意加强与有关部门、行业的联系，以职业领域的需求为导向，实现专业学位研究生教育与职业需求的良性互动。尤其是，重视代表业界共同利益的行业组织的作用，让其全程参与人才标准制定、课程设置、质量评价等教育活动，以便将职业发展对人才素质的要求及时准确地反映到专业学位教学计划之中，推动学校的专业学位人才培养制度改革，并使之与职业实践同步发展，从而在起点上保证专业学位人才培养与专业学位研究生后续的职业发展，以及与社会需要的关联性。①

## 三、整合职业性与研究性，彰显专业学位研究生教育的优势与特色

专业博士学位有其特有的内涵和存在的价值，即以其职业性区别于

---

① 邓光平. 美国第一级专业学位与行业任职资格衔接的策略探析[J]. 中国高教研究，2008(11).

研究型博士学位的学术性,又以其研究上的独创性不同于专业硕士学位;任何试图抹杀专业博士学位的职业性或研究性的做法,都将使专业博士学位的发展走向歧途,最终自贬其身价,失去存在的根本意义。从美国、英国和澳大利亚专业学位研究生教育的改革来看,大多强调将职业性和研究性更有机地整合起来,实现研究以专业实践为中心,要求学生能对有关专业实践知识而非学术理论性知识作出重大的、原创性贡献,以适应日益专业化和复杂的职业环境。[①]

---

[①] 邓光平.澳大利亚专业博士生培养模式的演变及启示[J].中国高教研究,2010(9).

# 第六章　我国专业学位研究生培养模式改革中利益协调的对策与建议

专业学位研究生培养模式改革过程实质上就是利益相关者之间在专业学位研究生教育利益需求上不断冲突与整合的过程。在专业学位研究生培养模式改革实践中，由于政府、高校、企事业单位等利益相关者分属于不同性质的组织，在利益需求性质上，存在公益性与营利性、长远性与短期性、整体性与局部性等方面的多重矛盾；在利益需求种类上，又存在不同价值取向上的显著差异性，比如有的看重经济效益，有的看重学位含金量和社会认可度，有的则看重人才培养质量和规格，等等。利益相关者在教育利益需求上存在的诸多矛盾与巨大差异性，容易引发利益冲突行为的不断产生。在专业学位研究生培养模式改革进程中，对教育资源分配格局和关系上的不断调整和变化，势必引发利益相关者在教育利益上的不断冲突与整合。如果任由利益冲突繁衍、蔓延甚至泛滥，就可能对专业学位研究生培养模式改革成效造成巨大的损害。如何在多元利益主体之间合理协调与整合利益需求矛盾与冲突，将是专业学位研究生培养模式改革能否顺利实施和达成预期目标的关键问题。可以说，专业学位研究生培养模式在利益相关者之间的利益需求冲突与整合过程中实现了变革和创新。因此，利益相关者的利益需求冲突与利益整合是一个永恒的主题，它贯穿于专业学位研究生培养模式改革的整个历程，是直接关涉人才培养模式改革成效的关键问题。

专业学位研究生培养模式改革的初衷，应是以利益相关者的利益需求满足为基本出发点和最终归宿。专业学位研究生教育很大程度上是市场与职业专业化发展的产物，本身涉及高校、政府、企事业单位、行业组织和学生等多个利益相关者之间相互影响和相互制约的复杂利益关系。加之，专业学位研究生培养模式改革实践有赖于利益相关者的积极参与和支持。所以，专业学位研究生培养模式改革必须尽力满足不同利益相关者的多样化利益需求，只有这样才可能确保利益相关者对专业学位研究生教育的持久参与和合作。然而，以往专业学位研究生培养模式改革的主要问题，则是忽视了企事业单位、学生、行业组织等利益主体合理正当的利益诉求，并力图掩盖了他们之间事实上的利益需求矛盾，致使利益分配失衡，绝大多数利益主体的利益需求无法获得基本满足，改革决策难以获得利益相关者的广泛支持与认同。因此，当下我国专业学位研究生培养模式改革决策，不仅应是基于多元利益主体改革路径选择基础上的相互妥协，而且应是基于多元利益主体诉求基础上的利益均衡。如此，建立在充分尊重多方正当利益诉求，不断平衡与协调多方利益冲突，并尽可能满足各方利益需求基础之上的专业学位研究生培养模式改革，才可能更好地立足于现实的基础和条件，形成广泛认可的改革措施，从而达成预期的改革目标。①

在多元利益主体协同参与专业学位研究生模式改革中，利益需求协调机制是保障各方合法、正当的利益诉求实现的有效路径；权力制衡机制是实现各方利益需求协调、互利共赢的制度基础；多元共治机制则是实现各方权力分享和利益共享的重要载体。

## 第一节　利益相关者协同参与下的利益协调

所谓利益协调，"主要就是指人们为了达到某种协调目标而对人们

---

① 邓光平.我国专业学位研究生培养模式改革的历史变迁与现实思考[J].高等教育研究，2019(5).

的利益观念、行为和相互关系进行的自觉的、有意识的调整过程"①。专业学位研究生培养模式改革利益协调就是综合运用多种手段与方式，整合内外部教育资源，妥善处理多元利益相关者利益关系，旨在化解利益需求矛盾或冲突的过程。"如果利益相关者的利益不平衡的话，例如，投资者所得到的回报太少或回报唾手可得，那么都可能会出现问题：要么制定的决策过于草率，造成浪费，要么不做长远打算。"②协调好不同利益相关者之间的利益矛盾，将是我国专业学位研究生培养模式改革决策者迫切需要解决的一项重要任务。

**一、利益协调的必要性和基本原则**

专业学位研究生培养模式改革涉及多元利益主体，协同参与关系构建的同时也就意味着一个新的利益分配格局的生成。如何在多方参与主体之间合理协调利益矛盾，是专业学位研究生培养模式改革顺利实施和达成改革目标的关键问题。

(一) 利益协调的必要性

第一，利益冲突导致的负面影响，要求专业学位研究生培养模式改革需协调好各方利益矛盾。在专业学位研究生培养模式改革实践中，由于利益相关者分属于不同的组织，在利益需求性质上，存在公益性与营利性、长远性与短期性、整体性与局部性等方面的多重矛盾；在利益需求种类上，又存在不同价值取向上的显著差异性，比如有的看重经济效益，有的看重学位含金量和社会认可度，有的则看重人才培养质量和规格，等等。利益相关者利益需求上存在的诸多矛盾与巨大差异性容易引发利益冲突行为的产生。如第四章所述，利益冲突的发生会导致一系列

---

① 刘晓. 利益相关者参与下的高等职业教育办学模式改革研究[D]. 上海：华东师范大学博士学位论文，2012.

② 刘晓. 利益相关者参与下的高等职业教育办学模式改革研究[D]. 上海：华东师范大学博士学位论文，2012.

的危害,如伤害了各方心理,抑制了参与的积极性;消耗了社会资本,增加了改革成本;引发了专业学位合法性危机;消解了利益主体之间的合作基础。如果任由利益冲突繁衍、蔓延甚至泛滥,就可能对专业学位研究生培养模式改革的成效,乃至专业学位研究生教育生存合法性、高校的整体发展战略和声誉造成一定程度的损害。如何在多元利益主体之间合理协调与整合利益需求矛盾与冲突,将是专业学位研究生培养模式改革能否顺利实施和达成预期目标的关键问题。

从理论上讲,专业学位研究生培养模式改革中应同时、同等地对待所有利益相关者的多元化利益主张,但由于教育资源本身的有限性,在面对众多利益相关者的各不相同,甚至相互冲突的多样利益需求时,专业学位研究生培养改革决策者往往难以做到同时、同等地对待所有利益相关者的全部利益诉求。专业学位研究生培养模式改革决策者的现实选择应是通过合理配置人、财、物等多种资源,并采取适当的手段和方式尽量满足每类利益相关者排序在前列的利益需求,以求达成利益相关者之间利益需求冲突的制衡。然而,以往的专业学位研究生培养模式改革存在的主要问题,则是忽视了诸如学生、行业组织、企事业单位等利益主体的合理正当利益诉求,改革决策难以获得利益相关者的广泛支持与认同,导致人才培养目标定位不准、培养内容脱离实际和培养质量不高等一系列问题。

第二,利益相关者所承担的应然责任,要求专业学位研究生培养模式改革需协调好各方利益矛盾。利益既是履行责任的回报,也是履行责任的内驱力。在2010年《硕士、博士专业学位研究生教育发展总体方案》中,要求社会各界"把校企(行业)联合培养专业学位人才作为重要社会责任"[1]。在这一政策文本中,突出强调了行业、企业与社会团体、专业组织等利益相关者参与和支持专业学位研究生教育的社会责任。在

---

[1] 硕士、博士专业学位研究生教育发展总体方案[EB/OL].[2010-09-18]. http://www.cdgdc.edu.cn/xwyyjsjyxx/gjjl/zcwj/268313.shtml.

2013年《教育部 人力资源社会保障部关于深入推进专业学位研究生培养模式改革的意见》第十一条中,积极"鼓励培养单位加大校企合作力度……选择具备一定条件的行(企)业开展联合招生和联合培养"①。在这一政策文本之中强调了利益相关者参与专业学位研究生教育中应坚持互利共赢的原则。然而,在专业学位研究生培养模式改革实践中,利益分配失衡是影响利益相关者履行其责任的重要因素,若一味强调利益相关者应承担的责任,而忽视其正当合法利益需求的满足,这样的合作将难以深入和持久。因此,专业学位研究生培养模式改革决策者应针对各利益相关组织者承担的责任和义务进行科学评价,综合协调各方利益需求矛盾与冲突,达成责任与利益相匹配的利益分配格局,才能更好地激发和保障各方切实履行各自的教育责任。

第三,专业学位研究生培养模式改革的成功经验启示我们需要协调好各方利益矛盾。通过对国外专业学位研究生培养模式改革实践经验的探索,发现那些相对成功的人才培养模式改革都遵循了多元利益相关者共治的原则,比较注重协调各方的利益矛盾与冲突。比如2007年美国发起的"重塑教育博士卡内基行动"(CPED),是一场全美国的教育博士学位变革行动。CPED由多个层面的利益相关者组成,很好地遵循了多方利益相关者的共治。CPED坚持教授治学,把行动和决策的权力交给广大教师和学生,培养程序开放民主,成功塑造了教师间的合作文化与合作机制。② 如前文所述,澳大利亚新英格兰大学(University of New England, UNE)在2000年专业博士培养方案改革中,提出了P/W/U三维协作培养模式新理念。即专业博士的培养场所和研究空间就是专业(Profession)、工作场所(Workplace)和大学(University)三者深度合作的

---

① 教育部 人力资源社会保障部关于深入推进专业学位研究生培养模式改革的意见[EB/OL].[2013-11-04]. http://old.moe.gov.cn/publicfiles/business/htmlfiles/moe/moe_823/201311/159870.html.

② 李云鹏.美国教育博士专业学位的发展动力与变革模式研究[D].南京:南京师范大学博士学位论文,2012.

交叉之处。① 在 P/W/U 三维协作培养模式下,新英格兰大学与行业机构、专业组织通过构建务实与高效的合作机制,全面深入到专业博士教育全程,研究成果的性质和形式都有利于行业或专业合作伙伴的发展需要。② 2011 年,昆士兰大学开始实施"职业优势博士"培养模式。该培养模式旨在将博士生研究能力的培养过程与职业发展机会融为一体,帮助博士生构建与工商界、政府等未来雇主之间的联系。"职业优势博士"培养模式通过加强跨学科的对话和合作来促进博士生、产业和校友之间的交流与互动,为博士生将来在学术或非学术职业领域就业做好充足的可转化技能准备。③

(二)利益协调的基本原则

从利益需求矛盾出发,专业学位研究生培养模式改革中的利益需求冲突协调尤其要坚持公平原则、利益共享原则以及统筹兼顾的原则。笔者所在的课题组研究认为,充分把握好这三条基本原则将有助于提升利益相关者利益需求矛盾整合与协调的成效。

1. 公平与正义原则

从利益需求矛盾协调的价值取向上看,专业学位研究生培养模式改革利益关系协调,首先应秉承公平与正义原则。由于社会利益需求矛盾与冲突的普遍存在,美国著名政治哲学家约翰·罗尔斯(John Bordley Rawls)认为,"需要有一些原则来指导人们在决定利益划分的各种不同的社会安排中进行选择,来签署一份有关恰当的分配份额的协议。这些要求表明了正义的作用"④。追求公平正义是人类社会发展的应有之义,

---

① T. W. Maxwell. From First to Second Generation Professional Doctorate[J]. Studies in Higher Education, 2003(3).
② 邓光平. 澳大利亚深度合作培养专业博士的创新探索——以新英格兰大学的 P/W/U 三维协作培养模式为例[J]. 高等教育研究, 2016(8).
③ 邓光平. 澳大利亚博士生可转化技能培养模式与启示[J]. 中国高教研究, 2017(9).
④ 彭刚. 卢梭和罗尔斯的契约主体[J]. 中共杭州市委党校学报, 2006(4).

也是切实维护专业学位研究生培养模式改革各方利益需求和谐的价值基石。因此,专业学位研究生培养模式改革应以公平正义为基本的衡量标准,在不同利益相关者之间合理分配有限的教育资源。这就意味着政府、企事业单位、高校、学生与行业组织等各利益主体能公平公正地分享教育资源和人才培养模式改革可能带来的非教育资源,如声誉、地位、声望等,并尽可能达成在利益需求与利益供给的相对均衡性。当然,公平正义并非绝对的平均主义,公正正义原则更意味着各方利益主体在专业学位研究生培养模式改革实践中的权、责、利三方面的匹配关系。即各利益主体既要平等地享有权力和利益,又要平等地履行其应尽的责任和义务。

2. 利益共享原则

利益需求矛盾主要是指不同利益主体之间的利益分配矛盾。"利益协调需要调节社会资源在不同主体之间的分配,保证所有社会成员共享社会发展成果。"①因此,坚持利益共享,是专业学位研究生培养模式改革利益需求协调中应遵循的基本原则。专业学位研究生培养模式改革中的利益共享,就是统筹协同各方利益需求,"不能以牺牲与大学密切相关的其他主体的利益为代价"②,而是让不同利益主体都能公平地享有人才培养模式改革的成果。在专业学位研究生培养模式改革实践中,政府、高校和教指委等少数强势利益主体利用手中掌握的信息、资源等优势,通过制定更有利于自身的博弈规则,使其在博弈过程中居于主导地位,从而导致博弈结果侵占其他利益主体的正当利益需求的状况;而以学生、家长、校友、行业组织等权力弱小的利益主体通常不掌握决定性的资源,其话语权十分有限,在博弈过程中往往处于被支配的地位,从而导致的博弈结果是自身合法正当的利益被强行挤占,难以满足自身最基本利益

---

① 赵雪峰. 论社会建设中的利益协调原则——以利益矛盾为视角[J]. 理论与改革, 2016(6).

② 陈晓光. 利益相关者视角下研究型大学治理机制研究[D]. 大连:大连理工大学博士学位论文, 2016.

需求。坚持利益共享原则就是要改变强势利益主体挤占弱势主体利益的现状，确保所有利益相关者都能共同享有专业学位研究生培养模式改革的成果，从而根本"结束牺牲一些人的利益来满足另一些人的需要的状况，使所有人共同享受大家创造出来的福利"①。只有这样，我国专业学位研究生培养模式改革才可能"从根本上解决不同利益主体之间存在的利益分配不平衡问题，减少不同利益主体之间的利益矛盾"②。

3. 统筹兼顾原则

"在利益协调时，要看到利益矛盾的多样性，以及不同利益矛盾之间的相互关系"③。专业学位研究生培养模式改革中的利益需求矛盾协调，不应仅是经济利益需求矛盾的协调，还应是教育利益、文化利益等非物质利益需求矛盾的协调；不仅要关注短期利益需求，还要关注长远利益需求；不仅要注重国家、社会的整体利益需求，还要注重企事业单位、学生、专业组织等的局部利益需求；不仅要重视人才培养模式改革给利益主体带来的经济效益，还要重视其社会效益；不应仅考虑个别利益主体的利益需求，还应考虑多数利益相关者的利益需求，并尽可能顾及所有利益相关者的利益需求。总之，在专业学位研究生培养模式改革中利益需求矛盾的协调，要坚持统筹兼顾原则，正确处理各方利益主体之间的利益需求矛盾。

## 二、利益协调的机制

所谓利益协调机制，就是指"调节、限制、疏导人们利益行为的一套机制"④。协调利益关系、化解利益需求矛盾的关键就是构建科学的

---

① 赵雪峰. 论社会建设中的利益协调原则——以利益矛盾为视角[J]. 理论与改革，2016(6).
② 赵雪峰. 论社会建设中的利益协调原则——以利益矛盾为视角[J]. 理论与改革，2016(6)
③ 赵雪峰. 论社会建设中的利益协调原则——以利益矛盾为视角[J]. 理论与改革，2016(6).
④ [美]塞缪尔·亨廷顿. 变化社会中的政治秩序[M]. 王冠华，等译，北京：生活·读书·新知三联书店，1989：10.

利益协调机制，而利益协调机制本身的构建就是一个系统工程，需要多方共同努力并相互配合才可能实现。所有利益相关者是否满意是评价利益协调机制成效最重要的指标，如果仅有少数利益主体的利益需求获得满足或大多数利益主体的正当利益需求都不能获得满足，那么专业学位研究生培养模式改革就将难以取得成功。当前，我国专业学位研究生培养模式改革之中尚缺乏有效的利益协调机制，还不能为各方利益主体之间的利益需求矛盾的整合与协调提供可靠的路径与手段。根据以上所探讨的利益协调原则以及结合我国专业学位研究生培养模式改革中利益协调机制存在的问题，笔者所在的课题组研究认为，专业学位研究生培养模式改革实践中的科学利益协调机制的构建主要包括以下几个方面：

(一) 创立基于共同利益需求观念的利益导向机制

不同的利益观念会产生不同的逐利行为动机。利益观念导向机制的构建，旨在引导专业学位教育中各方利益主体确立正确的利益需求观，并引导利益相关者理性看待人才培养模式改革过程中的利益格局调整与变化，从而合理制定自己的利益需求目标，科学选取利益需求行为，正确处理不同利益主体之间的利益需求矛盾与冲突。"天下熙熙皆为利来，天下攘攘皆为利往。"(《史记》第一百二十九章"货殖列传")利益观念决定利益行为的选择。在专业学位研究生培养模式改革实践中，应加强对各方利益主体的利益观教育，引导所有利益相关者树立正确的利益目标观、利益道德观和利益价值观，尤其要使共同的利益需求理念获得所有利益相关者的高度认同，从而形成与人才培养模式改革步伐相协调的思想观念。教育利益相关者明确认识到多方共同利益需求的一致性，这不仅有利于达成统一的、积极的人才培养模式改革措施，而且有助于为利益需求矛盾的化解与协调一致奠定坚实的思想基础。

(二) 构建渠道多元与通畅的利益表达机制

利益表达机制，既是专业学位研究生培养模式改革各方利益主体的利益诉求机制,更是各方利益主体之间利益需求矛盾的协调和整合机制。专业学位研究生培养模式改革决策者在全面了解各方利益相关者利益诉求后,就可以通过"组织各方交流协商,最大限度地化解分歧,减少冲突,以达成广泛的政治共识,从而在兼顾各方利益基础上将各种政治要求转换成一致或较为一致的政策选择"①。针对第四章我国专业学位研究生培养模式改革中利益表达机制存在的问题,要构建完善的利益表达机制,可从以下几方面入手:

(1)加大专业学位研究生教育有关信息公开的力度。充分获取与自身利益相关的信息是专业学位教育利益相关者实现有效利益表达的重要前提条件。信息公开不仅有利于专业学位研究生教育的各方利益主体消除因信息不对称所导致的各种误解,而且能更好地维护自身利益。正如有研究者指出,"现代民主理论的一个基本前设是每一个人都是他自身利益的最佳判断者……但是,如果对与自身利益联系密切的重大公共决策并不知情……也就难以提出相应的利益诉求来对决策过程施加影响,谈不上切实维护自身利益了"②。然而,目前有关专业学位研究生教育信息公开的相当一部分内容存在陈旧、简化、粗放等问题,如此的信息公开质量根本无法满足利益主体,特别是诸如学生、行业、行业组织、家长、校友等长期被排斥在决策活动之外的利益主体获取对自身有价值信息的需要。因此,专业学位研究生培养模式改革实践中要"防止'内部人'利用信息不对称、契约不完备等因素,实施机会主义行为,损害大学外部利益相关者和内部弱势利益相关者的利益"③。因此,政府、高校应加强信息公开的标准化、切实提高信息公开的质量,让专业学位研究生培养模式改革的一切活动都能被所有利益相关者及时、全面、准

---

① 董成.论利益表达机制及其功效[J].湖南社会科学,2007(5).
② 张贤明.低成本利益表达机制的构建之道[J].吉林大学社会科学学报,2014(2).
③ 余善云.基于分权制衡视角的大学内部治理研究[J].天津电大学报,2013(3).

确地感知，从而使所有利益相关者的信息都处于对称状态。

（2）构建有关专业学位研究生教育的多元、畅通的利益表达渠道。针对目前专业学位研究生培养模式改革中的制度化利益表达渠道被强势利益群体全面把持，非制度化利益表达渠道受到诸多管制，致使弱势利益群体的利益表达意愿难以达成的现实困境，课题组研究认为，专业学位研究生教育利益表达渠道建设应以畅通制度化利益表达渠道为主体，拓宽非制度化利益表达渠道为辅助，从而形成多元化的利益表达方式。一是要畅通制度化利益表达渠道。在专业学位研究生培养模式改革决策的平台上，首先要提高学生、行业、行业组织、教师等相对弱势利益相关者参与的比例和频率，使他们在最重要的利益表达平台上能直接发出自己的真实声音，表达出自己的全面利益诉求。其次要充分利用体制外的多种非制度化利益表达渠道。大力扶持各类行业组织、校企合作机构、学生组织等在法律框架下独立成长，使其真正成为专业学位研究生教育弱势群体利益表达的有效渠道；同时还应重视报纸、广播、电视等传统媒体以及微博、微信等新兴媒体的利益表达渠道，给予正确的价值引导，使其真正成为专业学位研究生教育弱势群体的低成本、高效、快捷的利益表达平台。

（3）增强利益表达能力。专业学位研究生教育利益相关者的组织化程度将直接决定其利益表达的影响力和成效。因此，提高专业学位研究生教育利益相关者的组织化程度，是提升其利益表达能力的关键。"当代中国利益表达机制的构建，在利益表达主体方面，即'谁来表达'方面，只能是社会化组织而不能定位在原子化的个人。"[1]单个个体的利益表达所发出的声音比较微弱，容易被忽视，而由众多个体组织起来的团体所发出的声音往往更为强势，更容易被决策者所重视。因此，当下的专业学位研究生培养模式改革实践中，需要大力扶持各类团体组织，特

---

[1] 陈雷.关于构制建社会组织反应诉求机制的探讨[J].社团管理研究，2009(5).

别是弱势利益相关者的团体组织的发展(如教代会、学生会、校友会),并为其组织化利益表达创设制度空间,使他们承担起教育利益表达的主要角色,以切实提升利益表达的效能。

(三)制定多样化的利益补偿机制

对于在专业学位研究生协同育人中利益受损的利益相关者,政府与高校应共同建立相应的利益补偿机制,以充分调动他们参与人才培养模式改革实践的积极性和主动性。目前,专业学位研究生教育校企合作存在的主要问题是"企业投入巨大资源'帮助'政府和高校培养工程博士,但却无法获得相应的教育话语权和经济补偿"[1]。在专业学位研究生教育校企合作育人中,企业不仅要提供必要的专业实习基地,而且还需要相应的人、财、物等方面的巨额投入。"但如果企业参与了产学研合作教育过程,并进行了相应的投入,而最终未得到任何产学合作教育的学生时,企业的收益就要大打折扣,甚至出现负收益"[2]。在市场经济条件下,企业追求的根本目标是利润最大化,合作育人并非企业的主要任务。因此,要充分调动企业参与专业学位研究生教育,就需要建立起科学合理的利益补偿机制。

(1)政府应尽快制定企事业单位参与专业学位研究生教育的激励政策的实施细则,全面落实《硕士、博士专业学位研究生教育发展总体方案》和《教育部 人力资源社会保障部关于深入推进专业学位研究生培养模式改革的意见》中关于"中央和地方政府应通过制定有关政策,引导并鼓励行业、企业与社会团体、专业组织积极介入专业学位教育"[3]的

---

[1] 王征. 工程博士教育试点办学的基本探索与改革建议——基于浙江大学的案例分析[J]. 学位与研究生教育,2016(2).
[2] 张炼. 产学研合作教育中的利益冲突及对策研究[J]. 黑龙江高教研究,2001(4).
[3] 硕士、博士专业学位研究生教育发展总体方案[EB/OL]. [2010-09-18]. http://www.cdgdc.edu.cn/xwyyjsjyxx/gjjl/zcwj/268313.shtml.

决定。对参与合作育人、提供实践基地的企事业单位，政府应采取明确的财政补贴、税收减免、专项资金补助、项目支持或用地优惠等多种形式的激励措施，以补偿企事业单位在合作中可能造成的经济损失，从而调动社会多方参与的积极性。如，"广东省有关地市政府相继出台研究生联合培养基地财政投入、科技扶持、税收减免、人才落地等保障政策"①。

（2）政府、培养院校和社会多方筹集资金，尽快建立专业学位研究生教育"合作育人基金""专业实践教学基金"等经费支持，以调动培养院校、企事业单位、行业组织等多元主体协同参与育人模式探索的积极性，并切实解决专业学位研究生在专业实践中面临的经费短缺困境。如，"佛山市……给予到佛山企业实践的专业学位硕士研究生每人每月生活补助1000元，给予研究生培养基地办公场所1000平方米，设立产学研发展基金1亿元"②。

（3）培养院校应主动服务于企事业单位的实际需要，将人才培养、员工培训、咨询服务、技术攻关等合作项目与专业实践基地建设紧密结合，切实解决企业面临的生产与管理等方面的紧迫问题，从而使企事业单位从实践基地建设和校企合作之中获得切实的利益。这样校企合作才可能持久和深入。

（四）强化法律与道德相结合的利益约束机制

所谓利益约束机制，是指对利益相关者在专业学位研究生教育利益追逐中的不合理行为加以约束的方式。"利益约束……旨在促使人们普遍、长期、自觉地选择和坚持那些不损害乃至能有助于其他利益主体获得正当利益的求利方式"③。专业学位研究生培养模式改革的生机和活

---

① 贺随波，刘俊起. 服务需求 创新模式 突出特色 提高质量——深化专业学位研究生教育综合改革二年总结[J]. 学位与研究生教育，2018(1).
② 贺随波，刘俊起. 服务需求 创新模式 突出特色 提高质量——深化专业学位研究生教育综合改革二年总结[J]. 学位与研究生教育，2018(1).
③ 阮良能. 改革与社会利益约束机制[J]. 社会科学，1992(9).

力，来自多元利益主体对教育利益的积极追求，利益相关者的逐利行为约束得当，就可形成专业学位研究生培养模式改革发展的凝聚力和强大推动力，反之就会演变为离散力和阻碍力。正如有学者指出，"只有对不合理利益追求的约束，才能保证正当利益的获得"①。因此，只有构建强有力的利益约束机制，才有可能促进专业学位研究生教育利益相关者在既有利于自己又不伤害其他利益主体利益的框架内追逐正当合法的利益。在约束利益相关者不合理的利益需求行为方面，法律和道德是最重要的调节器和控制器。

(1) 法律约束机制。法律约束"通过明示哪些求利方式是可行的，哪些求利方式是不可行的……由此促进和确保人们遵循不损害、不妨碍他人和社会正当利益的求利方式"②。在专业学位研究生培养模式改革之中，通过健全相关法规，一方面依法保护学生、行业、行业组织等相对弱势利益主体的合法正当利益诉求；另一方面及时查处侵害或挤占高校、学生、产学研合作单位等利益相关者合法利益的行为。

(2) 道德约束机制。道德约束是"通过个人和社会以善恶为标准的道德信念和德道评价，来敦促人们遵循无损他人和社会正当利益的求利方式"③。专业学位研究生培养模式改革实践中需加强道德建设与宣传教育，引导利益相关者合理确立自己的利益需求目标，科学选择利益需求行为，正确处理不同利益主体的利益需求关系，从而减少利益相关者之间的利益需求矛盾和冲突。

(五) 建立多样化的利益冲突调解机制

"改革本质上涉及利益的重新分配和调整，牵一发而动全身，必然会导致各种利益者自觉不自觉的阻碍，以及各种利益攸关群体之间利益

---

① 课题组. 论不断提高党协调社会利益关系的能力(二)——利益协调的原则、机制、途径[J]. 前沿, 2006(2).
② 阮良能. 改革与社会利益约束机制[J]. 社会科学, 1992(9).
③ 阮良能. 改革与社会利益约束机制[J]. 社会科学, 1992(9).

和观念上的冲突、妥协和融合的问题"①。在专业学位研究生培养模式改革进程中，对教育资源分配格局和关系上的任何调整和变化，都可能引发利益相关者在教育利益需求上的矛盾和冲突，加之利益相关者本身取向的不同导致他们之间在教育利益需求上存在固有的差异和矛盾。即便构建的制度或机制再健全与科学，旧的矛盾解决又会产生新的矛盾和冲突。因此，利益矛盾的不断冲突与整合是永恒的主题，它贯穿于专业学位研究生培养模式改革的整个历程。协调专业学位研究生培养模式改革中的利益需求矛盾，关键在于相关决策者不仅要正视并尽力整合各种利益需求矛盾与冲突，而且还要努力构建多样化的利益冲突调解机制，通过对话、协商和谈判等多种方式，把利益需求矛盾和冲突控制在利益相关者心理承受的范围内。

专业学位研究生培养模式改革实践中，对各方利益需求矛盾的调解方式有多种类型，一般"包括法律调解、行政调解、社会自我调解等。法律调解，就是要从立法和司法两个环节来预防和协调社会的利益冲突"②。行政调解，是通过政权系统来调解利益冲突的一种重要形式。社会自我调解，是通过社会组织、公民个人自我调解利益冲突的方式。③ 通过这些利益冲突调解协调机制来对专业学位研究生培养模式改革中的各种利益矛盾与冲突进行化解和整合，最终目的是使各利益主体间在相互促进中实现更大程度的利益需求满足。

综上，从价值观念出发，引导利益主体形成正确合理的利益需求观念；构建多渠道、畅通的利益表达机制，有利于维护弱势群体的利益，实现利益的均衡；制定多样化的利益补偿机制，对利益受损的利益主体

---

① 吴刚平，朱志平. 初中毕业考试与高中招生制度改革：进展与挑战[J]. 基础教育课程，2010(3).

② 回登明. 公平正义：构建和谐社会的基本要求[J]. 贵州警官职业学院学报. 2005(5).

③ 倪先敏. 执政党利益整合：构建和谐社会的关键[J]. 云南行政学院学报. 2006(4).

给予适当经济补偿,以调动参与人才培养模式改革的积极性;强化法律与道德相结合的利益约束机制,旨在约束利益主体,特别是强势利益主体的不合理利益需求行为,以实现利益分配的公平;建立多样化的利益冲突调解机制,有利于化解利益需求矛盾和制止矛盾的升级发展。以上五个方面相互影响和制约,共同构成当下我国专业学位研究生培养模式改革实践中利益协调的完整体系,缺一不可,因此,只有大力建立健全这一利益系统机制,协调专业学位研究生培养模式改革中的利益需求矛盾与冲突才可取得良好成效。

## 第二节　利益相关者协同参与下的权力制衡

如果说,利益需求协调是保障专业学位研究生培养模式改革中各利益主体合法、正当利益诉求实现的有效路径,而权力制衡则是实现利益需求协调、多方互利共赢的制度基础。在专业学位研究生培养模式改革的权力场域之中,主要有如下五方面相互影响和制约的权力:一是以政府为代表的政治权力,领导全国的学位与研究生教育工作,它在权力运行中居于绝对核心地位;二是以教指委(教指委名义上是专业性组织,实际上是政府的代表人,是行政权力的代表)和高校行政管理者为代表的行政权力,负责专业学位研究生培养模式改革的指导、协调和管理,其成员均由政府任免,须对政府负责;三是以指导教师为代表的学术权力,它是基于知识、技能和学术权威基础上的影响力;四是以学生为代表的学生权力,它是"自身资源、法律或学校组织体制的一种权力形式"[①];五是以企事业单位、行业组织为代表的社会权力,又称市场权力。以上五种权力主体在权力使用中都具有追逐自身利益最大化的倾向与行为,都有可能导致专业学位研究生培养模式改革中权力结构的失

---

① 林荣日. 制度变迁中的权力博弈——以转型期中国高等教育制度为研究对象[D]. 上海:复旦大学博士学位论文,2006.

衡。目前，在专业学位研究生培养模式改革中，主要利益主体间的权力博弈存在"除政党权力之外，行政权力过于强大，学术权力极端弱小，学生权力微不足道，社会权力可有可无"①的状况。如同第四章所述，专业学位研究生培养模式改革中利益冲突的一个重要因素就是权力失衡。权力的大小通常决定权力博弈的过程和最终的结果，权力博弈的失衡势必导致不同利益主体间的利益需求满足的差异性，进而增加利益主体间的利益冲突和矛盾。因此，专业学位研究生培养模式改革须通过科学的制度安排和有效的机制约束，以合理的方式分配各利益主体间的权力，防止强势利益主体的权力滥用，进而实现各利益主体间的权力制衡。

所谓制衡，"既包含着对强势权力的制约，又包含着对弱势权力的提携。不同权力主体所构成的'权力场'中，因制衡所带来的权力的'降'与'升'，共同构成了一幅彼此和谐共存的画面"②。所谓权力制衡，则是指通过有效的制度设计来对强势权力进行制约和对弱势权力进行提携，实现各利益主体权力之间的相互制约和彼此平衡。权力制衡的形式具有多样性，目前中国学者将权力制衡理论主要概括为三种范式，即"以权力制约权力理论、以权利制约权力理论和以社会制约权力理论"③。其中，以权力制约权力理论源于孟德斯鸠和洛克等人的分权思想。孟德斯鸠指出，"一切有权力的人都容易滥用权力……要防止滥用权力，就必须以权力制约权力"④。有学者指出，"从权力制约权力理论可知，各方利益主体在运用权力时都有各自鲜明的利益诉求，这种利

---

① 林荣日. 制度变迁中的权力博弈——以转型期中国高等教育制度为研究对象[D]. 上海：复旦大学博士学位论文，2006.
② 吴华. 课程权力：从冲突走向制衡[D]. 长春：东北师范大学博士学位论文，2008.
③ 李勇，步德胜. 学生综合素质评价方案的改革与应用[J]. 齐鲁师范学院学报，2011(2).
④ 冯永刚. 民主政治进程中推进廉政道德建设的行政监督制度安排[J]. 武汉科技大学学报（社会科学版），2019(1).

益诉求既有公利性也有私利性。"①专业学位研究生培养模式改革政策实施中各利益主体也存在较强的自利性，其"行为选择是以各自的成本-收益计算为基础的"②。专业学位研究生培养模式改革的权力制衡，就是要通过在培养院校的内外部构建一定的机构、制度和机制等，在约束和规范强势利益主体权力的同时还要对弱势利益主体权力进行提升和保护，以实现权力结构上的均衡状态，从而确保多方利益需求的合理实现。根据我国专业学位研究生教育的实际，人才培养模式改革中的权力制衡既要求扩大人才培养模式改革决策的参与面，又要求加强对强势利益主体的监督和制约，从而形成政府主导，教指委协调，高校、行业、行业组织和学生等利益相关者积极参与改革实践的局面。

**一、合理定位强势利益主体的权力边界，抑制越权与侵权行为**

尽管专业学位研究生培养模式改革中的制衡机制仍侧重于对公权力的制衡，但它毕竟不同于政府权力的制衡机制。专业学位研究生培养模式改革中的权力制衡有其一定的特殊性和复杂性。③ 如何认识与评价专业学位研究生培养模式改革中的权力制衡关系？如何对内外权力关系加以有效制衡？诸如此类问题的解决，都需对政府、教指委、高校行政管理者三者予以不同的角色定位。

（一）政府行政理念应从"权力本位"向"责任本位"转变

"责任是权力最好的平衡器。"④在传统"权力本位"理念之下，"政府机构出于利益的考虑则处于不断扩张权力的冲动之中，出现所谓'政

---

① 崔华华，刘信鹏，施晓娟. 权力制衡理论视角的专业学位研究生教育模式重构[J]. 研究生教育研究，2013(5).
② 崔华华，刘信鹏，施晓娟. 权力制衡理论视角的专业学位研究生教育模式重构[J]. 研究生教育研究，2013(5).
③ 崔华华，刘信鹏，施晓娟. 权力制衡理论视角的专业学位研究生教育模式重构[J]. 研究生教育研究，2013(5).
④ 姜飞燕. 论高等教育问责的范围[J]. 教育与职业，2013(26).

府权力扩张偏好'"①。这种行政理念反映在"教育行政法律关系中过于彰显政府的行政指导、控制与命令，忽视了政府义务和责任的承担，造成信息失真、对称等现象"②。在我国颁发的《教育法》中却只规定政府及其公务人员不按预算核拨教育经费行为的法律责任，而对于诸如政府及其公务人员滥用权力干预高校办学、侵犯高校办学自主权等行为没有规定相应的法律责任。③ 现行教育法对政府不履行责任和越权行为缺乏有效的制度约束，势必默许或助长了政府不合理的权力使用行为倾向。在当代"责任本位理念"之下，"现代民主政治本质上是一种责任政治，现代政府本质上是一种责任政府"④。因此，现代民主政府要有效制约利益膨胀所带来的权力滥用，确立服务型政府，就需从以下几方面努力：一是要确立高度的责任意识，形成权力与责任高度匹配的关系；二是要健全权力监督机制，使权力的运用置于制度的监管和约束之下；三是要完善责任追究机制，使权力主体心中始终有责任。在专业学位研究生培养模式改革之中，要防止政府的权力扩张和侵权行为的发生，就应积极推动政府从传统"权力本位"理念向当代"责任本位"理念的重大转变，严格遵循责任本位的逻辑，并根据履行责任的大小或重要程度来配置相应的权力，形成以责任勘定政府权力边界的管理制度。科学定位政府角色，合理调配权力与责任的关系，将是约束政府权力扩张冲动的重要前提和保障。

（1）政府应定位于专业学位研究生培养模式改革与发展的宏观调控者。政府宏观管理专业学位研究生培养模式改革与发展，就是由"划桨

---

① 丁宇. 走向善治的中国政府管理创新研究[D]. 武汉：武汉大学博士学位论文，2011.
② 祁占勇，陈鹏. 转型期政府与高校的行政法律关系及其权限边界[J]. 中国高教研究，2009(6).
③ 尹珊珊，谭正航. 政府对高校管理去行政化改革的法律路径探析[J]. 教育理论与实践，2015(36).
④ 丁宇. 走向善治的中国政府管理创新研究[D]. 武汉：武汉大学博士学位论文，2011.

者"转向"掌舵者",即由原来的直接微观管理转向间接的宏观调控,将权力适度下放给地方、高校和社会,为多元利益相关者协调参与专业学位研究生培养模式改革创造权力空间。政府的宏观调控职能表现为:①做好专业学位研究生培养模式改革的顶层设计,引领专业学位研究生培养模式改革方向;②创设多元利益相关者协同参与专业学位研究生培养模式改革的制度;③筹集专业学位研究生培养资源,满足专业学位研究生培养模式改革创新的需要;④协调专业学位研究生培养模式改革的内外部关系与利益需求矛盾,等等。

(2)政府应定位于专业学位研究生培养模式改革实施的制度供给者。健全的法律政策体系是专业学位研究生培养模式改革顺利实施的重要前提和制度保障。首先,继续推进《硕士、博士专业学位设置与授权审核办法》建设,提升其合法性、权威性,以便为专业学位研究生培养模式改革提供更加有效的法律制度保障。其次,制定鼓励社会、民间参与专业学位研究生培养模式改革实践的政策实施办法,以提高可操作性。再次,从法规政策上准确界定政府与培养院校各自的责权利关系,避免越权、侵权行为发生。最后,教育部、人力资源与社会保障部等有关部门需协调一致,建构一个职业资格证书与专业学位证书相衔接的法律制度框架,以调动学生学习的积极性,促进职业专业化进程。

(3)政府应定位于专业学位研究生培养模式改革中多元利益主体利益关系的协调者。针对各方利益主体在专业学位研究生培养模式改革活动之中存在的各种利益需求矛盾,政府应充当好各方利益主体的协调者,通过制定一系列的宏观调控措施和利益补偿机制,来促进各方利益主体间的利益互动关系,使各方都能从合作育人中获得切实的好处,进而促进各方利益主体更好地实现各自的发展目标。

(二)教指委职责应从行政控制向宏观业务指导与利益协调的转变

从性质上看,专业学位研究生教育指导委员(简称,教指委)是由高校专家和行业专家组成的专业性组织,"既不是政府行政机构,也不是政府所属的事业单位"①，但其成员是由相关单位部门推荐、国务院学位委员会和教育部选聘方式产生的，必须对政府负责。此外，教指委的业务活动也是在国务院学位办的直接领导之下开展的，它"掌握专业学位研究生教育管理的实权，是高校专业学位研究生教育的直接管理人，而重大事项和人事任免又必须通过政府讨论决定"②。因此，教指委事实上已具有浓重的官方色彩，偏离了其专业性组织的本质，演变为政府的代言人，是行政权力的代表。由此可见，教指委无论是其构成还是活动的开展很大程度上都受制于政府，其独立性和自治性的丧失，势必影响专业学位研究生教育的健康发展。

在专业学位研究生培养模式改革实践中，政府、高校、企事业单位、行业组织等多元利益主体之间由于组织性质的不同、价值取向的差异，各方利益诉求既存在共性又存在巨大的差异性，甚至是矛盾与冲突。作为行业性组织，教指委应独立于政府和高校之外，发挥着"缓冲器"的作用。"这个缓冲机构'了解高校'，'同情它们的需要'，并为它们向政府讲话。"③因此，具有较强的独立性和自治性，教指委可在政府、高校、行业、行业组织等多元利益主体之间发挥中介、桥梁与沟通作用，能较好地协调各方利益矛盾。

(三)高校行政职能应从管理到服务的转变

我国大学"在管理上主要沿袭行政管理体制"④。在高度集权的行政体制之下，"使大学隶属于行政机构或演变为行政组织"⑤，大学无

---

① 别敦荣，陶学文. 我国专业学位研究生教育质量保障体系设计[J]. 现代教育管理，2009(8).
② 崔华华，刘信鹏，施晓娟. 权力制衡理论视角的专业学位研究生教育模式重构[J]. 研究生教育研究，2013(5).
③ 崔华华，刘信鹏，施晓娟. 权力制衡理论视角的专业学位研究生教育模式重构[J]. 研究生教育研究，2013(5).
④ 董云川. 论大学行政权力的泛化[J]. 高等教育研究，2000(2).
⑤ 张应强. 制度创新与我国建设世界一流大学[J]. 现代大学教育，2001(4).

论是组织机构还是决策机制和管理机制都体现出鲜明的行政化色彩，"官本位"思想盛行。大学行政权力泛化的直接后果则是"非教学科研人员持有权力之剑，真正的学者却只享有哲学意义上的尊重"①。然而，"大学是社会的学术组织，是通过学术研究所产生的思想文化和科技成果推动人类社会进步的社会组织"②，而非行政组织。大学的"基本活动是学术活动，离开了这一点，大学也就丧失了基本特性和存在的价值"③。大学组织的学术性决定了高校的行政管理应该"在服务中实施管理，在管理中体现服务，真正做到以师生为本"④，既要为教师和学生的科研和学习创设宽松、自由的学术氛围和环境，又要为教师和学生的生活与可持续发展创造条件与制度保障。在大学重大事务的决策中，还应充分突出教师的主体地位，推行专家治校以及教授治学，从而提升学术权力的地位，使学术权力与行政权力在冲突中达成协调与均衡。正如伯顿·克拉克所言："如果学术自由、教学自由和学习自由受到了严重削弱，整个系统都会受到损失，而一旦保护了这些自由，近乎垄断的权力就会受到限制，权力的分散就会得到促进。"⑤因此，在专业学位研究生培养模式的改革实践中，大学行政职能从崇尚权力的管理向提升服务质量的转变，不仅有利于对行政权力泛化或盲目扩张倾向的制约，而且还有利于学生、教师、行业组织、行业、家长等利益相关者参与到人才培养模式改革决策之中，从而使决策更加科学化和民主化，更好兼顾多方利益诉求。

## 二、努力提升弱势利益主体的权力，形成对强势利益主体的制衡力量

长期以来，由于我国大学行政权力的泛化和强化，导致内部权力结

---

① 董云川. 论大学行政权力的泛化[J]. 高等教育研究, 2000(2).
② 张应强. 制度创新与我国建设世界一流大学[J]. 现代大学教育, 2001(4).
③ 谭晓玉. 教师参与现代大学治理的几点思考[J]. 教师教育论坛, 2014(8).
④ 高建华. 服务型高校建设探讨[J]. 教育评论, 2011(2).
⑤ 董云川. 论大学行政权力的泛化[J]. 高等教育研究, 2000(2).

构严重失衡,其表现为"行政权力膨胀,学术权力式微,学生权力缺失"①,教师游离于重大决策之外。从逻辑上讲,重构大学内部权力,要实现行政权力、学术权力和学生权力三者之间的协调与制衡,就需"控制强势一方的权力与提升弱势一方的权力,具体到大学内部权力的重构,则是控制学校权力和提升学生权力两种路径"②。然而,在专业学位研究生培养模式改革实践中,则不仅要提升和保护校内弱势利益主体的权力,还要提升和保护行业、行业组织等校外弱势利益主体的权力。

(一)提升与保障指导教师参与专业学位研究生培养模式改革的权力

指导教师通常承担专业学位研究生教育的课程讲授、论文写作指导、学习引导等重要任务,是提升人才培养质量的根本保证。在专业学位研究生培养模式改革实践中,要真正把指导教师作为人才培养模式改革决策与实践中一个重要的"中心"来建设,让指导教师在人才培养方案制定、课程设置、培养方式、人才培养质量评价等方面的改革决策之中拥有更多的参与权和更大的话语权。然而,在当今专业学位研究生培养院校,存在行政权力泛化和官本位思想盛行的现象,导致学院、研究生院等管理机构仅对上级行政机构负责,几乎不接受校内师生的监督与制约,教师与学生在专业学位研究生培养模式改革决策和实践中的参与权严重缺失。在《中华人民共和国高等教育法》中,虽明确规定了教职工代表大会制度是"教职工参民主管理和监督的重要形式,但目前……无法形成制约管理权力的约束机制,很大程度上影响了教职工代表大会制度在大学发展和大学治理实践中应有作用的有效发挥"③。此外,

---

① 刘亚敏. 大学内部权力结构及其调整[J]. 现代大学教育,2004(2).
② 吴洪富. 大学内部权力重构的路径与策略[J]. 天津市教科院学报,2008(1).
③ 方芳. 关于高校去行政化的法理学思考[J]. 天津市教科院学报,2011(4).

"在推行大学治理的时候,存在一个误区,即学术治理与一般教师无关,只与教授有关"①。相比专业学位研究生教育管理机构的行政权力,指导教师权力存在着过于弱小的状况,这需要下大力提升与保障指导教师的权力。

大力提升与保障指导教师的权力,就应加强教职工代表大会制度建设。教职工代表大会通常被视为大学的最高权力机构,其作用发挥如何,对保障和提升指导教师权力至关重要。为了防止教职工代表大会"走过场"和流于形式,高校应通过大学章程的形式明确规定教职工代表大会、学术委员会的职责,以全面落实2011年教育部第34次部长办公会议审议通过的《学校教职工代表大会规定》和2014年教育部颁发的《高等学校学术委员会规程》的精神,切实保障教师、科研人员和学生在教学、科研和学术事务管理中充分发挥主体作用,从而大力提升指导教师在专业学位研究生培养模式改革决策中的话语权。为此,需从以下几方面努力:首先,要确保教职工代表大会代表的广泛性,不仅有教授,还应包括来自不同学科的一般教师,允许他们提出有关专业学位研究生培养模式改革方面的提案;其次,应进一步推行校务公开制度,凡有关专业学位研究生教育相关的重要信息和重大决策都应通过网站、公文等多种渠道向全校范围公开;最后,构建校长和各职能部门负责人的述职制度,分管研究生教育的校长、研究生院院长都应在教职工代表大会上履行述职报告,总结当年专业学位研究生培养模式改革取得的进展和问题,并提交下年度专业学位研究生培养模式改革方案,以供大会讨论和审议。

(二)赋予学生参与专业学位研究生培养模式改革的权力

所谓学生权力,是指"学生或学生组织基于自身资源,依据法规来保障实现自身及相关权利的能力"②。现代大学内部权力结构应是行政、

---

① 别敦荣. 论我国大学治理[J]. 山东高等教育,2016(2).
② 徐士元,苏昀. 我国高校学生权力缺失及其原因探析[J]. 高等教育研究,2011(3).

学术和学生三权鼎立，大学内部权力的分配就是要在行政人员、教师、学生三元主体之间形成制衡。专业学位研究生"作为公民，应该拥有宪法和法律所规定的各种权力，包括生存权、财产权、自由权、平等权和发展权等；作为消费者，应该具有知情权、选举权、监督权、申诉权等权力；作为受教育者，应该有选择课程、专业、参与研究等权力"①。学生作为专业学位研究生教育的培育对象，理应是人才培养模式改革中的重要利益相关者之一，他们在人才培养模式改革中处于至关重要的地位。学生参与专业学位研究生培养模式改革活动，目的是保障其作为公民、消费者和受教育者应享有的基本权益。如果学生不参与的话，不但保护不了自己应享有的基本权益，而且也无法获取更多新的权益。所以说，学生参与专业学位研究生培养模式改革既是行使权力的体现，也是为了更好地维护其自身权益。专业学位研究生在关乎自身切身利益的人才培养模式改革这一重大问题上，无疑应享有知情权、话语权、评判权等重要权益。那么，应如何切实保障学生在专业学位研究生培养模式改革中应享有的基本权力呢？针对我国专业学位研究生权力所面临的现实困境，要切实保障学生的合法权力与有效运行，可从以下三方面入手：

首先，树立"以生为本"的教育理念，从思想上认可学生权力的正当性和合法性。承认与提升学生的合法权力既是尊重专业学位研究生主体地位，也是激发专业学位研究生学习积极性与主动性的必然要求。因此，研究生管理机构和指导教师都应改变长期形成的管制思维和方法，大力支持学生参与到专业学位研究生培养模式改革决策和实践活动之中，积极表达自己的利益诉求。

其次，健全相关法规制度体系，确保学生权力的合法地位。一方面，政府应在相关法律制度中明确学生权力的合法身份以及学生权力的边界，比如，将学生参与教育改革决策、参与课程建设、参与人才培养

---

① 郭俊. 学生参与大学治理的权力研究[D]. 武汉：华中科技大学博士学位论文，2016.

模式改革决策与实践、参与教育质量评估等方面的权力纳入法律制度框架之内，为学生合法权力提供最有效的制度保障；另一方面，高校应在大学章程中提供学生履行合法权力的操作程式，使法律承诺的合法权力切实转化为现实的行动。

最后，加强学生组织机构建设，创设学生权力运行的平台。"法律制度是保障，组织机构是载体……拥有适切的运行平台是学生权力发挥效能的必要条件。"①学生权力通常依赖于各类学生组织而运行。因此，学生组织机构建设的目的，就是为了打造切合学生权力运作的载体，让它成为学生利益诉求和权益维护的平台。对专业学位研究生的学生组织机构建设而言，大学章程要明确设定研究生会和研究生代表大会的责、权、利。研究生组织不是学院、研究生院等管理部门的附属机构，其负责人应是民主选举产生而不是由学校相关部门或学院任命，其内部事务（如人员、经费、纪律、组织活动等）应实现自我管理而不应受外界的过多干预。研究生组织获得自治权力，保持相对独立性，这样就可有效避免被架空的尴尬处境。

(三) 确立社会参与专业学位研究生培养模式改革的合法权力

专业学位研究生教育很大程度上是市场与职业专业化发展的产物，不仅涉及政府、高校、学生的利益关系，还涉及企事业单位、行业组织等社会利益相关者的切身利益。企事业单位、行业组织等社会利益相关者参与专业学位研究生培养模式改革实践之中，构建包含政府代表的政治权力、教指委和大学行政管理者代表的行政权力、指导教师代表的学术权力、学生代表的学生权力和企事业单位代表的社会权力在内的五元权力共生且相互制衡的权力生态谱系，从而形成共同治理专业学位研究生教育的格局。社会权力或市场权力的参与，不单是一种新生权力力量的介入，更是为了达成利益需求、实现均衡和实现专业学位研究生教育

---

① 董向宇. 识读我国高校学生权力[J]. 高等教育研究，2012(10).

持续健康发展的必然要求。在政府颁发的《国家中长期教育改革和发展规划纲要(2010—2020年)》《硕士、博士专业学位研究生教育发展总体方案》以及《教育部 人力资源社会保障部关于深入推进专业学位研究生培养模式改革的意见》中都明确鼓励社会各界积极参与到专业学位研究生培养模式改革实践之中。这一系列政策制度的颁发,都为企事业单位、行业组织等社会力量参与专业学位研究生培养模式改革,赋予其合法参与权力提供了政策依据和一定的制度保障。然而,在当下我国专业学位研究生培养模式改革面临政治权力和行政权力过于强大、学术权力式微、学生权力边缘化、社会权力可有可无的权力生态结构失衡的现实困境,这就需要通过新的制度安排构建政府、教指委、指导教师、学生和社会之间新型权力生态关系,大幅增强社会主体有效参与人才培养模式改革实践的合法权力。

  社会主体参与专业学位研究生培养模式改革,根本上是由专业学位研究生教育本身涉及的复杂利益关系的特性所决定的。确保和提升社会利益主体有效参与专业学位研究生培养模式改革中的权力,具体包括以下几方面:首先,健全法规政策体系,进一步明确企事业单位、行业组织等利益相关者在专业学位研究生教育中的责、权、利,赋予其合法的权力地位,为其参与专业学位研究生培养模式改革实践提供有效的制度保障;其次,大学应积极推动各培养学院探索建立由来自院内专业学位研究生指导教师、企事业单位和行业组织的专家、杰出校友等组成的专业学位研究生教育指导委员会或教育质量督导组,并制定相应的规章,进一步明确社会主体在培养方案制定、课程建设、培养方式改革、专业基地建设、质量评价等方面的责、权、利边界,将法规赋予社会力量的权力转变为现实可操作的权力;最后,要健全社会主体参与专业学位研究生培养模式改革的制度体系,如有关专业学位研究生教育的信息公开制度、校社联动制度、社会问责制度,等等,这是社会主体参与专业学位研究生培养模式改革实践不可或缺的配套机制。

### 三、建立健全问责制，促成多元利益相关者之间权力的均衡

与授权相伴生的则是权力监督，任何权力的健康运行和有效发挥都离不开制衡与监督。对权力的制衡与监督，"不仅需要柔性机制，同时也需要刚性机制，做到刚柔并济"①。软约束通常包括自我约束、外部约束等，"旨在正面引导和规制，它只明确了该做什么，不该做什么；该怎么做，不该怎么做，而对不按规矩去做应当承担什么后果，则没有作出规定"②。而问责制则属于刚性约束，不仅要询问职责履行状况，还会对于权力主体在工作中失职行为采取一定的惩罚措施，它是遏制权力滥用的有效手段。因此，建立健全问责制，不仅能促成专业学位研究生培养模式改革中各方利益主体的权力相互制衡，而且能有效约束权力主体的失职行为。

所谓问责制（accountability system），就是指"在某项活动中针对相应的权力明确相应的责任，有权力就应有对等的责任，并对相应责任履行进行严格科学考核，及时察觉失责，依据相应的失责度量对当事人追究责任或惩罚"③。简而言之，"问责是指一方采取措施让另一方负起责任，这些措施主要包括应答性说明和强制性惩罚"④。专业学位研究生培养模式改革问责制，是针对政府相关部门、大学机构在人才培养模式改革中卸责的情况下所制定的责任追究机制。它是在明晰权力主体的权责的情况之下，通过制度化的质询方式，对失职行为采取罢免、处罚等一系列的惩罚措施，以达成对权力主体权力的有效规范。专业学位研

---

① 林永柏. 我国大学内部权力秩序构建研究[D]. 长春：东北师范大学博士学位论文，2015.
② 林永柏. 我国大学内部权力秩序构建研究[D]. 长春：东北师范大学博士学位论文，2015.
③ 吕丽艳. 教育卸责问题研究——基于农村教育实践的考察[D]. 长春：东北师范大学博士学位论文，2005.
④ 周光礼. 超越问责逻辑，建立大学内部质量评估体系[J]. 大学教育科学，2012(4).

究生培养模式改革问责制是大学问责制中的一部分。那么，在专业学位研究生培养模式改革中有必要构建问责制吗？专业学位研究生教育涉及诸多利益相关者的切身利益，人才培养模式改革的成效如何，势必影响大学内外部主体的利益格局的动态。专业学位研究生培养模式改革问责制是利益相关者参与专业学位研究生教育事务的主要方式，它的构建就是为了使权力主体更好地履行职责，更有效地维护各利益相关者的利益需求，实现各方权力制衡和利益均衡。构建专业学位研究生培养模式改革问责制可以从以下三方面入手：

（一）明确专业学位研究生培养模式改革问责的主体与对象

所谓问责主体，即"谁来问"，是指谁有权力要求专业学位研究生培养院校向其负责任。由于专业学位研究生教育涉及校内外等众多利益相关者的利益，理应接受来自政府教育主管机构、教指委、学生、企事业单位、行业组织、家长、校友等不同利益相关者的问责。但问题的关键是，如此众多的问责主体是否切实？因为"多个问责主体会向学校提出相互矛盾的要求的可能，进而使学校陷入两难境地……上一个问题的持续、重复发生，会对答责方产生麻痹的效果……从而形成问责失败。此刻，问责就成了一种象征，一种例行仪式甚至口头服务"①。如何避免多方问责所带来的答责混乱以及培养院校疲于应付的尴尬境地，这是值得深入探讨的理论与实践课题。基于我国学位与研究生教育管理体制的特殊性，专业学位研究生培养模式改革问责应首先坚持在同体监督（如教育行政机构对培养院校、师生对大学主管专业学位研究生教育的行政领导的监督）的基础上强化异体监督，尤其是教育行政机构应肩负起对培养院校人才培养模式改革问责的首要主体责任。

所谓问责对象，即"向谁问"，是指谁来对专业学位研究生培养模式改革负责。一般认为，培养院校的校级主管研究生教育的领导、研

---

① 于小艳. 教育问责的依据、限度及其超越[J]. 中国教育学刊, 2018(7).

究生院院长和院系主管专业学位研究生教育的领导是问责的对象。然而,"教育的责任主体,并不全是学校。教育身处于社会系统之中,受管于教育行政部门,受制于市场经济等条件的约束"①。同理,专业学位研究生培养模式改革的责任不全在培养院校,政府、教指委等利益相关者在人才培养模式改革中也肩负着重要的职责。因此,专业学位研究生培养院校不应是被问责的唯一对象,应根据权力主体的责、权、利边界进行适当问责,这样才能确保问责的实际成效,而不流于形式。

(二)完善专业学位研究生培养模式改革问责的标准、范围与方式

"教育问责与教育责任是一对范畴,有了责任,才能依据责任的范围进行问责。超出责任范围的问责皆为无效问责。"②专业学位研究生培养模式改革问责的标准应坚持权责相称、责罚一致的原则。所谓权责相称原则,是指所问责任既不能大于权力所应承担的责任范围,也不能小于权力所应承担的责任,要保持权责对等。所谓责罚一致原则,是指失职责任程度与处罚结果相等,即多大程度的失职就应有多大的处罚力度。

所谓问责范围,即"问什么",是指对专业学位研究生培养模式改革中哪些事项或权力主体的哪些行为进行问责。问责范围规定了利益相关者监督专业学位研究生培养模式改革权力主体的深度和广度。在合理划定专业学位研究生教育各权力主体的责任、做到权责对等的基础之上,就可对专业学位研究生培养模式改革中的以下事项进行问责:①对人才培养模式改革决策领域的问责,涉及参与决策主体的代表性、决策程序的公正性、决策项目的科学性和合理性等。②对人才培养模式改革实施过程领域的问责,涉及培养制度建设、培养经费支持、课程改革、

---

① 于小艳. 教育问责的依据、限度及其超越[J]. 中国教育学刊, 2018(7).
② 于小艳. 教育问责的依据、限度及其超越[J]. 中国教育学刊, 2018(7).

教学方式变革、专业实践基地建设、师资队伍建设等方面。③对人才培养模式改革效果评估领域的问责,涉及人才培养质量、专业学位认可度、利益相关者利益需求满意度等。

所谓问责方式,即"怎么问",是指对专业学位研究生培养模式改革权力主体问责所采取的手段与方法。"西方教育问责制的问责方式主要有四种:市场问责、分权问责、专业问责和管理问责。"①为了有效地进行问责,西方发达国家构建了多种问责方式,"这些方式都有自己的理念和假设以及相应的问责工具,问责的层次、对象、主体、后果也不同"②。问责制的推行需要一定的手段与方法,但何种手段和方法是合理、高效的,这就要结合实际情况而定。专业学位研究生培养模式改革问责方式应在科学借鉴西方教育问责的成功经验基础之上,并结合我国国情,积极探索符合我国专业学位研究生教育实际的问责方式。当前,在健全专业学位研究生教育"系统内部自上而下的行政问责方式的同时,进一步开拓教育系统外的自下而上和水平之间的社会公众、媒体舆论,以及用人单位、家长等多种形式的异体问责方式则是当务之急"③。此外,我们还应充分认识到,专业学位研究生培养模式改革问责的根本动机不应单纯为了追溯责任,或监督和惩罚,而应更多地着眼于自发自为地促进专业学位研究生教育的健康发展,也即问责应该定位于"教育性问责"。总之,专业学位研究生培养模式改革问责应采取外在惩罚性问责和内在自省性问责相统一的方式,刚柔并济,以一种更人性、更弹性的方式促进学生、教师和学校的发展,进而提升专业学位研究生教育质量的全面提升。④

---

① 刘兴春,刘文萍. 教育问责的方式:西方的经验及启示[J]. 外国教育研究,2007(9).
② 刘兴春,刘文萍. 教育问责的方式:西方的经验及启示[J]. 外国教育研究,2007(9).
③ 司林波,孟卫东. 教育问责制在中国的建构[J]. 中国行政管理,2011(6).
④ 于小艳. 教育问责的依据、限度及其超越[J]. 中国教育学刊,2018(7).

(三)加强专业学位研究生培养模式改革问责制的制度建设

在 2006 年修订的《中华人民共和国义务教育法》第九条中提出了义务教育问责制。在 2010 年中共中央、国务院印发的《国家中长期教育改革和发展规划纲要(2010—2020 年)》第六十五条中提出要"严格落实问责制"。由此,教育问责的合法性地位初步获得认可。然而,由于我国高等教育问责制起步晚,其法治化水平较低,且有关教育问责政策的条款规定还十分空乏,缺乏可操作性。正如有研究者指出:"正是问责制度的缺失才导致问责在实践中沦为象征性的口号;正是问责制度的不完善才导致出现违规违纪问题不去问责、难以问责或不敢问责等问责的异化现象;正是问责的异化直接增加了问责的成本,降低了问责的有效性。"[①]因此,为了提升专业学位研究生培养模式改革问责的有效性,就需要创建可行且高效的问责制度。一是要创建一部"专门的教育问责法规,以法律的形式对问责的主体、客体、内容、程序、方式和后果等进行明确而细致的规定"[②],以切实提升教育问责的权威性、合法性,从而使专业学位研究生培养模式改革问责做到有法可依、失职必究。二是要大力加强专业学位研究生培养模式改革问责的配套制度建设。作为一种具体的制度安排,专业学位研究生培养模式改革问责制要实现规范化的运作并发挥其效能,就需辅之必要的配套制度。由于问责的前提是要知情,专业学位研究生教育问责制度建设尤其应重视信息公开制度。通过专业学位研究生信息公开制度,明确规定政府、培养院校应公开的内容与形式,确保问责主体能及时、全面、准确地了解专业学位研究生培养模式改革的动态与效果,以充分调动利益相关者参与监督问责的主动性和积极性,从而提升问责的成效。此外,由于我国专业学位研究生培养模式改革问责处于起步阶段,尚缺乏成熟健全的制度保障,这就难免

---

① 苏永建,李冲,李易飞. 高校内部权力问责:内涵、动因、问题与改进路径[J]. 现代教育管理,2018(11).

② 林波,孟卫东. 教育问责制在中国的建构[J]. 中国行政管理,2011(6).

会发生问责偏差与失误。为确保问责的科学、公正,就有必要构建专业学位研究生教育问责救济制度,以明确被问责主体在问责处理决定前后所享有的各项权利以及实现权利的方式,从而减少误判,保障被问责主体的合法权利。

## 第三节　利益相关者协同参与下的多元共治

所谓"共治",是大学"共同治理"(shared governance)的简称,是指"基于教师和行政部门双方特长的权力和决策的责任分工,以代表教师和行政人员共同工作的承诺"①。此外,"大学'共治'还被贴上了'利益相关者'的标签,即所有利益相关者都对学校事务有一定的发言权"②。美国大学共治的主体一般包括董事会成员、行政管理人员、教职工和学生四个相关利益群体。③ 在实践中,"美国各大学为充分满足各方利益相关者的利益诉求,专门建立了相关委员会以供利益相关者参与大学的共治"④。有学者研究指出,"多元主体的良性互动……很大程度上打破了政府对公共教育的垄断和大学对学校事务的绝对控制"⑤。多元共治模式,已成为现代大学治理现代化的重要机制。

专业学位研究生教育是现代大学治理事务的重要组成部分。基于利益相关者协同参与的专业学位研究生培养模式改革共治,就是要打破行

---

① 于杨,张贵新.美国大学"共治"的两难处境及发展趋势[J].高等教育研究,2007(8).
② 于杨,张贵新.美国大学"共治"的两难处境及发展趋势[J].高等教育研究,2007(8).
③ 刘鸿.美国研究型大学"共治"模式的"恒"与"变"[J].高等教育研究,2013(11).
④ 于杨,张贵新.美国大学"共治"的两难处境及发展趋势[J].高等教育研究,2007(8).
⑤ 左崇良,潘懋元.美国高等教育治理的核心要义与内外格局[J].江苏高教,2016(6).

政权力主导人才培养模式改革决策和实践的样态，构建由政府部门、大学、教指委、企事业单位、学生和行业组织等多方利益相关者协商参与的、基于合作伙伴关系的多元共治格局。专业学位研究生培养模式改革中的"多元共治不仅是一种重要事务的民主决策机制，而且是一种核心权力的分享机制"①和利益的共享机制。多元共治模式的实施，不仅有利于专业学位研究生教育多元利益主体间权力分配的均衡，而且有利于其责任分配的合理和利益的共享。在专业学位研究生培养模式改革过程中，需要多元利益主体协同参与来确保人才培养质量的全面提高，实现各方主体的利益需求。在多元共治模式之下，政府、大学、教指委、企事业单位、学生和行业组织等各方利益主体在人才培养模式改革实践中都有明确的角色定位和职责分工，能保证各方主体的利益契合。通过利益共享、责任共担、多方联动，可以有效促进多元共治模式的构建及健康运行。

### 一、构建多元共治的内驱力：利益共享

多方利益主体参与共同治理所构建起来的合作关系，实质上是一种利益关系。在社会主义市场经济体制下，多元主体的合作通常秉持的重要原则就是利益共享、责任共担。所谓利益共享，就是指利益主体间基于互惠互利的原则，在合理分配差异的基础上对共同创造的利益实现公平享有。具体而言，专业学位研究生培养模式改革中利益主体的利益共享内涵有以下几点：①利益共享的主体是专业学位研究生培养模式改革共同利益的创造者，而不是社会的所有群体和个人；②利益共享的对象是专业学位研究生培养模式改革中利益主体共同创造的利益；③利益共享是专业学位研究生培养模式改革利益主体间实行合理差异基础上的享有，它遵循的是责、权、利相一致的分配原则，而不是共同利益的平均

---

① 陈金圣. 从行政主导走向多元共治：中国大学治理的转型路径[J]. 教育发展研究，2015(11).

占有;④利益共享是专业学位研究生培养模式改革利益主体间彼此尊重与认可基础上的互惠互利、合作共赢。① 利益共享既是各方主体参与专业学位研究生培养模式改革实践共治的内在驱动力,也是协调和化解各方利益主体间的利益矛盾和冲突、平衡各方利益关系、优化人才培养主体结构的一种重要方式。因此,只有充分保障各方主体在专业学位研究生教育共治中的利益,才有可能更大限度地激发各方主体参与人才培养模式改革的积极性和主动性。在专业学位研究生多元利益主体之间,若要实现教育利益共享,除了应有利益共享的理念作为价值引领,还应有承载利益共享的机制和制度作为保障。

(一)培育利益共享的理念

在当下,利益共享已成为多元合作的广泛共识。在专业学位研究生培养模式改革中,"利益共享的理念要充分体现利益主体的价值需求,并要及时地输送到利益共享的运作机制中,及时地转化为利益共享的社会现实"②。然而,在专业学位研究生培养模式改革实践之中,目前校企(行业)之间由于利益契合点并不明确,在共享理念上难以达成共识,合作育人中自我保护意识观念又十分强烈,这样就无法实现资源共享、优势互补、合作共赢的目标。正如有学者研究指出,"高校大多希望通过研究生专业实践环节来实现人才培养的目的……而企业则更多考虑眼下实践岗位需求和研究生实践所带来的效益"③。由于高校和企业利益目标不同,双方容易产生不易协调的矛盾,难以在合作育人中形成利益共享的共识,一定程度上制约了合作教育的深度和成效。因此,要大力激发利

---

① 何影. 利益共享的理念与机制研究——和谐社会的视角[D]. 长春:吉林大学博士学位论文,2009.
② 何影. 利益共享的理念与机制研究——和谐社会的视角[D]. 长春:吉林大学博士学位论文,2009.
③ 杜艳秋,李莞荷,王顶明. 全日制专业学位研究生实践教学存在的问题与对策——基于专家访谈结果的实证分析[J]. 研究生教育研究,2017(2).

益相关者参与专业学位研究生培养模式改革实践的积极性，首先就需要大力培育利益共享的价值理念，实现共同分享专业学位研究生培养模式改革成果的意愿。在多元共治模式下，专业学位研究生培养模式改革要培育的利益共享理念主要包括树立充分尊重多元利益诉求的价值理念，确立共同利益优先的价值理念，以及培育利益相关者合作共赢的价值理念。

(1) 树立充分尊重多元利益诉求的价值理念。在专业学位研究生培养模式改革实践中，不同利益相关者能否协同参与，能否共享利益，主要取决于多元利益诉求的平衡与融合程度。承认多元利益诉求的合法、正当性，并为其提供法律制度保障，这是专业学位研究生培养模式改革决策者的应有之义。政府、高校、企事业单位、教指委、学生、行业组织等都是专业学位研究生教育的重要利益相关者，他们与专业学位研究生教育的生存与发展密切相关，是人才培养模式改革活动中不可或缺的重要权力主体和利益主体。基于自身利益的考虑，大多数利益相关者都有参与专业学位研究生培养模式改革实践的意愿和实现其利益诉求的要求。由此可见，我国专业学位研究生培养模式改革实践已不再是政府和高校双方的事情，而是政府、高校、教指委、企事业单位、行业组织和学生等多元利益主体合作治理的共同责任。因此，在专业学位研究生培养模式改革实践中，只有对多元利益相关者的合理正当利益诉求给予充分尊重，尤其对那些在权力结构中处于边缘地位的重要利益相关者，诸如学生、指导教师、行业等的利益诉求和重要关切给予高度重视，并与共同利益相整合，尽可能满足不同利益相关者的利益需求，这样才可能维系多元利益主体之间持久、良好的合作伙伴关系。

(2) 确立共同利益优先的价值理念。专业学位研究生教育的共同利益是多元利益相关者进行利益共享的对象。所谓共同利益，实际上就是多方利益博弈的均衡，它不以挤占或牺牲对方利益为代价，而是一种互惠互利行为。只有解决好多方利益主体合作中的共同利益问题，利益相关者才有参与专业学位研究生培养模式改革实践的动力，多元合作才可能持久、深入。利益相关者共同利益的满足是实现专业学位研究生培养模式改革利益共享和利益均衡的核心要求。确立共同利益优先的价值理念，就是要树立多数利益相关者特别是重要利益相关者获利的思想。根据第三章对专业学位研究生培养模式改革中利益相关者的界定，坚持共同利益优先的价值理念首先就应尽量满足政府、学校管理者、教师、学生、教指委和产学研合作者的利益需求。

（3）培育利益相关者合作共赢的价值理念。如果说合作是共赢的前提，那么共赢则是合作的结果。"利益共享就是社会成员在合作基础上的共赢，在'共建'基础上的'共享'"①。合作共赢是专业学位研究生教育多元共治模式追逐的重要目标之一。"'共'表示要兼顾不同主体间利益；'赢'表明要保证并促进利益主体各方的基本利益；共赢，就是对和谐互动关系的最佳落实，表明了处理利益主体关系的一种态度。"②专业学位研究生教育中的多元治理主体之所以愿意参与人才培养模式改革实践，就在于通过参与能更好地协调各方利益主体间的矛盾与冲突，有助于实现多元利益主体间的利益共赢。目前我国专业学位研究生培养模式改革不断取得进展和突破，很大程度上是多元治理主体实现合作共赢的必然结果。因为专业学位研究生培养模式改革取得的进展不单是政府和高校双方的责任，也是教指委、企事业单位和学生等所有利益相关者的意愿和要求。这一改革结果是建立在各方治理主体间相互尊重对方利益关切的基础上，通过民主协商的方式探索出的利益共赢之道。因此，在当下专业学位研究生教育多元共治模式之下，培养院校和政府应努力打破以自我为中心，不顾他人利益的"独赢"思维方式，确立新型的合作共赢、互惠互利的价值理念。

（二）健全利益共享的机制

利益共享理念的确立规定了专业学位研究生教育利益主体在价值层

---

① 何影.利益共享的理念与机制研究——和谐社会的视角[D].长春：吉林大学博士学位论文，2009.
② 田千山.生态环境多元共治模式：概念与建构[J].行政论坛，2013(3).

面的追求目标或方向,而利益共享理念的实现则需要专业学位研究生培养模式改革决策者提供良好的制度安排和相应的机制保障。

(1)强化利益整合机制。在多元共治模式下,专业学位研究生培养模式改革要实现利益共享的基本条件就是要对多元化的利益诉求进行有效的整合,使单个群体的利益与所有群体的共同利益保持一致的方向。"利益整合机制的功能在于通过讨价还价和让步妥协,使相互冲突的局部利益转化成能够互相兼容的利益"①。只有对不同利益相关者的多样化利益进行整合,实现个体利益与共同利益的一致与均衡,才可能形成利益主体间和谐的利益关系。在专业学位研究生培养模式改革实践过程中,对多元利益诉求的整合主要表现为以下两方面,一是对多元社会价值的整合。正如第四章所述,不同利益主体具有不同的行动目标和价值取向,如培养院校是以"立德树人"为行动目标,其价值取向具有公益性;企业以"盈利"为行动目标,其价值取向具有营利性;政府以维护公共权益为行动目标,其价值取向具有公益性;行业组织以维护行业整体权益为行动目标,其价值取向具有公益性;学生及其家长以个体权益为行动目标,其价值取向具有功利性。有学者研究指出,"多元社会价值是产生异质利益的思想根源,整合多元价值是利益共享的思想基础"②。对多元利益主体的多样社会价值取向的整合,尤其应充分发挥政策制度的价值协调与凝聚功能。政府通过制定政策,将专业学位研究生教育的共同利益理念贯穿于政策各个环节,成为各方利益主体行动的基本参照框架。二是对复杂利益关系的协调。通过构建利益整合机制,采用疏导与调控的方式化解专业学位研究生教育利益主体之间的矛盾,旨在使"互相分歧和冲突的利益经过讨价还价和让步妥协被整合在了一起,局部或集团利益转化成能够互相兼容的利益,或者能够与

---

① 刘先江. 论当前我国利益共享的机制障碍及其调适[J]. 当代世界与社会主义, 2011(6).
② 何影. 利益共享的理念与机制研究——和谐社会的视角[D]. 长春:吉林大学博士学位论文, 2009.

公共利益相容的利益"①。

(2)构建公正合理的利益分配机制。公正合理地分配专业学位研究生培养模式改革成果既是实现利益共享的根本途径，也是调动利益相关者参与专业学位研究生教育共同治理的重要激励手段。在实践中，政府、大学、教指委、产学研合作者和学生等参与专业学位研究生培养模式改革的最主要目的就是要能够从中获得切实的利益，因此利益分配应尽可能使各方利益主体最后实现的分配结果与其预期利益相符合，保证公正合理。利益分配不公所引发的不同利益主体间的利益需求矛盾和冲突，不仅会导致多元合作难以为继，而且会影响专业学位研究生培养模式改革的进程和成效。如图6-1所示，专业学位研究生培养模式改革中的公正合理利益分配机制主要包括多元化的利益分配主体、公正的利益分配原则、多样化的利益分配手段、多种形式的利益分配对象，以及合

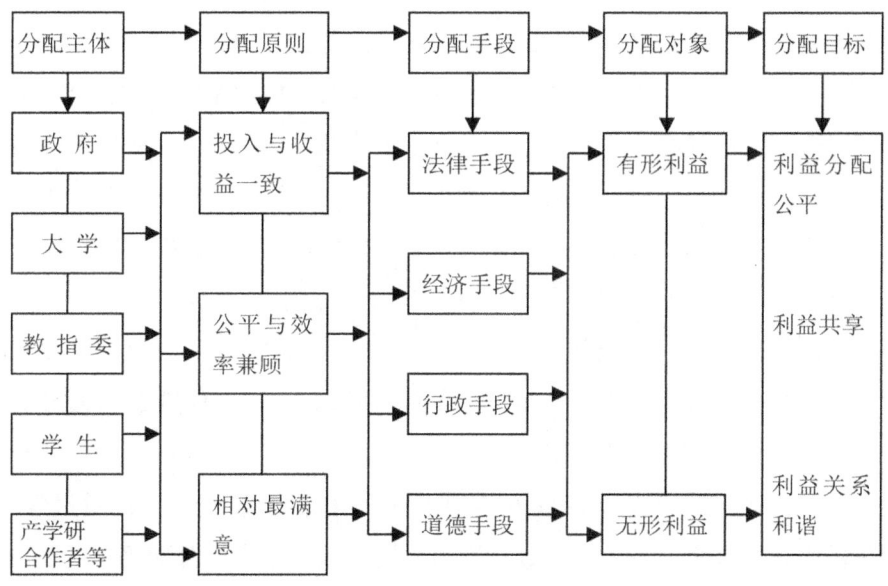

图6-1 专业学位研究生培养模式改革中利益分配机制

---

① 刘先江. 论当前我国利益共享的机制障碍及其调适[J]. 当代世界与社会主义，2011(6).

理的利益分配目标等要素,即专业学位研究生教育利益分配主体在遵循公正的利益分配原则的基础上,通过多样化的利益分配手段对不同形式的利益分配对象进行分配,以实现专业学位研究生教育利益共享、关系和谐等目标的过程。

笔者所在的课题组对专业学位研究生培养模式改革中利益分配机制的组成要素作如下说明:①利益分配主体。参与专业学位研究生培养模式改革利益分配的主体,应是共同利益的创造者,而不是社会的所有群体和个人,根据第三章对专业学位研究生培养模式改革利益相关者的界定,主要包括政府、大学(包括行政管理者、教师)、教指委、学生、产学研合作者等。②利益分配原则。利益分配原则在整个利益分配机制中具有基础性地位,直接影响分配依据的选择。在专业学位研究生培养模式改革利益分配中,首先,坚持投入与收益相一致的原则。各利益主体分配到的利益应与其对专业学位研究生教育投入和贡献相一致,资源投入越多,贡献越大,所获收益也应越多。其次,坚持公平与效率兼顾的原则,尽力找到公平与效率的平衡点。最后,协商主体相对最满意原则,基于主观愿望的平等协商或许能带来更大效用,实现真正的满意。① ③利益分配手段。结合我国的国情,笔者所在的课题组认为专业学位研究生培养模式改革中利益分配的手段主要有法律手段、经济手段、行政手段和道德手段,其中法律手段和经济手段是最主要的分配方式,行政手段和道德手段是辅助形式。④利益分配对象。在专业学位研究生培养模式改革中产生的利益可划分为有形利益和无形利益。其中有形利益包括人才、利润、合作产品、物质奖励、知识产权收益等,无形利益包括品牌和声誉、技术专利、著作、教育质量等。⑤利益分配目标。专业学位研究生培养模式改革中利益分配机制所要实现的目标主要有利益分配公平、利益共享和利益关系和谐。在多元治理

---

① 张志华,李瑞芝,赵波.多主体参与的协同创新体利益分配机制研究——高校主导的协同创新中心视角[J].科技进步与对策,2016(20).

模式下，专业学位研究生培养模式改革多元利益主体之间存在利益需求矛盾和冲突的可能，只有在保证利益分配公平的基础上，才能实现利益共享和达成和谐的利益关系。

(3)健全利益补偿机制。专业学位研究生培养模式的任何调整与变革，通常意味着教育利益结构的新变化。"在不存在帕累托最优的情况下，这种调整必然是有一部分人会从中获利，而另一部分人的利益会相对受损，因此，在改革过程中，必须对受损者给予足够的补偿"[1]。构建利益补偿机制的价值，就在于通过对利益受损的利益主体进行补偿，以协调利益分配不公所导致的利益矛盾和冲突，从而促进多元利益主体间的和谐利益关系。专业学位研究生培养模式改革中，利益容易受损的主要是企事业单位、教师、学生等利益相关者。虽然能对受损利益相关者给予补偿的主体有多种，但由于政府作为公共权力的执行者，掌握着大量政策、资金和信息等各种资源，其在利益补偿中具有无法替代的地位和作用。对参与合作育人、提供实践基地的企事业单位，政府可采取财政补贴、科技扶持、税收减免、专项资金补助、项目支持等多种形式的激励措施，以补偿企事业单位在合作中可能造成的经济损失；对专业学位研究生、教师，政府可通过制定相关政策，规定研究生和教师在专业学位研究生培养模式改革决策中具有知情权、参与权和监督权等各种合法权力。

**二、创建多元共治的保障：责任共担**

利益主体间责任共担是专业学位研究生教育多元共治的应有之义，是多元共治有效执行的重要前提。在多元共治模式下，构建多元主体责任共担的人才培养机制，既是全面提升专业学位研究生教育质量的一种风险机制，更是确保人才培养模式改革取得预期成效的根本保障。所谓

---

[1] 刘先江.论当前我国利益共享的机制障碍及其调适[J].当代世界与社会主义，2011(6).

责任共担，就是利益相关者力所能及地凭借自身优势协同参与、合作治理专业学位研究生教育事务，并在此过程中共同承担各自应尽的责任和义务。每个利益相关者都是责任共同体中不可或缺的重要组成部分，各自所承担的责任和义务因自身的能力和利益需求的差异性而不同。专业学位研究生培养模式改革实践是一项十分复杂的系统工程，仅仅依靠培养院校单一的力量难以实现高质量应用型人才培养的改革目标。正如联合国教科文组织指出，"高等教育作为一项公共事业，是所有利益相关者尤其是政府的责任"①。根据第三章的界定，政府、大学（行政管理者和教师）、教指委、产学研合作者、学生、用人单位和行业组织等都是专业学位研究生培养模式改革中重要的利益相关者，他们在人才培养模式改革实践中扮演不同的角色，有着各自不同的利益诉求，理应承担与其利益需求相匹配的职责。在多元共治模式下，责任共担机制的有效运作有赖于强化责任共担意识和责任人身份认同、构建合理的责任分担机制，以及制定健全的政策法规体系等。

（一）强化责任共担意识和责任人身份认同

"专业学位是针对社会特定职业领域的需要，为培养具有较强的专业能力和职业素养、能够创造性地从事实际工作的高层次应用型专门人才而设置的一种学位类型。"②专业学位研究生教育与学术型研究生教育虽处于同一层次，但培养规格各有侧重。与学术型研究生教育相比，最大的区别就在于专业学位研究生教育更强调"基于职业，强调实践，注重技能，突出应用"③。可见，专业学位研究生教育具有鲜明的职业性、应用性和实践性等特性。专业学生研究生教育自身的属性决定了单凭高

---

① 赵叶珠，游蠡. 社会变革与高等教育发展新动力——2009 年世界高等教育大会公报[J]. 中国高等教育，2009(17).
② 硕士、博士专业学位研究生教育发展总体方案[EB/OL]. [2010-09-18]. http://www.cdgdc.edu.cn/xwyyjsjyxx/gjjl/zcwj/268313.shtml.
③ 孙国友. 追本溯源：专业学位研究生教育的本质属性探骊[J]. 研究生教育研究，2016(4).

校自身的努力，难以培养出社会真正需要的高层次应用型人才。正如国务院学位委员会审议通过的《硕士、博士专业学位研究生教育发展总体方案》中指出，专业学位研究生教育要"切实转变办学观念，强化目标导向，与实际部门建立长期、稳定、实质性的联合培养机制"①。因此，多元共治模式下，专业学位研究生培养模式改革，要从根本上改变培养院校是唯一教育主体的现状，首先就应强化利益相关者的责任共担意识，培育专业学位研究生教育的责任主义价值取向，将"责任人"作为共同治理的逻辑起点，使利益相关者以不同的角色参与专业学位研究生教育共同治理过程中，使其始终能意识到自身的"责任人"身份，以共同体愿景的"追梦者"和"实践者"而非"旁观者"来履行相关责任。在专业学位研究生培养模式改革中，一方面需要政府、大学、企事业单位、教指委、行业组织和学生等利益相关者遵从各自的责任边界从事治理活动，另一方面，也需要这些利益相关者以维护和实现共同利益最大化为原则，超越自身发展目标所确定的责任范围来承担更高层次命运共同体的治理责任。在多元共治过程中，还有必要将责任人身份作为调节不同利益相关者之间关系的重要价值依据。② 在专业学位研究生教育实践中，人才培养活动应打破封闭办学形式，应实行开放协同办学，将政府、企事业单位、行业组织、教指委和学生等相关部门、组织和个人作为人才培养的责任主体，并构建广泛深入的合作伙伴关系，大力整合各种教育资源，形成利益共享和责任共担的命运共同体，从而促进专业学位研究生教育质量的全面提高。

(二)构建合理的责任分担机制

在过去我国专业学位研究生培养模式活动中，政府和社会各界一般

---

① 硕士、博士专业学位研究生教育发展总体方案[EB/OL]．[2010-09-18]．http://www.cdgdc.edu.cn/xwyyjsjyxx/gjjl/zcwj/268313.shtml.
② 季卫兵．国家治理的价值取向及其培育研究[D]．南京：南京理工大学博士论文，2016．

将大学视为人才培养的唯一主体,大学似乎也认可这一无限责任。由于长期受闭门办学观念的深刻影响,大学对调动利益相关者参与专业学位研究生培养的重视不够,加之政府对激励与引导社会力量参与人才培养改革实践的制度体系不健全,不可避免地导致企事业单位、行业组织等利益相关者承担人才培养的意愿不强,进而严重影响专业学位研究生培养模式改革实践的成效。因此,当下专业学位研究生培养活动已不能仅仅依赖大学的"单打独斗",理应是多方利益相关者共同肩负的责任。只有对专业学位研究生教育的多元利益相关者的教育资源优势进行协同与有机整合,并形成政府、大学、企事业单位、行业组织、学生等多方主体共同参与的责任共担机制,才可能大幅提升专业学位研究生的实践和应用能力,培养出切合社会需要的高质量应用型人才。明确责任分担的主体及其责任边界,是构建合理的责任共担机制的中心内容。建立在前面两节对利益相关者的权力制衡与利益协调的基础上,进一步厘清各主体的权、责边界,明确合作主体的利益与职责相匹配关系,有利于各参与主体间形成既竞争又合作的良性发展关系,从而构成一个有机的多元治理格局,如图6-2所示。

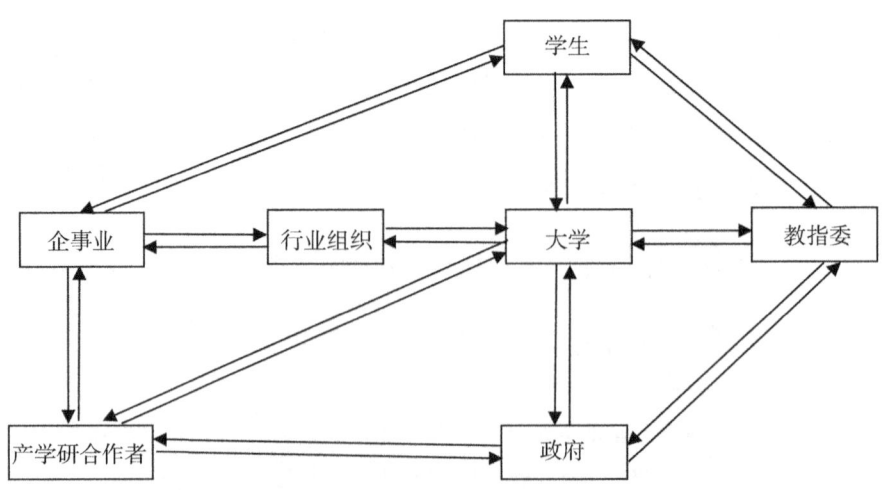

图6-2 专业学位研究生培养模式改革中责任共担主体及其责任关系

(1)政府作为人才培养活动的主导者,承担宏观调控职责。在责任共担专业学位研究生培养模式改革实践中,政府拥有不可比拟的资源优势决定了其主导地位和统筹协调职责。政府应制定和完善专业学位研究生培养相关政策与法律法规体系,明确规定不同利益相关者在人才培养模式改革实践中的权、责、利边界,通过财政投入、政策扶持、税收优惠等多种形式鼓励、引导和支持利益相关者积极协同参与人才培养活动。

(2)教指委作为人才培养活动的业务指导与协调者,承担宏观指导与协调职责。教指委应充分发挥其专家组织的作用,在教学活动、教材与案例建设、师资培训、专业实践基地建设、教育评估、学位授予要求等各方面制定标准,规范要求,检查评估和加强监督,同时还应发挥其中介组织的作用,协调大学与政府以及不同利益相关者之间的矛盾。

(3)大学作为人才培养活动的核心参与主体,承担教育创新探索与搭建合作平台的重要使命。在多元共治模式下,专业学位研究生培养院校应转变"以自我为中心"的封闭办学理念,构建"以多元协同参与为核心"的人才培养机制。培养院校的主要职责应是积极面向社会与市场需求办学,密切与其他利益相关者的合作,搭建多元主体交流与沟通的平台,加强校内外指导教师队伍建设,创建人才培养模式改革创新的相关管理制度,从而为学生的学习和多元主体参与合作创设良好的育人环境。

(4)企事业单位或产学研合作者作为人才培养活动的重要参与主体,承担实践资源供给的职责。作为专业学位研究生的接纳者和直接受益者,企事业单位或产学研合作者理应充分发挥其实践资源优势,积极参与专业学位研究生培养模式改革实践,为人才培养方案制定提供明确的职业导向,为人才培养过程提供专业实践基地、校外指导教师以及应用型研究项目等,为人才质量评价提供信息服务与人员协助。

(5)学生作为人才培养活动的重要参与主体,承担学习主体的职责。在过去,长期将专业学位研究生的发展完全视为外在动因的结果,"学习'劳动'被异化为'被塑造''被专业化'活动,使之难成创新人才"①。专业学位研究生既是教育的客体也是教育的主体,作为人才培养模式改革最直接的受益者,理应成为人才培养活动的主体参与其中。学生的主要职责应是适度承担教育成本,增强学习的责任意识,发挥学习的主体能动性,密切大学、企事业单位等其他利益相关者的合作,共同提升人才培养质量。

(6)行业组织作为人才培养的指导者,承担信息服务和沟通协调的职责。行业组织是企事业单位的利益代表,它熟悉企事业单位对高层次应用型人才的需求状况和行业最新发展动态,掌握专业人员入会资格标准,若能将企事业单位对人才需求规格和标准的信息及时反馈给专业学位研究生培养院校,指导大学及时调整人才培养方案、更新课程设置、重建人才质量评价标准等,这无疑有助于培养切合企事业单位所需要的高层次应用型人才。此外,行业组织作为中介组织,它是沟通企事业单位与大学、政府和企事业单位之间的重要桥梁和纽带,有助于专业学位研究生教育不同利益相关者之间的矛盾和冲突的化解,增强多元利益相关者之间的密切合作。

(三)制定健全的政策法规体系

健全的政策法规体系是促进多元利益主体共担专业学位研究生培养模式改革实践责任的重要制度保障。2009年教育部颁发的《关于做好全日制硕士专业学位研究生培养工作的若干意见》中要求全日制专业学位研究生教育"要充分调动社会、行业和有关用人单位的积极性"。2010年国务院学位办审议通过的《硕士、博士专业学位研究生教育发展总体方案》中提出"把校企(行业)联合培养专业学位人才作为重要社会责

---

① 母小勇. 马克思人学视野中的大学创新人才培养机制[J]. 教育研究, 2014(7).

任"。2013年《教育部 人力资源社会保障部关于深入推进专业学位研究生培养模式改革的意见》中提出"选择具备一定条件的行(企)业开展联合招生和联合培养"。目前，我国虽在相关政策中规定要鼓励和引导社会力量参与专业学位研究生教育，但各参与主体究竟有哪些，其具体职责是什么，以及失职的责任追究和处罚措施是什么等相关问题都缺乏明确的政策规定。因此，提升专业学位研究生教育利益相关者参与人才培养模式改革的责任意识和确保责任共担机制的运行，就需努力完善相关政策法规体系。首先，构建与完善专业学位研究生教育法规政策，进一步明确人才培养模式改革实践中的主体及其法律义务，即明确究竟有哪些组织机构和群体应承担人才培养的法律责任和义务，具体的责任和义务是什么，比如制定《多元合作教育促进法》，明确界定政府、大学、教指委、企事业单位、行业组织、学生等利益相关者在专业学位研究生教育多元共治模式下的责、权、利边界，以创设良好的合作教育制度环境。其次，加强责任监督、追究的相关法律建设，对人才培养法定职责不履行或履行不到位的组织机构或群体应给予及时纠正和处罚，以确保专业学位研究生培养模式改革实践的顺利开展。

### 三、创设多元共治的方式：多方联动

"多方联动"一词，主要源于协同理论（synergetics）。在我国学术界，协同理论亦被称为协调理论或联动理论。协同理论认为，一个系统能否发挥协同效应，通常是由系统内部各子系统的协同作用所决定的。有研究者指出，"联动是若干相互关联的事物，在运动或变化过程中相互作用的关系"[1]。可见，联动强调的是事物之间的相互作用关系。所谓"多方联动"，就是指政府、大学、教指委、企事业单位和学生等利益主体在专业学位研究生培养模式改革实践中行动协调一致、相互配

---

[1] 徐晶晶,黄荣怀,杨澜,高步云,白文倩.智慧学习环境下学校、家庭、场馆协同教育联动机制研究[J].电化教育研究.2018(8).

合，形成教育合力。"协同产生的前提是机构或个体在业务上产生联系或存在交叉。"①政府、大学、企事业单位、教指委和行业组织等各方利益主体因"专业学位研究生"这一共同要素而构建起一种相互依存和联动发展的关系，形成了一个有机的统一整体，如图6-3所示。

图6-3 专业学位研究生培养模式改革实践中多方参与联动模型

当下，我国专业学位研究生培养模式改革是"一个'复数概念'，它'不单单是教育部门的事情'，更是一项超越教育系统本身的综合性社会改革，是各种利益集团多重博弈的过程"②。由此可见，专业学位研究生培养模式改革需要多元主体间的联动与协调。以往那种"各家自扫门前雪，不管他人瓦上霜"的相互割裂式的人才培养模式改革方式，已成为全面深化专业学位研究生培养模式改革的"拦路石"。因此，专业学位研究生培养模式改革的"每一个点、每一个问题甚至是每一个个体都是全息的"③，它们全息地包含着专业学位研究生教育整体现象中几乎全部的信

---

① 林君芬. 基于联盟的教育信息化服务主体协同机制与策略[J]. 中国电化教育，2010(6).
② 李栋. 赋魅于一个祛魅的教育世界——全面深化教育综合改革的思维范式转换[J]. 教育研究与实验，2018(4).
③ 李栋. 赋魅于一个祛魅的教育世界——全面深化教育综合改革的思维范式转换[J]. 教育研究与实验，2018(4).

息,反映着专业学位研究生教育的真实存在。在多元共治模式下,专业学位研究生培养模式改革成功的关键在于,多方利益主体需统筹协调,在资源上融通,科研上协作,在育人上协同,以便产生协同效应。

(一)构建多方联动的资源融通机制,实现优势互补

目前,我国专业学位研究生教育一方面存在办学资源严重匮乏的困境,尤其是教育经费投入不足、专业实践基地短缺、双师型教师缺乏等;另一方面存在办学资源十分封闭、分散,不同学科、院校、部门组织之间条块分割严重,学科资源、案例资源、教师资源、设备资源、科技资源、实践资源和国际教育资源等都无法进行有效整合与融通,发挥不出多种资源的集聚效应,也就不能及时转化为专业学位研究生培养的教育资源,这无疑严重影响了专业学位研究生培养的质量与效益。正如有学者指出:"当前产学研合作人才培养实践中,企业、科研院所与高校未能充分发挥资源整合的合力与优势互补的张力。"①因此,构建多方参与的资源融通机制,充分发挥大学、企事业单位、政府、行业组织等利益相关者的资源整合效应,着力培养专业学位研究生的实践应用能力,这是破解专业学位研究生培养脱离行业实际、应用能力不强、职业导向不鲜明等问题的有效策略。

从理论上讲,在"互联网+"时代和多元共治模式下,专业学位研究生培养模式改革与实践中,跨行业、学科、学校、地域等各类人才培养资源并非孤立存在,而是多主体协同、互相补充、相互支持、合作共赢的共生共荣的有机整体。专业学位研究生培养模式改革决策者能否根据人才培养改革目标动态优化各类人才培养资源,影响着专业学位研究生培养模式改革政策目标的实现程度。参与专业学位研究生培养模式改革实践的多元主体应通过"合理的制度设计……解除旧制度下要素流动

---

① 仇新明,刘志民.产学研合作人才培养资源配置机制构建探析[J].学术论坛,2016(6).

的束缚,用新制度营造适合联动培养的'软'环境"①,并搭建信息化平台,以实现多种培养资源间的融通、共享,并形成人才培养的合力。如,"在基础教育学校设立微格教室……通过直播系统使教育硕士研究生能够远程同步观摩中学课堂,实现教学资源的对接与分享"②。围绕专业学位研究生培养这一中心,构建多方参与的资源融通机制,首先,应发挥政府的统筹协调作用,强化顶层制度设计,打破各自为政的制度壁垒,使各方参与主体在人才培养资源之间建立合理流动、互动的机制;其次,大学需在人事制度、组织管理和资源配置方式、课程设置等方面进行大胆改革和探索,为多元培养资源进入人才培养全程创造良好的氛围和条件;最后,企事业单位、政府、行业组织等利益相关者,应充分认识合作育人的价值与战略意义,积极主动地与大学建立互动交流机制,为大量的实践资源顺利参与专业学位研究生培养过程创造新的机会。

(二)创设多方联动的育人机制,实现政产学研融合

专业学位研究生教育的政产学研融合是跨组织、跨部门间的多元主体合作形式。只有在政府推动力、企事业单位与大学主导力、行业组织和教指委指导力等多种力量共同形成合力之时,方可协同推进人才培养模式改革进程。政产学研融合不仅有助于多方利益主体协同育人,而且有助于专业学位研究生教育的研究性、应用性与职业性的有机结合。在政产学研融合中,"研究生、企业实务和教学科研人员组合成研究团队,更容易解决实际问题"③,能大幅提升专业学位研究生解决实际问题的意识和能力。例如,"新昌实践模式"就是产学融合的典范,它"实

---

① 张学敏,隋国成.教育硕士"U-T-S"联合培养模式的构建[J].教育研究,2017(10).
② 梁晓丽.教育硕士专业学位研究生协同育人的有效路径探析[J].教育理论与实践,2016(9).
③ 汪全报,卜春梅.专业学位研究生教育的产教融合——基于目标导向的特色化策略[J].学位与研究生教育,2019(3).

现了产学研用的深度融合创新和多方共赢"①。

(1)营造多方联动育人的观念与文化氛围。多方协同育人机制的创建首先就需要政府、高校、企事业单位、教指委、行业组织等专业学位研究生教育利益相关者打破各自为政、封闭育人的传统观念，树立协同育人的现代开放、合作理念。多方利益相关者都需充分认识到专业学位研究生培养联动机制创建的重要性和意义，增强自身责任感与使命感，共同营造多方协同育人的观念与文化氛围。

(2)打造多方联动育人的机制。一是在人才培养规格的制定上，培养院校要与来自企事业单位、政府、行业组织、学生等利益相关者保持密切沟通与交流，培养规格要与产业界的用人标准保持高度一致性。二是在人才培养方案的制定上，培养院校要与多方利益主体共同协商，在考虑学生全面发展需要的同时，更要充分尊重产业界的利益诉求，将产业界的新知识、新技术和新管理理念等充分体现在人才培养方案之中。三是在人才教学过程中，培养院校要与产业界密切协作，实现资源上共享、教学内容上融通。一方面大学的研究基地、实验室等科研、教学资源应对实践界开放，帮助产业界解决生产管理等方面的技术难题、人员培训和技术咨询等；另一方面，产业界的实践资源、研究项目也应对大学开放，共同培养专业学位研究生，以增强学生的实践应用能力。四是在师资建设上，培养院校应与实践界建立长期、稳定的交流合作机制。一方面鼓励校内指导教师走进企事业单位锻炼，丰富实践经验；另一方面积极引进产业界的专业人员到大学任教和指导学生学习、研究活动。五是在人才培养质量标准上，多元主体协同参与，使教育质量评价彰显研究性、应用性与职业性整合的导向。

(三)建立多方联动的制度保障机制，实现深度合作

"协同培养机制本质上既是一个顶层设计的问题，同时也是一个制

---

① 邵全卯，熊杰，吕华. 新昌实践模式：产学研深度融合创新中的专业学位研究生培养模式改革之路[J]. 学位与研究生教育，2017(12).

度实践问题。"①在多元利益主体联动培养专业学位研究生中，势必存在权力分配、利益共享与责任分担等问题，如果能通过制度明确权、责、利的匹配关系与边界，就会减少矛盾与冲突，增强彼此间的信任，从而顺利推动专业学位研究生教育多元治理模式的实施。目前，我国专业学位研究生培养还未形成多方联动的育人机制，与之相关的政策法规较为零散，还未有一项关于协同育人的专门的和具有可操作性的政策，制度体系的形成尚需时日。譬如，《国家中长期人才发展规划纲要（2010—2020年）》提出，"发展专业学位研究生教育，建立高等学校、科研院所、企业高层次人才双向交流制度"；在《硕士、博士专业学位研究生教育发展总体方案》中，鼓励培养院校"与实际部门建立长期、稳定、实质性的联合培养机制"；《教育部 人力资源社会保障部关于深入推进专业学位研究生培养模式改革的意见》提出，"选择具备一定条件的行（企）业开展联合招生和联合培养"。这一系列政策虽有涉及多元主体协同育人问题，但仅仅是原则性的规定，内容多属于倡导的、鼓励性的，缺乏可行性的实践措施与具体制度安排，难以解决协同育人中多元利益主体间存在的管理权限、利益分配等困境。因此，国家、教育行政部门和大学需从宏观、中观和微观不同层面制定具有前瞻性、可操作性的政策法规，以便为多元利益主体协同参与专业学位研究生培养模式改革实践提供良好的制度支撑。

（1）政府应从宏观层面制定多方联动育人的政策法规，发挥顶层制度设计和高端引领作用。政府需加强顶层制度设计，总体上建构不同部门、组织机构之间的协调与配合机制。政府一方面应通过相关政策明确各方参与主体的责、权、利边界，打破各自为政的制度壁垒；另一方面应通过税收减免、资金投入等多种形式的优惠与补偿政策，鼓励各方利益相关者积极参与到专业学位研究生培养模式改革实践之中，最终形成共生共荣的有机育人整体。

---

① 张学敏，隋国成. 教育硕士"U-T-S"联合培养模式的构建[J]. 教育研究，2017(10).

（2）教育行政部门应从中观层面进一步完善多方联动育人的相关配套政策措施，发挥组织者和引导者作用。首先，教育行政部门应通过协同育人项目管理制度设计，加强对协同育人的动态监控和激励管理；其次，教育行政部门应通过组织管理制度设计，对协同育人中存在的利益矛盾与冲突进行协调与化解；最后，教育行政部门应通过教育资源投入制度设计，拓宽专业学位研究生教育资源的投入渠道，增加专业学位研究生教育资源的供给力度。

（3）培养院校应从微观层面加强多方联动育人的平台制度设计，发挥人才培养主力军作用。培养院校要在组织管理、人事制度和资源配置方式等方面进行改革创新和新的制度设计，为专业人员参与专业学位研究生培养创造条件，为多元主体协同参与人才培养活动创设各种平台。比如，大学各专业学位研究生培养院系应建立由校内外指导教师、实践界代表、学生、主管专业学位研究生教育院系领导等利益相关者共同参与的教指委或理事会，发挥他们在多元主体联系、人才培养方案制定、师资队伍建设、人才培养质量标价、资源配置与整合等方面的关键性作用。

# 参 考 文 献

[1] 别敦荣,赵映川,闫建璋.专业学位概念释义及其定位[J].高等教育研究,2009(6).

[2] 别敦荣,陶学文.我国专业学位研究生教育质量保障体系设计[J].现代教育管理,2009(8).

[3] 别敦荣.论我国大学治理[J].山东高等教育,2016(2).

[4] [美]伯顿·克拉克.探究的场所——现代大学的科研和研究生教育[M].杭州:浙江教育出版社,2001.

[5] [美]伯顿·克拉克.研究生教育的科学研究基础[M].杭州:浙江教育出版社,2001.

[6] 陈华.教育综合改革的利益主体与协调机制[J].全球教育展望,2017(11).

[7] 曹雷,才德昊.全过程与系统化:专业学位研究生实践能力提升的有效路径探析[J].中国高教研究,2018(1).

[8] 崔华华,刘信鹏,施晓娟.权力制衡理论视角的专业学位研究生教育模式重构[J].研究生教育研究,2013(5).

[9] 陈宏辉.企业的利益相关者理论与实证研究[D].杭州:浙江大学博士学位论文,2003.

[10] 陈小平,孙延明,曹蔚.全日制硕士专业学位研究生联合培养基地治理机制探析——基于利益相关者的视角[J].学位与研究生教育,2015(8).

[11] 陈学飞. 西方怎样培养博士——法、英、德、美的模式与经验[M]. 北京: 教育科学出版社, 2002.

[12] 邓光平. 国外专业博士学位的历史发展及启示[J]. 比较教育研究, 2004(10).

[13] 邓光平, 郑芳. "专业"与专业学位设置[J]. 江苏高教, 2005(5).

[14] 邓光平. 英国专业博士学位设置的政策分析[J]. 中国高教研究, 2005(11).

[15] 邓光平, 周守军, 郑芳. 我国专业学位设置政策的生成与制度化研究[J]. 江苏高教, 2006(5).

[16] 邓光平. 我国专业学位设置政策的价值取向分析[J]. 江苏高教, 2007(6).

[17] 邓光平. 我国专业学位设置政策的主要问题与建议[J]. 学位与研究生教育, 2007(10).

[18] 邓光平. 美国第一级专业学位与行业任职资格衔接的策略探析[J]. 中国高教研究, 2008(11).

[19] 邓光平. 教育硕士专业学位设置的政策分析[J]. 学位与研究生教育, 2009(1).

[20] 邓光平. 美国行业组织与第一级专业学位教育的质量保障——以ABA在J.D学位计划中的作用为例[J]. 高等教育研究, 2010(7).

[21] 邓光平. 澳大利亚专业博士生培养模式的演变及启示[J]. 中国高教研究, 2010(9).

[22] 邓光平. 我国专业学位设置的政策分析[M]. 武汉: 湖北人民出版社, 2014.

[23] 邓光平. 澳大利亚深度合作培养专业博士的创新探索——以新英格兰大学的P/W/U三维协作培养模式为例[J]. 高等教育研究, 2016(8).

[24] 邓光平. 澳大利亚博士生可转化技能培养模式与启示[J]. 中国高

教研究, 2017(9).

[25] 邓光平. 我国专业学位研究生培养模式改革的历史变迁与现实思考[J]. 高等教育研究, 2019(5).

[26] 董泽芳. 高校人才培养模式的概念界定与要素解析[J]. 大学教育科学, 2012(3).

[27] 杜艳秋, 李莞荷, 王顶明. 全日制专业学位研究生实践教学存在的问题与对策——基于专家访谈结果的实证分析[J]. 研究生教育研究, 2017(2).

[28] 傅维利. 教育硕士质量保证与培养资源供给[J]. 学位与研究生教育, 2005(5).

[29] 何影. 利益共享的理念与机制研究——和谐社会的视角[D]. 长春: 吉林大学博士学位论文, 2009.

[30] 胡赤弟. 高等教育利益相关者理论研究的几个问题[J]. 中国高教研究, 2010(6).

[31] 黄宝印. 我国专业学位研究生教育发展的新时代[J]. 学位与研究生教育, 2010(10).

[32] 梁晓丽. 教育硕士专业学位研究生协同育人的有效路径探析[J]. 教育理论与实践, 2016(9).

[33] 林荣日. 制度变迁中的权力博弈——以转型期中国高等教育制度为研究对象[D]. 上海: 复旦大学博士学位论文, 2006.

[34] 刘冰, 闫智勇, 潘海生. 基于协同治理的专业学位研究生教育质量治理体系构建[J]. 学位与研究生教育, 2019(1).

[35] 刘晓. 利益相关者参与下的高等职业教育教育办学模式改革研究[D]. 上海: 华东师范大学博士学位论文, 2012.

[36] 刘亚敏, 胡甲刚. 专业学位研究生培养模式改革[M]. 北京: 科学出版社, 2017.

[37] [英]迈克尔·吉本斯, 卡来耶·利摩日, 黑尔佳·诺沃提尼, 西蒙·施瓦茨曼, 彼得·斯科特, 马丁·特罗. 知识生产的新模式:

当代社会科学与研究的动力学[M].陈洪捷,沈文钦,等译.北京:北京大学出版社,2011.

[38] 邱学青,李正.创新办学资源共享机制构建校内协同育人体系[J].中国高等教育,2013(24).

[39] 全国专业学位研究生教育指导委员会.专业学位类别(领域)博士、硕士学位基本要求[M].北京:高等教育出版社,2015.

[40] 石中英.论专业学位教育的专业性[J].学位与研究生教育,2007(1).

[41] 孙百亮.当代中国市民社会的利益冲突与均衡[D].西安:陕西师范大学博士学位论文,2010.

[42] 王海峰.我国专业学位研究生教育的"专业性危机"与纾解策略[J].江苏高教,2017(4).

[43] 汪全报,卜春梅.专业学位研究生教育的产教融合——基于目标导向的特色化策略[J].学位与研究生教育,2019(3).

[44] 王子,成厉晖.浅谈我国专业学位设置的整合与规范[J].学位与研究生教育,2007(1).

[45] 王锡锌.行政正当性需求的回归——中国新行政法概念的提出、逻辑与制度框架[J].清华法学,2009(2).

[46] 魏红梅.新常态下我国专业学位研究生教育改革的创新探索.学位与研究生教育[J].2016(3).

[47] 吴镇柔,陆叔云,汪太辅.中华人民共和国研究生教育和学位制度史[M].北京:北京理工大学出版社,2001.

[48] 吴启迪.转变观念、提高认识、积极促进专业学位教育的健康、快速发展[J].学位与研究生教育,2005(9).

[49] 项贤明.我国学位与研究生教育制度改革摭议[J].中国高教研究,2004(4).

[50] 薛天祥.研究生教育学[M].桂林:广西师范大学出版社,2001.

[51] 杨启亮.教育硕士专业学位教育实践中的问题与解释[J].教育发

展研究，2005(6).

[52] 易红郡. 英国现代研究生教育的发展及特点[J]. 比较教育研究，2002(10).

[53] 于小艳. 教育问责的依据、限度及其超越[J]. 中国教育学刊，2018(7).

[54] 袁锐锷. 教育硕士专业学位中英教育的国际比较研究[J]. 华南师范大学学报，2000(2).

[55] [美]约翰·S. 布鲁贝克. 高等教育哲学[M]. 杭州：浙江教育出版社，1998.

[56] 赵雪峰. 论社会建设中的利益协调原则——以利益矛盾为视角[J]. 理论与改革，2016(6).

[57] 张斌贤，李子江，翟东升. 我国教育硕士专业学位研究生教育综合改革的探索与思考[J]. 学位与研究生教育，2014(2).

[58] 张淑林，崔育宝，裴旭. 我国专业学位研究生教育供给与需求的分析[J]. 中国高等教育，2017(2).

[59] 张喜红. 社会公众利益表达机制的问题及其应对[J]. 湖北社会科学，2015(12).

[60] 张应强. 制度创新与我国建设世界一流大学[J]. 现代大学教育，2001(4).

[61] 张玉堂. 利益论——关于利益冲突与协调问题的研究[M]. 武汉：武汉大学出版社，2001.

[62] 钟有为. 冲突与调谐：大学教学改革的基本问题探论——改进大学教学改革的理论构想[D]. 武汉：华中科技大学博士学位论文，2009.

[63] Ann E MacEachron, Nora S Gustavsson. Reframing Practitioner Research[J]. Families in Society, 1997(11-12).

[64] A Joseph Threlkeld, Gail M Jensen, Charlotte Brasic Royeen. The Clinical Doctorate: A Framework for Analysis in Physical Therapist

Education[J]. Physical Therapy, 1999(6).

[65] Bourner, T., Bowden, R. Laing, S. Professional Doctorates in England[J]. Studies in Higher Education, 2001(1).

[66] Bunning, C. R. The Reflective Practitioner: A Case Study[J]. The Journal of Management Development, 1992(1).

[67] Careers Research, Advisory Centre. Provision of Professional Doctorates in English HE Institutions[R]. 2016.

[68] C. E. Lindblom. The Policy Making Process[M]. Englewood Cliffs, N. J.: 1968.

[69] Charles K Davis. MBA Certification: Boon or Boondoggle? Phi Kappa Phi Forum, Winter 2003.

[70] Committee on the Education and Utilization of the Engineer, Commission on Engineering and Technical Systems, National Research Council. Engineering Education and Practice in the United States [M]. Washington, D. C.: National Academy Press, 1985.

[71] Corn, Morton. Professions, Professionals, and Professionalism [J]. American Industrial Hygiene Association Journal, 1994(7).

[72] Deborah HC Meyer, Melody Lehew. The Professional Master's Degree: Addressing the Changing Needs of Textiles and Apparel Students and Industry[J]. Journal of Family and Consumer Sciences, 2001(4).

[73] Denise Cuthbert, Tebeje Molla. PhD Crisis Discourse: A Critical Approach to the Framing of the Problem and Some Australian "Solutions" [J]. High Education, 2015 (1).

[74] Fell, T., Flint, K., Haines, I. Professional Doctorates in the UK 2011[M]. Staffordshire: UK Council for Graduate Education, 2011.

[75] Felly Chiteng Kot, Darwin D. Hendel. Emergence and Growth of Professional Doctorates in the United States, United Kingdom, Canada and Australia: A Comparative Analysis[J]. Studies in Higher Educa-

tion, 2012(3).

[76] Hammick, Marilyn. Validation of Professional Degrees: the Micropolitical Climate and Ethical Dilemmas[J]. Quality Assurance in Education, 1996, 4(1).

[77] Hastings, R. The Universities of Europe in the Middle Ages[M]. Oxford:Clarendon Press, 1936.

[78] Hoddell, S. Professional Doctorates[R]. Staffordshire: UK Council for Graduate Education, 2002.

[79] Jeroen Huisman, Rajani Naidoo. The Professional Doctorate: From Anglo-Saxon to European Challenges[J]. Higher Education Mangement and Policy. 2006(2).

[80] Johnson, Neil. Preparing Educational Administrators: An Australian Perspective[J]. Journal of Educational Administration, 1993(1).

[81] John F. Stone. Using Symbolic Convergence Theory to Discern and Segment Motives for Enrolling in Professional Master's Degree Programs [J]. Communication Quarterly, 2002, 50(2).

[82] John McGagh, Helene Marsh, Mark Western, et al. Review of Australia's Research Training System [M]. Melbourne: Australian Council of Learned Academies, 2016.

[83] John R Thelin. The California Idea and American Higher Education: 1850 to the 1960 Master Plan[J]. The Journal of American History, 2001(9).

[84] J. S. Livingston. Myth of the Well-Educated Manager[M]. Harvard Business Review, 1971(1).

[85] K. G. Banting. Poverty, Politics & Policy[M]. London: The Macmillan Press, 1979.

[86] Kyro, P. The Management Consulting Industry Described by Using the Concept of "Profession"[M]. Helsinki, Finland: Department of Edu-

cation, University of Helsinki, 1995.

[87] Margaret Malloch. Professional Doctorates: An Australian Perspective [J]. Work Based Learning e-Journal, 2010(1).

[88] Maria P. Russell. Toward the Ideal Professional Master's Degree Program[J]. Public Relations Review, 1999, 3(1).

[89] Max Messmer. The Value an MBA [J]. Management Accounting, 1998(10).

[90] Merkel, Kenneth G. Efficiently Linking Engineering Practice, Graduate Education, and Professional Development [J]. IIE Solutions, 1995.

[91] Michael J. Pelczar, Jr. Lewis C. Solmon, Editors. Keeping Graduate Programs Reponsive to National Needs. San Francisco、Washington、London: Jossey-Bass Inc., 1984.

[92] Michael W Thomas, Jules M Rothstein, Johnny Galver. More on the Clinical Doctorate / Editor's Response[J]. Physical Therapy, 1999(11).

[93] Neil Taylor, Tom W. Maxwell. Enhancing the Relevance of a Professional Doctorate: The Case of the Doctor of Education Degree at the University of New England[J]. Asia-Pacific Journal of Cooperative Education, 2004(1).

[94] Osmo, K., Sakari, A., Paivi, K. Towards the European Model of Postgraduate Training[M]. Turku: University of Turku, RUSE Report 50, 1999.

[95] Panel on Engineering Graduate Education and Research. Engineering Graduate Education and Research[M]. Washington, D. C. National Academy Press, 1985.

[96] Peggy Ingram, Cheryl Cummings Stegbauer, Cynthia K. Russell. Developing a Clinical Doctorate to Prepare Nurses for Advanced Practice

at the University of Tennessee, Memphis[J]. The Journal of Nursing Scholarship, 1999(1).

[97] Peter Jarvis. Professional Education [M]. London: Croom Helm Ltd., 1984.

[98] Peter Miller. Global Discipline Confusion in Management and Business Related Doctorate Programmes[J]. Review of International Comparative Management, 2010(4).

[99] Philip C. Hicks, Jerry D Westbrook, Dawn R Utley. What are Teaching Our Engineering Managers? [J]. Engineering Management Journal, 1999, 11(1).

[100] Ronald J Swager. The Status of Degree-Granting Program in Economic Development[J]. Economic Development Review, 1997, 15(4).

[101] Sandra R Levin, James A Levin. Curriculum, Technology, and Education Reform (CETER) Online: Evaluation of a Online Master of Education Program[J]. TechTrends, 2002(5-6).

[102] Sharon Kemp. Professional Doctorates and Doctoral Education[J]. International Journal of Organisational Behaviour, 2002(4).

[103] Smith, Lindsay F P. Higher Professional Training in General Practice: Provision of Master's Degree Courses in the United Kingdom in 1993[J]. British Medical Journal(International edition), 1994(6).

[104] Stan Lester. Conceptualising the Practitioner Doctorate[J]. Studies in Higher Education, 2004, 29(5).

[105] Stephen H Collins. The MBA Phenomenon[J]. Journal of Accountancy (pre-1986), 1977(9).

[106] Stephen, H., Deborah, S., Helena, W. Doctorates-Converging or Diverging Patters of Provision[J]. Quality Assurance in Education, 2002(2).

[107] Stephen Gandel. MBA Success Takes on New Degree of Difficulty[J].

Crain's New York Business, 2002(8).

[108] T. W. Maxwell. From First to Second Generation Professional Doctorate[J]. Studies in Higher Education, 2003(3).

[109] T. W. Maxwell. Australian Professional Doctorates: Mapping, Distinctiveness, Stress and Prospects[J]. Work Based Learning e-Journal, 2011(1).

[110] UK Council for Graduate Education (UKCGE)[R]. Professional Doctorate. Dudley: UKCGE, 2002.

[111] UKCGE. The Professional Doctorate and the PhD — Converging or Diverging Lines-Stephen Hoddell (University of the West of England)[J]. A Presentation to the Annual Conference of SRHE, University of Leicester, 2000(9).

[112] W A Kaplin, B A Lee. The Law of Higher Education[M]. San Francisco: Jossey-Bass Publishers, 1995.

[113] Westcott, E. A. Professional in the Dock[J], Times Higher Education Supplement, 1997(5).

# 附录一　调查问卷

**尊敬的女士/先生：您好！**

　　我们是 2013 年国家社会科学基金一般项目"利益相关者协同参与下的专业学位研究生培养模式改革研究"（项目号：BIA130072）的课题组员。本调查旨在通过揭示影响专业学位研究生培养模式改革中利益相关者的互动关系及相互影响，为构建利益相关者协同参与的、基于合作伙伴关系的、多元化的培养模式提供实证依据。所谓专业学位研究生教育的"利益相关者"，是指受专业学位研究生教育影响，同时其行为又影响专业学位研究生教育的群体。

　　非常感谢您在百忙之中协助我们完成调查任务。课题组想以问卷方式听取你的意见和建议。我们将恪守科学研究道德规范，对您所填内容保密，绝不会向他人透露，保证不会对您造成任何不良影响，敬请安心填答。

　　衷心感谢您的支持与合作！

"利益相关者协同参与下的专业学位研究生培养模式改革研究"课题组
2014 年 4 月

## 第一部分：基本信息

1. 您所在的工作单位为：_____

2. 您的性别：□ 男　□ 女
3. 你的年龄：□ 20~29 岁　　□ 30~39 岁
　　　　　　□ 40~49 岁　　□ 50 岁以上
4. 您的工作类别：□ 教师　□ 行政人员
5. 您的职称：□ 初级　□ 中级　□ 副高级　□ 正高级
6. 您的职务：□ 主管研究生工作副校长　□ 研究生院院长
　　　　　　□ 学院院长　□ 专业学位研究生教育中心主任
　　　　　　□ 系主任　□ 其他
7. 您所在的学校层次：□ "985"工程大学　□ "211"工程大学
　　　　　　　　　　□ 其他大学

# 第二部分：专业学位研究生培养模式改革中利益相关者的识别调查

一般来说，专业学位研究生教育培养机构与其内部和外部的许多个人或团体建立了各种各样的关系，我们将这些个人或团体称之为专业学位研究生教育的"利益相关者"。课题组认为以下 10 类利益相关者与专业学位研究生培养模式改革有关系，请根据您的感受回答以下三个问题：

| A. 政府 | B. 学校管理者 | C. 教师 | D. 学生 |
| E. 专业组织 | F. 教指委 | G. 用人单位 | H. 产学研合作者 |
| I. 学生家长 | J. 校友 | | |

1. 您认为以上从 A~J 10 个利益相关者中，谁最应该成为专业学位研究生教育的主体（即，谁是专业学位研究生教育最主要的利益关系者）？

①_____ ②_____ ③_____ ④_____ ⑤_____
⑥_____ ⑦_____ ⑧_____ ⑨_____ ⑩_____（请您将

最主要的利益相关者代表的字母排在①，其次排在②，以此类推，请将10项全部排完）

2. 您认为以上 A~J 10 个利益相关者中，谁对专业学位研究生教育施加的影响最大？

①_____ ②_____ ③_____ ④_____ ⑤_____
⑥_____ ⑦_____ ⑧_____ ⑨_____ ⑩_____（请您按照影响力从大到小排序，将影响力最大的利益相关者代表的字母排在①，其次排在②，以此类推，请将10项全部排完）

3. 您认为以上从 A~J 10 个利益相关者中，最需要紧急考虑谁的利益要求？

①_____ ②_____ ③_____ ④_____ ⑤_____
⑥_____ ⑦_____ ⑧_____ ⑨_____ ⑩_____（请您按照紧急程度从大到小排序，将最需要紧急考虑的利益相关者代表的字母排在①，其次排在②，以此类推，请将10项全部排完）

# 第三部分　各利益相关者对专业学位研究生培养模式改革的价值需求

每个利益相关者都对专业学位研究生培养模式改革有一定的利益要求或期望。请根据利益要求或期望的重要性排序，将您认为某一利益相关者最重要的利益需求代表的序号排在第一，其次的利益需求代表的序号排在第二，以此类推，将所列选项排完。

1. 您认为，政府对专业学位研究生培养模式改革的利益要求应该是：（请排序）_____

①教育长期生存发展

②培养更多高质量人才，提升国家或地区竞争力

③提升本区域形象

④承担国家、地方级项目，推动科技创新与发展

⑤为各级政府提供政策咨询

⑥确保人才培养质量，办人民满意的教育

⑦服务国家或地方经济建设和社会发展

2. 您认为，学校管理者对专业学位研究生培养模式改革的利益要求应该是：

（请排序）_____

①确保人才培养质量　　②成长空间和职业愿景

③高额薪酬和福利　　　④打造教育品牌

⑤科学的管理制度　　　⑥教育长期生存发展

3. 您认为，教师对专业学位研究生培养模式改革的利益要求应该是：

（请排序）_____

①了解相关行业需求与研究动态　②高额薪酬和福利

③积累实践经验　　　　　　　　④获得横向研究课题

4. 您认为，学生对专业学位研究生培养模式改革的利益要求应该是：

（请排序）_____

①学位含金量和社会认可度高　②收费合理

③获得实用的专业知识和技能　④师资力量雄厚

⑤学位与任职资格衔接　　　　⑥找到满意的工作

⑦良好的实践基地与实践机会　⑧良好的学习与生活环境

5. 您认为，教指委对专业学位研究生培养模式改革的利益要求应该是：

（请排序）_____

①教育长期生存发展　②学位含金量和社会认可度高

③参与人才培养过程　④人才培养满足社会需要

6. 您认为，产学研合作者对专业学位研究生培养模式改革的利益要求应该是：

（请排序）_____

①量身打造高端专业人才　②提供研发技术

③员工专业技能培训　　　④协助新产品研发

⑤高质量的决策咨询与管理建议

7. 您认为，用人单位对专业学位研究生培养模式改革的利益要求应该是：

（请排序）_____

①学生有较强的忠诚感

②学生有良好的团队精神

③学生有良好的敬业精神

④学生解决实际问题能力强、职业素养高

8. 您认为，专业组织对专业学位研究生培养模式改革的利益要求应该是：

（请排序）_____

①人才培养规格与质量符合职业发展需要　　②参与人才培养过程

③学位含金量和社会认可度高　　　　　　　④教育长期生存发展

9. 您认为，学生家长对专业学位研究生培养模式改革的利益要求应该是：

（请排序）_____

①收费合理

②好就业、收入高

③学位含金量和社会认可度高

④学到真本领

⑤学习生活环境良好

10. 您认为，校友对专业学位研究生培养模式改革的利益要求应该是：

（请排序）_____

①教育品牌高、声誉好

②母校或校友的支持与关心

③广泛的校友资源

# 附录二　专业学位研究生培养模式改革的重要政策文件

## 教育部关于做好全日制硕士专业学位研究生培养工作的若干意见[①]

（教研〔2009〕1号）

各省、自治区、直辖市教育厅(教委)，新疆生产建设兵团教育局，有关部门(单位)教育司(局)，部属各高等学校：

为更好地适应国家经济建设和社会发展对高层次应用型人才的迫切需要，积极发展具有中国特色的专业学位教育，我部决定自2009年起，扩大招收以应届本科毕业生为主的全日制硕士专业学位范围。开展全日制硕士专业学位研究生教育，必须以邓小平理论和"三个代表"重要思想为指导，深入贯彻落实科学发展观，坚持以人为本，以质量为核心，按照"全面、协调、可持续"的要求，整体规划、统筹协调、规范管理、分类指导、协同发展，确保全日制硕士专业学位研究生的培养质量。为做好全日制硕士专业学位研究生教育工作，现提出如下意见：

---

① 资料来源：中国学位与研究生教育信息网，http://www.cdgdc.edu.cn/xw-yyjsjyxx/gjjl/zcwj/267236.shtml。

## 一、充分认识开展全日制硕士专业学位研究生教育的重要性

(一)开展全日制硕士专业学位研究生教育是学位与研究生教育积极主动适应经济社会发展对高层次应用型专门人才的需要。

当前,科学技术突飞猛进,新知识、新理论、新技术日新月异,职业分化越来越细,职业的技术含量和专业化程度越来越高,对专门人才的需求呈现出大批量、多规格、高层次的特点。世界各国高等教育都主动适应这种变化,积极进行人才培养目标和培养模式的调整,大力提高人才培养的适应性和竞争力。近年来,随着我国经济社会的快速发展,迫切需要大批具有创新能力、创业能力和实践能力的高层次专门人才。研究生教育必须要增强服务于国家和社会发展的能力,加快结构调整的步伐,加大应用型人才培养的力度,促进人才培养与经济社会发展实际需求的紧密联系。

(二)开展全日制硕士专业学位研究生教育是学位与研究生教育改革与发展的需要。

我国学位与研究生教育经过30年的发展,办学规模不断扩大,教育质量不断提高,总体实力不断增强,建立了学科门类比较齐全、结构比较合理的学位授权体系,形成了独具特色的、有质量保证的研究生培养制度。长期以来,我国硕士研究生教育主要是培养具有独立从事科学研究或教学工作能力的教学科研人才。但随着研究生规模的不断扩大和社会需求的不断变化,硕士研究生的就业去向已更多地从教学、科研岗位转向实际工作部门。从世界研究生教育发展状况来看,硕士研究生教育基本是以面向实际应用为主,教学科研人才更多是来源于博士研究生。为促进我国研究生教育的更好发展,必须重新审视和定位我国硕士研究生的培养目标,进一步调整和优化硕士研究生的类型结构,逐渐将硕士研究生教育从以培养学术型人才为主向以培养应用型人才为主转变,实现研究生教育在规模、质量、结构、效益等方面的协调、可持续发展。

(三)开展全日制硕士专业学位研究生教育是进一步完善专业学位教育制度的需要。

我国自 1991 年开展专业学位教育以来,专业学位教育种类不断增多,培养规模不断扩大,社会影响不断增强,在培养高层次应用型专门人才方面日益发挥着重要的作用,已成为学位与研究生教育的重要组成部分。专业学位教育既要培养具有一定工作经历的在职人员,满足他们在职提高、在岗学习的需要,也要培养应届本科毕业生,满足他们适应社会发展、提高专业水平、增强就业竞争力的需要。根据不同培养对象,学习方式可以全日制攻读,也可以非全日制攻读。目前,我国专业学位教育,在职人员攻读比例偏大、应届本科毕业生攻读比例偏小,在全日制研究生教育中的地位和作用没有得到充分体现。开展以应届本科毕业生为主的全日制硕士专业学位研究生教育,对于完善专业学位教育制度、增强专业学位研究生的培养能力、满足社会多样化需求、加快培养高层次应用型专门人才,具有重要意义。

## 二、创新全日制硕士专业学位研究生教育的培养模式,确保培养质量

(一)科学定位

专业学位研究生的培养目标是掌握某一专业(或职业)领域坚实的基础理论和宽广的专业知识、具有较强的解决实际问题的能力,能够承担专业技术或管理工作、具有良好的职业素养的高层次应用型专门人才。专业学位研究生教育在培养目标、课程设置、教学理念、培养模式、质量标准和师资队伍建设等方面,与学术型研究生有所不同,要突出专业学位研究生教育的特色。做好全日制硕士专业学位研究生教育工作,必须科学确立专业学位研究生教育的合理定位,深入研究和准确把握专业学位研究生教育规律,创新培养理念,改革培养模式,确保培养质量。

(二)教学要求

课程设置要以实际应用为导向,以职业需求为目标,以综合素养和

应用知识与能力的提高为核心。教学内容要强调理论性与应用性课程的有机结合，突出案例分析和实践研究；教学过程要重视运用团队学习、案例分析、现场研究、模拟训练等方法；要注重培养学生研究实践问题的意识和能力。学习年限一般2年，实行学分制。课程学习与实践课程要紧密衔接，课程学习主要在校内完成，实习、实践可以在现场或实习单位完成。建立健全校内外双导师制，以校内导师指导为主，校外导师参与实践过程、项目研究、课程与论文等多个环节的指导工作。吸收不同学科领域的专家、学者和实践领域有丰富经验的专业人员，共同承担专业学位研究生的培养工作。注重培养实践研究和创新能力，增长实际工作经验，缩短就业适应期限，提高专业素养及就业创业能力。

(三)实践要求

专业实践是重要的教学环节，充分的、高质量的专业实践是专业学位教育质量的重要保证。专业学位研究生在学期间，必须保证不少于半年的实践教学，可采用集中实践与分段实践相结合的方式；应届本科毕业生的实践教学时间原则上不少于1年。要提供和保障开展实践的条件，建立多种形式的实践基地，加大实践环节的学时数和学分比例。注重吸纳和使用社会资源，合作建立联合培养基地，联合培养专业学位研究生，改革创新实践性教学模式。推进专业学位研究生培养与用人单位实际需求的紧密联系，积极探索人才培养的供需互动机制。研究生要提交实践学习计划，撰写实践学习总结报告。要对研究生实践实行全过程的管理、服务和质量评价，确保实践教学质量。

(四)学位论文

要正确把握专业学位研究生学位论文的规格和标准。学位论文选题应来源于应用课题或现实问题，必须要有明确的职业背景和应用价值。学位论文形式可以多种多样，可采用调研报告、应用基础研究、规划设计、产品开发、案例分析、项目管理、文学艺术作品等形式。学位论文须独立完成，要体现研究生综合运用科学理论、方法和技术解决实际问题的能力。学位论文字数，可根据不同专业学位特点和选题，灵活确定。学位论文评阅人和答辩委员会成员中，应有相关行业实践领域具有高级专业技术职务的专家。

### 三、做好全日制硕士专业学位研究生教育的组织实施工作

（一）各专业学位研究生培养单位和有关教育主管部门要高度重视，将此项工作纳入学位与研究生教育改革与发展的重要内容。要充分认识到专业学位人才培养与学术型学位人才培养是高层次人才培养的两个重要方面，在高等学校人才培养工作中，具有同等重要的地位和作用。要抓住机遇，着力调整人才培养结构，深化培养机制改革，加强教学条件建设，统筹规划，积极促进专业学位教育的健康、快速发展。

（二）各专业学位研究生培养单位要在各专业学位教育指导委员会的指导下，制订全日制硕士专业学位研究生培养方案和实施细则，建立和完善各项规章制度。要充分借鉴、吸收国际上专业学位研究生教育的先进做法，积极探索、创新全日制硕士专业学位研究生培养模式。要重视构建和形成一支适应专业学位研究生教育的师资队伍，建立健全合理的教学科研评价体系。要强化过程管理，建立和完善包括招生、培养、学位授予等各个环节的专业学位质量保障体系。

（三）各专业学位研究生培养单位要切实加大投入，加强教学基础设施、案例库以及教学实践基地的建设。要树立服务意识，为学生学习、实践、创业等提供良好条件。要充分调动社会、行业和有关用人单位的积极性，发挥学校、院系和导师的作用，积极争取各方面资源，拓宽就业渠道。要建立和完善全日制硕士专业学位研究生的资助办法。要不断推进全日制硕士专业学位研究生教育的规范化发展，促进专业学位教育质量不断提高。要采取有力措施，确保全日制硕士专业学位研究生教育工作的顺利实施。

**中华人民共和国教育部**
二〇〇九年三月十九日

# 教育部关于开展研究生专业学位教育综合改革试点工作的通知[①]

(教研函〔2010〕1号)

各省、自治区、直辖市教育厅(教委),新疆生产建设兵团教育局,有关部门(单位)教育司(局),部属各高等学校:

我国自1991年开展研究生专业学位教育以来,研究生专业学位教育种类不断增多,培养规模不断扩大,社会影响不断增强,在培养高层次应用型专门人才方面日益发挥着重要的作用,已成为学位与研究生教育的重要组成部分。目前,国务院学位委员会已批准设置了38种专业学位,其中已经开展试点的研究生专业学位类别有19种,具有研究生专业学位授予权的培养单位已达476所,累计招收硕士专业学位研究生85万人,已初步建立了具有中国特色的专业学位研究生教育制度,为社会主义现代化建设培养了大批高层次应用型专门人才。

为进一步推进研究生教育改革与发展,鼓励专业学位研究生培养单位积极探索和创新符合专业学位教育特点、具有鲜明特色的研究生专业学位教育培养模式和管理体制,促进研究生专业学位教育更好地适应经济社会发展和满足人民群众的多样化需要,并逐步健全具有中国特色的研究生专业学位教育制度,经研究,决定开展高等学校研究生专业学位教育综合改革试点(以下简称综合改革试点)工作。现将有关事项通知如下:

## 一、基本目标

通过综合改革试点工作,提高培养单位对研究生专业学位教育的科

---

① 资料来源:中国学位与研究生教育信息网,http://www.cdgdc.edu.cn/xwyyjsjyxx/gjjl/zcwj/267242.shtml。

学认识，引导不同类型研究生合理定位，充分发挥学校自身办学优势，改变研究生专业学位教育学术化倾向，营造有利于研究生专业学位教育科学发展的良好环境。通过综合改革试点工作，推进研究生专业学位教育改革的不断深化，探索符合研究生专业学位教育规律的培养模式、质量标准及保障体系和办学管理体制，促进研究生专业学位教育水平和人才培养质量的明显提高。通过支持部分高等学校先行试点，创造具有推广价值的好经验、好做法，进而发挥典型引路、示范带动的作用，逐步构建和完善与经济社会发展需要相适应的研究生专业学位教育体系。

### 二、基本内容

在研究生专业学位教育培养模式创新和管理体制改革方面实现较大突破，采取有针对性的改革举措，取得显著成效，积累可推广的成功经验。

培养模式创新方面，重点在硕士专业学位研究生教育的课程体系设置、师资队伍建设、教学内容与方式、研究课题和专业技能训练、实验室和实习实践基地建设、考核评价标准和方式等方面有实质性的创新。

管理机制改革方面，重点在硕士专业学位研究生教育的招生结构调整、与行业和企业共建合作、教学科研考核与评价机制、奖助贷体系建立、教育管理机构完善等方面有突破性的改革。

### 三、政策及经费支持

对于开展研究生专业学位教育综合改革试点工作的单位，我部将在以下几个方面给予重点支持：

（一）给予一定的经费支持。

（二）适当增加专业学位研究生推荐免试生名额和招生计划。

（三）在其他有关政策中予以支持。

### 四、综合改革试点单位的遴选

（一）申报条件

申报开展综合改革试点工作的高等学校应具备下列基本条件：

1. 申请单位已是硕士专业学位培养单位并具有相应的硕士专业学位授权点。

2. 申请单位办学理念先进，定位准确，办学特色鲜明，对研究生专业学位教育高度重视；已建立较好的研究生专业学位教育管理体制，研究生专业学位培养质量和社会认可程度较高。

3. 有一支理论水平高与实践能力较强，专兼职相结合，能够满足研究生专业学位教育需要的高水平师资队伍。

4. 拥有能够满足专业学位研究生培养需要的专业实验室和数量充足、稳定的实习实践基地。申请单位与实习实践基地在人才培养、科学研究、技术推广等方面有长期合作关系。实习实践基地管理规范、责任落实、合作效果好。

5. 申请单位应具有目标明确、思路清晰、能够体现自身优势和特色的研究生专业学位教育发展规划，且在经费投入、机构设置、人员配备、制度建设和建立研究生奖助贷体系等方面有切实可行的措施。

6. 申请单位的省级教育主管部门对申请单位开展综合改革试点工作在经费、政策和监督保障等方面有实质性支持。

(二) 遴选办法

综合改革试点单位遴选坚持"总量控制、分类指导、统筹兼顾"原则，经单位自愿申报、主管部门推荐、专家审核、教育部审批等程序，遴选工作分三个阶段进行。

1. 申请和推荐。中央部门（单位）属高等学校直接申报；地方所属高等学校由所在地区省级教育行政部门推荐，具有研究生专业学位授权的地方高等学校数量超过15所（含15所）的地区可推荐2所，其余地区可推荐1所。每个单位申请开展试点的硕士专业学位类别不超过3个。

2. 专家审核。根据申报情况，教育部组织由高校专家、行业和企业的专业人士组成的评审组，按硕士专业学位类别对申请单位进行审核并听取答辩。

3. 教育部审批。根据专家组审核意见，综合考虑单位类型、地区布局、硕士专业学位类别和研究生专业学位教育特点，选择中央部门（单位）属高校和地方高等学校各 30 所左右确定为综合改革试点单位。

……

中华人民共和国教育部

二〇一〇年四月二十六日

# 硕士、博士专业学位研究生教育发展总体方案①

（国务院学位委员会第二十七次会议审议通过）

专业学位（professional degree），是随着现代科技与社会的快速发展，针对社会特定职业领域的需要，培养具有较强的专业能力和职业素养、能够创造性地从事实际工作的高层次应用型专门人才而设置的一种学位类型。专业学位具有相对独立的教育模式，具有特定的职业指向性，是职业性与学术性的高度统一。专业学位是现代社会发展的产物，科技越发达、社会现代化程度越高，社会对专业学位人才的需求越大，是现代高等教育学位体系的重要组成部分。随着社会生产力的进一步发展，社会分工日趋精细，职业实践越来越复杂，专业学位在丰富人才培养类型，促进知识经济产业成长，提升社会现代化水平等方面发挥了独特的作用。

我国自 1990 年开始设置和试办专业学位教育，截至目前，国务院学位委员会已批准设置 19 个专业学位，具有专业学位授予权的院校达

---

① 资料来源：中国学位与研究生教育信息网，http://www.cdgdc.edu.cn/xw-yyjsjyxx/gjjl/zcwj/268313.shtml。

到476所，累计招生85万人，初步建立了具有中国特色的专业学位研究生教育制度，为社会主义现代化建设培养了一批高层次应用型人才。目前，我国正处于加快转变经济增长方式，提高国际竞争力，全面建设小康社会的关键时期。国民经济持续快速增长，居民消费结构逐步升级，产业结构调整和城镇化进程加快，国际影响力与日俱增，社会主义市场经济体制逐步完善，社会政治保持长期稳定，有力地促进了学位与研究生教育规模的扩大。与此同时，提高自主创新能力、推进产业结构优化升级、建设资源节约型和环境友好型社会、构建和谐社会、建设社会主义新农村，促进国民经济又好又快发展等一系列国家发展战略，对专业学位与研究生教育提出了新的和更高要求。

二战以后，欧美各国大力调整研究生教育结构，积极发展专业学位教育。美国在经济社会快速发展的推动下，专业学位发展迅速，已成为美国高等教育体系的重要组成部分。以英国和澳大利亚为代表的英联邦国家，已形成了较完善的专业学位教育体系。法国的高等教育直接划分为大学教育和工程师教育，工程师教育是面向工程领域应用需求而开展的由本科到研究生的职业性教育。日本和韩国自20世纪90年代以来，也高度重视和大力发展专业学位教育，并在短期内形成了独立的专业学位教育系统。

2007年，国务院学位委员会第23次会议提出，要适应经济社会发展需要，宏观设计，总体规划，积极发展专业学位教育，积极探索和建立中国特色的专业学位教育制度。

## 一、发展硕士、博士专业学位教育的指导思想、原则和目标

（一）指导思想

发展专业学位研究生教育，以邓小平理论和"三个代表"重要思想为指导，深入贯彻落实科学发展观，坚持以人为本，以质量为核心，以培养大批适应经济社会发展需要的高层次应用型专门人才为目标，统筹规划，优化结构，健全机制，创新模式，分步实施，稳步推进，努力开

创专业学位教育蓬勃发展的新局面，积极促进研究生教育更好地为创新型国家和人力资源强国建设做出重要贡献。

(二) 原则

——适应社会需求，强化职业导向。进一步发展专业学位教育，必须紧密结合经济社会发展趋势，紧密结合特定职业领域人才需求，紧密结合职业资格认证体系。

——创新培养模式，突出自身特色。发展专业学位教育，要充分借鉴、吸收发达国家和地区专业学位教育的有益经验，要着眼于我国的国情和教育的实际情况，积极创新培养模式，勇于探索中国特色的专业学位教育制度。

——优化结构布局，着力完善体系。按照科学、合理、适时原则，不断扩大专业学位类别，不断完善专业学位体系，推进更多地方院校、特色高等学校积极开展专业学位教育。

——完善保障机制，注重提高质量。发展专业学位教育，要以提高质量为核心，进一步加强对专业学位授权、研究生培养、学科建设、师资队伍等方面的质量保障体系建设，努力形成培养单位、教育主管部门、用人单位和社会等多层面的、健全的质量监控体系。

(三) 目标

——到2015年，积极发展硕士层次专业学位研究生教育，实现硕士研究生教育从以培养学术型人才为主向以培养应用型人才为主的战略性转变；硕士层次的专业学位类别增加一倍左右；稳步发展博士层次专业学位教育，本着"成熟一个、发展一个"精神，深入论证，有序推进。专业学位研究生教育质量不断提高，社会适应能力日益增强。

——到2020年，实现我国研究生教育从以培养学术型人才为主转变为学术型人才和应用型人才培养并重，专业学位教育体系基本完善，研究生教育结构和布局进一步优化，培养质量明显提高，研究生教育能够更好地适应经济社会发展需要和满足人民群众接受研究生教育的需求。

## 二、加快创造和完善有利于专业学位教育发展的宏观环境

(一)积极引导、鼓励行业、企业及社会力量支持、参与专业学位教育

努力创造专业学位教育良好的社会环境。中央和地方政府应通过制定有关政策,引导并鼓励行业、企业与社会团体、专业组织积极介入专业学位教育,指导教学过程,参与教学评估,设立见习岗位,提供实习条件,把校企(行业)联合培养专业学位人才作为重要社会责任。全国各专业学位教育指导委员会应吸收更多实践部门有丰富实践经验的专业人士担任委员,推进教育指导委员会主动与行业组织、协会加强沟通、合作,共同谋划办学,使校企(行业)真正成为专业学位教育的办学共同体。

(二)加大专业学位研究生人才选拔改革力度

1. 改革招生计划分配方式

从 2010 年起,国家在下达硕士研究生招生计划时,将学术型研究生与专业学位研究生分列下达,明确招生单位招收学术型研究生和专业学位研究生的规模。新增硕士研究生招生计划主要用于全日制硕士专业学位研究生招生,同时,要求具有专业学位授权的招生单位按不低于 5% 减少学术型招生人数,减出部分用于增加硕士专业学位研究生招生。将在职攻读硕士专业学位纳入国家统一的硕士生招生计划。

2. 改革入学考试方式

从 2010 年起,对学术型和专业学位研究生招生,采取"分类报名考试、分别标准录取"的方式进行,按照"科目对应、分值相等、内容区别"的原则设置专业学位研究生招生考试科目和内容。考试内容突出考查考生运用基础知识和基本理论分析问题和解决实际问题的能力。同时,对专业学位硕士生实施推免生政策,提升专业学位吸引力和生源质量。积极研究、不断深化改革专业学位入学考试选拔标准。

(三)加快完善专业学位设置与授权审核制度

1. 改革硕士、博士专业学位设置审批办法

(1)制定与学术型学位学科目录相对应的硕士、博士专业学位授予与人才培养目录，作为专业学位授权审核、学位授予和人才培养以及教育统计分类等工作的依据。

(2)根据有关行业主管部门、行业协会或有关学位授予单位提出设置与调整专业学位的建议，国务院学位委员会办公室组织专家进行论证，统一规划、动态调整硕士、博士专业学位类别设置。

(3)硕士层次专业学位类别设置一般每五年调整一次。

博士层次专业学位设置，根据实际需要，逐一论证，适度发展。

(4)硕士、博士专业学位类别设置与调整由国务院学位委员会审批。

2. 改革专业学位授权点审核办法

(1)国务院学位委员会办公室制定各类别硕士、博士专业学位授权点基本标准和审核要求。

(2)不断扩大省级学位与研究生教育主管部门统筹区域内专业学位授权点的审核权限，增强专业学位教育为地方经济社会发展服务的能力。

(3)不断扩大部(委)属高等学校在专业学位授权点方面的审核权，扩大专业学位教育办学自主权。

(4)专业学位的授权点审核，以相应学科作为基础，但不以是否具有硕士、博士学位授权点作为专业学位授权的必要条件。

(四)大力推进专业学位教育与职业资格考试的衔接

专业学位教育与职业资格考试的紧密衔接，是专业学位教育的突出特色，也是专业学位教育的重要发展方向。积极推动专业学位与职业资格考试的多种形式的衔接。拟采取的衔接方式有以下几种：

1. 完全对接。学生在学期间，所学课程和培养要求，得到职业资格考试的认可，学生毕业时，既获得学位证书，也获得职业资格证书。

2. 课程豁免。在校学生或毕业生，参加国家职业资格考试，可豁

免一定的考试科目。

3. 缩短职业资格考试实践年限。学生如获得相应专业学位，可提前一定时间具备参加职业资格考试的资格。

4. 与国际职业资格考试衔接。在校学生或毕业生，可具备参加有关国际职业资格考试条件，并可豁免一定的考试科目。

5. 任职条件之一。获得相应专业学位，成为某些职业领域专业人员职业发展的必备条件之一。

（五）建立健全硕士、博士专业学位教育宏观管理与质量保障体系

建立和完善高校自主办学、中央和省级政府宏观调控、行业组织积极参与的宏观管理体系。

1. 国务院学位委员会、教育部统筹制定专业学位教育发展的宏观政策、规划；组织设立全国专业学位教育指导委员会并委托其开展相关教学指导和质量认证等工作。

2. 省级学位与研究生教育主管部门，负责制定本省（自治区、直辖市）专业学位教育发展规划，组织专业学位授权点审核，开展教育质量评估和检查等。

3. 全国专业学位教育指导委员会，负责制定指导性培养方案、教学基本要求和专业学位授予标准，开展教材与案例库建设，促进师资建设，加强合作与交流，实施办学质量认证和评估等。

4. 培养单位根据国家、地方政府和教育指导委员会的有关政策，积极探索硕士、博士专业学位教育发展新模式，努力提高人才培养质量。

5. 社会行业组织作为独立的第三方，参与硕士、博士专业学位教育的质量评价、监督和指导，将政府监管机制和市场监控机制有机结合，充分发挥市场机制对专业学位教育质量的保障作用。

### 三、创新人才培养模式，不断提高培养质量

专业学位研究生教育在培养目标、课程设置、教学理念、培养模

式、质量标准和师资队伍建设等方面，与学术型研究生完全不同。专业学位获得者要具备特定职业所要求的专业能力和素养，具备从业基本条件，能够运用一定的理论、知识和技术有效地从事专业工作。

（一）创新人才培养模式

1. 建立专业学位研究生教育办学新模式

切实转变办学观念，强化目标导向，与实际部门建立长期、稳定、实质性的联合培养机制，搭建高水平的合作培养平台，积极构建专业学位研究生教育新的办学模式。教学组织、教学过程、教师构成、教学方式、教学评价都要紧紧围绕教学目标而实施。突出实践教学，保证不少于半年的实践教学，加大实践教学学分比重。改革创新实践教学模式，坚持一线实践，建立多种形式的实践基地；对实习实践进行全过程的管理、服务和质量评价，确保实践训练质量。

2. 建立专业学位研究生教育的课程体系和教学方法

课程设置要充分反映职业领域对专门人才的知识与能力要求，以实际应用为导向，以满足职业需求为目标，以综合素养和应用知识与能力的提高为核心，将行业组织、培养单位和个人职业发展要求有机结合起来。教学方法强调以学生为本、以能力培养为本、以职业导向为本；重视运用团队学习、案例分析、现场研究、模拟训练等方法，注重培养学生研究实践问题的意识和解决实际问题的能力。

3. 建立专业学位研究生教育的论文标准和考核办法

专业学位的学位论文，必须强化应用导向，形式可多种多样。鼓励采用调研报告、规划设计、产品开发、案例分析、项目管理、文学艺术作品等多种形式，重在考察学生综合运用理论、方法和技术解决实际问题的能力；论文选题必须来源于社会实践或工作实际中的现实问题，有明确的实践意义和应用价值；学位论文答辩形式可多种多样，答辩成员中应有相关行业实践领域具有专业技术职务的专家。

（二）构建"双师型"的师资队伍

各培养单位要提高专任教师的专业实践能力和教育教学能力，提升师资队伍的专业化水平。来自实践领域有丰富经验的高层次专业人员承担专业课程教学的比例应不低于三分之一，并积极参与实践过程、项目研究、论文考评等工作；大力引进既有理论水平、又有实践经验的优秀专业人才从事专业学位教育，加快形成"双师型"的师资结构；着力建立和形成有利于激励教师积极投身专业学位教育的评价体系，制订从事专业学位教育的职称评定标准。

(三)探索专业学位研究生教育管理新机制

各校学位评定委员会要注重分类管理和指导，制定专业学位的评价标准；建立有利于专业学位研究生教育的教学、组织和管理机构；建立健全专业学位教师的教学科研评价体系；加大投入，统筹教学和研究资源，加强教学基础设施、案例库以及教学实践基地建设；建立和完善全日制专业学位研究生的奖助贷体系；加强就业指导和职业规划，把专业学位毕业生纳入与学术型研究生相同的就业政策范畴，提高学生就业能力。

**四、开展专业学位研究生教育综合改革试点工作**

为加快推进专业学位教育的改革与发展，拟开展专业学位教育综合改革试点工作。通过综合改革试点工作，大力推动高校转变观念，提高对专业学位研究生教育重要性的认识，积极探索专业学位研究生教育规律。建立健全专业学位研究生招生、培养、教学、服务等管理机制，营造良好的办学环境；大胆探索和创新专业学位研究生教育培养模式，特别强调与企业、行业等建立紧密的、实质性的联合培养机制；建立健全专业学位教育的教师选拔、激励和评价机制，特别注重吸引有丰富实践经验的专业人士担任教师，形成"双师型"的教师结构；建立健全专业学位研究生的奖助贷体系。通过综合改革试点工作，发挥试点单位的示范作用，积累经验，加快形成与经济社会发展需要相适应的专业学位教育体系，促进专业学位研究生教育水平和人才培养质量的明显提高。

# 教育部 人力资源社会保障部关于深入推进专业学位研究生培养模式改革的意见[①]

教研〔2013〕3号

各省、自治区、直辖市教育厅(教委)、人力资源社会保障厅(局),新疆生产建设兵团教育局、人力资源社会保障局,中国人民解放军学位委员会,各专业学位研究生教育指导委员会,教育部直属各高等学校:

专业学位研究生教育是研究生教育体系的重要组成部分,是培养高层次应用型专门人才的主要途径。积极发展专业学位研究生教育,是全面建成小康社会、建设创新型国家的必然要求,也是研究生教育服务国家经济建设和社会发展的必然选择。发展专业学位研究生教育,要深入推进培养模式改革,加快完善体制机制,不断提高教育质量。根据《教育部 国家发展改革委 财政部关于深化研究生教育改革的意见》,现就深入推进专业学位研究生培养模式改革提出如下意见:

一、明确改革目标

以职业需求为导向,以实践能力培养为重点,以产学结合为途径,建立与经济社会发展相适应、具有中国特色的专业学位研究生培养模式。

二、改革招生制度

坚持招生制度改革为人才培养服务的方向。积极推进专业学位与学术学位硕士研究生分类考试、分类招生。建立符合专业学位研究生教育

---

[①] 资料来源:教育部门户网站,http://old.moe.gov.cn/publicfiles/business/htmlfiles/moe/moe_823/201311/159870.html。

特点的选拔标准，完善专业学位研究生招生办法，重点考查考生综合素质、运用基础理论和专业知识分析解决实际问题的能力以及职业发展潜力。拓宽和规范在职人员攻读硕士专业学位的渠道。

### 三、完善培养方案

专业学位研究生的培养目标是掌握某一特定职业领域相关理论知识、具有较强解决实际问题的能力、能够承担专业技术或管理工作、具有良好职业素养的高层次应用型专门人才。

培养单位应依据特定职业领域专门人才的知识能力结构和职业素养要求，以及全日制或非全日制学习方式，科学制订培养方案并定期修订。全日制研究生和非全日制研究生须分别制定培养方案。培养方案应合理设置课程体系和培养环节，加大实践性课程的比重。鼓励培养单位结合区域经济社会发展特点和自身优势，制订各具特色的培养方案。培养方案的制(修)订工作应有相关行(企)业专家参与。

### 四、改进课程教学

培养单位应紧密围绕培养目标，优化课程体系框架，优选教学内容，突出课程实用性和综合性，增强理论与实际的联系。创新教学方法，加强案例教学、模拟训练等教学方法的运用。完善课程教学评价标准，转变课程考核方式，注重培养过程考核和能力考核，着重考察研究生运用所学基本知识和技能解决实际问题的能力和水平。

### 五、加强实践基地建设

培养单位应积极联合相关行(企)业，建立稳定的专业学位研究生培养实践基地。共同建立健全实践基地管理体系和运行机制，明晰各方责任权利。明确研究生实践内容和要求，健全实践管理办法，加强实践考核评价，保证实践质量。促进实践与课程教学和学位论文工作的紧密结合，注重在实践中培养研究生解决实际问题的意识和能力。

## 六、强化学位论文应用导向

培养单位应根据各专业学位研究生教育指导委员会意见，分类制定专业学位论文标准，规范专业学位论文要求。专业学位论文选题应来源于应用课题或现实问题，要有明确的职业背景和行业应用价值。专业学位论文应反映研究生综合运用知识技能解决实际问题的能力和水平，可将研究报告、规划设计、产品开发、案例分析、管理方案、发明专利、文学艺术作品等作为主要内容，以论文形式表现。专业学位论文应与学术学位论文分类评阅。专业学位论文评阅人和答辩委员会成员中，应有不少于三分之一的相关行业具有高级职称(或相当水平)的专家。

## 七、推进与职业资格衔接

对具备条件的专业学位类别或培养单位，积极推进专业学位研究生课程和实践考核与特定职业人才评价标准有机衔接，推进专业学位研究生培养内容与特定职业人才工作实际有效衔接，推进专业学位授予与获得相应职业资格有效衔接。

## 八、充分调动研究生积极性主动性

促进研究生全面发展，着力增强研究生服务国家服务人民的社会责任感、勇于探索的创新精神和善于解决问题的实践能力。鼓励培养单位引导研究生制订职业发展规划、提高对职业领域及岗位的认识。鼓励培养单位开展互动式、探究式教学，激发研究生自主学习的积极性主动性；鼓励研究生早实践，多实践，在实践中提升职业胜任力。加强专业学位研究生创业能力培养，完善就业指导。加快完善专业学位研究生奖助体系，创造有利于研究生成长成才的氛围。

## 九、加强教师队伍建设

培养单位应根据不同专业学位类别特点，聘请相关学科领域专家、实践经验丰富的行(企)业专家及国(境)外专家,组建专业化的教学团队。加强教师培训,选派青年教师到企业或相关行业单位兼职、挂职,提高实践教学能力。

鼓励培养单位对研究生导师按专业学位和学术学位分类制订评定条件,分类评聘,逐步形成稳定的专业学位研究生导师队伍。大力推广校内外双导师制,以校内导师指导为主,重视发挥校外导师作用。根据不同专业学位类别特点,探索导师组制,组建由相关学科领域专家和行(企)业专家组成的导师团队共同指导研究生。

完善教师考核评价体系,突出育人责任。根据专业学位研究生教育特点,科学合理制定考核评价标准。将优秀教学案例、教材编写、行业服务等教学、实践、服务成果纳入专业学位教师考核评价体系。

### 十、完善质量保障体系

培养单位是质量保证体系的主体。培养单位应完善校内质量监督机制,建立招生、培养、学位授予等全过程质量保障制度,加强专业学位毕业生就业质量和职业发展跟踪。根据专业学位类别,分别设立培养指导委员会,负责指导、规范本单位专业学位研究生培养工作。委员会中应有一定比例来自行(企)业的专家。

国家按专业学位类别(或领域)制订博士、硕士专业学位基本要求,建立与特定职业岗位要求相适应的质量评价标准,完善质量监管制度,加快建立管理服务平台,推进招生、培养、就业信息公开。

### 十一、鼓励开展联合培养

鼓励培养单位加大校企合作力度,按照"优势互补、资源共享、互利共赢、协同创新"的原则,选择具备一定条件的行(企)业开展联合招生和联合培养,构建人才培养、科学研究、社会服务等多元一体的合作培养模式,提高专业学位研究生培养质量。

### 十二、支持开展改革试点

支持省级学位与研究生教育管理部门和培养单位结合行(企)业和区域人才需求,开展培养模式改革试点,树立专业学位特色品牌。案例教学、实践基地建设等改革试点成效将作为培养单位申请新增专业学位授权点及专业学位授权点定期评估的重要内容。

支持各专业学位研究生教育指导委员会开展培养模式改革研究,加强对培养单位的指导,统筹编写教材、制定课程教学基本要求、建设案例库、定期开展教学研讨等工作,推动本类别专业学位研究生实践基地建设、案例库建设和师资培训。

**教育部 人力资源社会保障部**
2013 年 11 月 4 日